陕西理工大学学术著作出版基金资助出版

Research on modern logistics operation and technical management

现代物流的作业与技术管理研究

徐嘉祺 刘雯 著

中国社会科学出版社

图书在版编目（CIP）数据

现代物流的作业与技术管理研究/徐嘉祺，刘雯著. —北京：中国社会科学出版社，2021.5

ISBN 978-7-5203-8456-8

Ⅰ.①现… Ⅱ.①徐…②刘… Ⅲ.①物流管理 Ⅳ.①F252.1

中国版本图书馆 CIP 数据核字（2021）第 092669 号

出 版 人	赵剑英
责任编辑	刘晓红
责任校对	周晓东
责任印制	戴　宽

出　　版	中国社会科学出版社
社　　址	北京鼓楼西大街甲 158 号
邮　　编	100720
网　　址	http：//www.csspw.cn
发 行 部	010-84083685
门 市 部	010-84029450
经　　销	新华书店及其他书店
印　　刷	北京君升印刷有限公司
装　　订	廊坊市广阳区广增装订厂
版　　次	2021 年 5 月第 1 版
印　　次	2021 年 5 月第 1 次印刷
开　　本	710×1000　1/16
印　　张	21.75
插　　页	2
字　　数	325 千字
定　　价	118.00 元

凡购买中国社会科学出版社图书，如有质量问题请与本社营销中心联系调换
电话：010-84083683
版权所有　侵权必究

前　言

作为支撑国民经济发展的重要产业，物流业近十年来的发展为我国经济的腾飞做出了杰出贡献。随着人们生活质量的提高，对物流质量有了更高的要求，关于现代物流作业与技术管理的研究成为学界的热点。物流是支撑国民经济发展的支柱性产业，对现代物流作业与技术管理研究的匮乏已经成为制约我国物流产业良性发展的原因，间接阻碍了国民经济结构的转型升级。由于科研与教学的原因，近年来本人积累了大量物流作业与技术管理研究的最新文献和资料，通过对这些资料的整理并结合本人的科研探索，最终完成此书。

本书的写作结构体现了现代物流作业活动的基本脉络，把现代物流的作业流程生动地呈现于读者面前，容易使物流管理研究初涉者理解本书内容。同时，本书分块深入探讨了物流作业与技术管理的相关内容，就现实中的实际问题进行了分析并提出相关解决措施，可作为现代物流管理研究领域的有益补充，也使本书的内容和观点具有一定应用价值。

全书的内容可以分为两部分，第一部分主要围绕现代物流的基础概念、基础理论以及现代物流经济分析理论来撰写。所在章节为第一章至第二章。主要内容为：第一，提出了现代物流的相关概念和理论，并对现代物流的基本形式进行了阐述。第二，总结了现代物流经济分析的基本理论和方法，重点阐述了经济流通中商流与物流理论、现代物流的供需理论，以及现代物流的经济分析方法和成本管理方法。

第二部分是本书的重点，主要围绕现代物流的基础性实务研究进行撰写。所在章节为第三章至第九章。第一，研究了现代物流的包装问题，总结了现代物流包装的功能、分类、材料、技术、机械和集装化物流工具，并就国际工程物资、电子产品、电子商务的包装问题以及解决措施进行了分析。第二，研究了现代物流的装卸搬运问题，总结了现代物流装卸搬运的内涵、基本内容、作业要素、特点、分类以及相关操作机械，并进一步探讨装卸搬运机械的选择以及合理化使用措施，在此基础上，就货运、零售和铁路运输过程中的装卸搬运问题以及解决措施进行了分析。第三，研究了现代物流的仓储管理问题，总结了现代物流仓储管理关于一般仓库和自动化仓库的相关内容，进一步探讨了现代物流库存管理的内容和方法，并就化工、农产品电商、医药物流三类企业的仓储管理问题以及解决措施进行了分析。第四，研究了现代物流的运输管理问题，总结了现代物流运输的发展过程以及主要方式，进一步探索了现代综合运输体系的内涵，并就花卉、农产品、危险货物的运输管理问题以及解决措施进行了分析。第五，研究了现代物流的流通加工问题，着重研究了现代物流中流通加工的产生原因以及与生产加工的区别，总结了流通加工的分类和实现合理化流通加工的措施，并就绿色流通加工和农副产品流通加工的相关问题和解决措施进行了分析。第六，研究了现代物流的配送管理问题，总结了现代物流配送的内涵、作用与分类，着重阐述了配送中心与配送管理的相关内容，并就连锁经营企业、生鲜冷链物流、快递企业的配送管理问题以及解决措施进行了分析。第七，研究了现代物流的信息系统问题，总结了现代物流信息系统的类型、特点、作用以及管理，着重阐述了射频识别技术、条码技术、电子数据交换技术、GIS技术、GPS技术、EOS技术、物联网技术等物流信息技术，进而就物流信息系统的开发以及相关实例系统进行了论述。

  本书是物流管理、物流工程等相关领域研究的理论成果，同时也可作为相关学科教学环节的参考资料。全书共有九章，由徐嘉祺对相关研究文献以及数据进行整理后撰写完成，刘雯负责后期文字润色。本书的撰写得到了大量从事经济管理科研工作的专业教师的指导意见，特别感谢佘升翔、田云章、杨帆、石林在本著作撰写过程中给出的宝贵意见。本著作的出版得到了中国社会科学出版社的大力支持，在本著作后期稿件修订方面给予了大量帮助。

限于编者的学识与见闻，本著作的缺点和错漏是在所难免的，诚请广大读者提出批评与指正意见。

徐嘉祺
2020 年夏

目　录

第一章　现代物流的概念界定和基础理论 …………………………… 1
第一节　现代物流的相关概念 ………………………………… 1
第二节　现代物流的相关理论 ………………………………… 5
第三节　现代物流的基本分类形式 …………………………… 13

第二章　现代物流经济分析理论 ………………………………………… 18
第一节　经济流通中商流与物流理论 ………………………… 18
第二节　现代物流的供需理论 ………………………………… 24
第三节　现代物流经济分析的基本方法 ……………………… 30
第四节　现代物流的成本管理方法 …………………………… 35

第三章　现代物流的包装问题研究 ……………………………………… 39
第一节　包装概述 ……………………………………………… 39
第二节　包装的材料和技术 …………………………………… 43
第三节　集装化物流工具的应用 ……………………………… 61
第四节　现代物流的包装问题和解决措施 …………………… 68

第四章　现代物流的装卸与搬运问题研究 ……………………………… 78
第一节　装卸搬运概述 ………………………………………… 78
第二节　常用的装卸搬运机械 ………………………………… 85
第三节　物资装卸搬运的组织 ………………………………… 92
第四节　现代物流的装卸搬运问题和解决措施 ……………… 102

第五章　现代物流的仓储管理问题研究 ………………………………… 112
第一节　仓库概述 ……………………………………………… 112

第二节　自动化仓库概述 …………………………………… 121

　　第三节　库存管理的内容和方法分析 ……………………… 128

　　第四节　现代物流的仓储管理问题和解决措施 …………… 144

第六章　现代物流的运输管理问题研究 ……………………………… 155

　　第一节　现代运输的形成与发展 …………………………… 155

　　第二节　现代运输方式的分类 ……………………………… 161

　　第三节　现代综合运输体系的形成与发展 ………………… 178

　　第四节　现代物流的运输管理问题和解决措施 …………… 185

第七章　现代物流中的流通加工问题研究 …………………………… 196

　　第一节　流通加工概述 ……………………………………… 196

　　第二节　流通加工的分类与内容 …………………………… 202

　　第三节　流通加工的合理化 ………………………………… 212

　　第四节　现代物流的流通加工问题和解决措施 …………… 214

第八章　现代物流的配送管理问题研究 ……………………………… 223

　　第一节　配送概述 …………………………………………… 223

　　第二节　配送中心 …………………………………………… 238

　　第三节　配送管理 …………………………………………… 243

　　第四节　现代物流的配送管理问题和解决措施 …………… 256

第九章　现代物流的信息系统研究 …………………………………… 265

　　第一节　物流信息概述 ……………………………………… 265

　　第二节　物流信息技术 ……………………………………… 273

　　第三节　物流信息系统的开发 ……………………………… 312

　　第四节　现代物流信息系统的研发实例 …………………… 317

参考文献 ………………………………………………………………… 325

第一章

现代物流的概念界定和基础理论

第一节　现代物流的相关概念

一　物流的内涵

关于物流的定义，美国市场营销协会（AMA）于1935年较早做出了表述：物流是包含于销售之中的物质资料和服务，从生产地点到消费地点流动过程中伴随的种种经济活动。作为美国物流业的行业性组织，美国物流管理协会于1998年对物流的内涵进行了科学表述，将其理解为"物流是供应链过程的一部分，是对商品、服务及相关信息从起源地到消费地的高效率、高效益的流动及储存，进行的计划、执行与控制的过程，其目的是满足客户要求"（崔介何，2015）。

CASCLM（The Canadian Association of Supply Chain & Logistics Management，加拿大供应链与物流管理协会）将物流的内涵具体理解为以各类原料、半成品、产成品等实物产品与相关信息为对象的，采取科学、效率、经济的方式并结合必要的控制策略实现其在起运地与消费地之间储存、流动等计划任务从而满足消费需求的系统性管理工作。这一管理工作所涉及的流动方式具体分为内向流动、外向流动、内部流动等不同形式。（张亮、李彩凤，2018）。

1994年，欧洲物流协会（European Logistics Association，ELA）也

对物流的概念内涵进行了研究和论述。该组织认为，物流以特定目的为出发点，具体以人员、商品为对象开展特定的存储、运输等具体活动以实现特定的管理和控制目标的系统性工程。1992年，日本后勤系统协会组织（Japan Institute of Logistics Systems，JILS）用"后勤"这一概念作为物流的官方用语。该组织指出，所谓后勤，本质就是以原料、半成品、成品等实物物资为对象，采取科学、有效、经济的管理方法和协调控制方法，在兼顾不同部门利益的同时完成物资的效率性流动，实现物资的实际价值并满足客户需求（叶怀珍、李国旗，2019）。

我国也对物流的内涵进行了科学定义。最权威的定义来自《物流术语》（GB/T18354—2006）这一由国家质量监督检验检疫总局所颁布的文件，该文件所包含的内容也成为我国物流业发展的国家标准，将物流的内涵具体表述为"物品从供应地向接收地的实体流动过程。根据实际需要，将运输、储存、装卸、搬运、包装、流通加工、配送、信息处理等基本功能实施有机结合"。

二 物流活动的基本功能

（一）包装

在现行的国家标准中，将包装的内涵具体定义为"为在流通过程中保护产品、方便储运、促进销售，按一定技术方法而采用的容器、材料及辅助物等的总体名称。也指为了达到上述目的而采用容器、材料和辅助物的过程中施加一定技术方法等的操作活动"（GB/T 18354—2006）。

包装活动贯穿于产品生产流通的全过程，既包含了产品的出厂包装，也包含了产品生产过程中各类半成品、制品的包装处理，更涵盖物流生产环节所发生的各类分装、换装、再包装等生产经营性行为（王庆瑞，2020）。包装包括工业包装与商品包装两大环节，前者是物流的基本内容，其目的在于提高物资运输及保管的便利性，确保商品装载效率的包装活动；后者则以提高销售水平为目的，通过合理分装提高商品消费流通的便利性并且尽可能全面准确地展示商品属性，是营销管理的内容之一。包装活动是物流活动的基本环节之一，与其他生产流程密切相关，是物流生产效率与管理水平的重要影响因素之一。

（二）装卸和搬运

装卸是指"物品在指定地点以人力或机械载入或卸出运输工具的作业过程"（GB/18354—2006）。搬运是指"在同一场所内，对物品进行空间移动的作业过程"（GB/T18354—2006）。

装卸活动由机械装卸或人工装卸等活动构成，其目的在于对物资的空间位置进行调整以确保包装、存储、运输、加工、流通等作业环节的合理衔接（李宁、刘铮，2017）。装卸活动将贯穿于物流活动的全过程，是物资存储、运输等作业的先决条件，具体包含产品的上下搬运、拣选、分类、移送等生产活动。为了确保装卸及搬运活动的效率水平，必须根据物流目标选择科学的装卸方式与生产工具，在保证作业效率的前提下尽可能降低安全风险、生产事故的发生概率。

（三）运输

运输是指"用专业运输设备将物品从一地点向另一地点运送。其中包括集货、分配搬运、中转、装入、卸下、分散等一系列操作"（GB/T18354—2006）。

运输的目的在于实现物品空间位置的移动，能够解决产品生产位置与需求位置空间不一致的问题，通过运输活动实现产品的空间价值。作为物流活动的核心环节，运输将直接决定物流活动的综合绩效，因此可以将物流简单地理解为运输活动（冯正强、刘婉君，2019）。运输活动具体以各类具备运输功能的机械设备（如传送带、运输管道及飞机、船舶、车辆等）为生产工具，实现物品空间位置的变动。运输管理的基本目的是兼顾经济与技术，科学规划运输流程并选择科学的联合运输机制，制定科学的运输路线实现安全、准确、高效、低成本的运输效果。

（四）储存

储存是"保护、管理、贮藏物品"（GB/T18354—2006）。

储存又叫作保管，其目的在于解决产品生产与消费环节的时间不一致问题。存储活动将实现物品的时间价值。储存活动的实现前提为各类仓库建筑设施，通过对物品的保管、养护和处理，最大限度减少物品使用价值的时间损耗（李俊亭等，2020）。存储活动需要制定科学的库存管理策略，根据需要制定实施相关保管制度与生产流程，加强保管技术、工具的创新能力，实现最佳保管效果。储存活动的重要性等同于运输活动，同样是物流活动的核心内容之一。

（五）流通加工

流通加工是指"根据客户的需要，在流通过程中对产品实施的简单加工作业活动（如包装、分割、计量、分拣、刷标志、拴标签、组装等）的总称"（GB/T18354—2006）。

作为物品由生产端向消费端流通过程中的一种辅助性加工活动，流通加工以提高产品质量及销售水平为目的，通过改变物品的物理、化学特性提升物流效率（袁雪妃、尹爱光，2017）。流通加工的实施主体包含了物流企业与商业企业，在对商品生产加工环节的各项缺陷和不足进行弥补的过程中对产品特性进行改进，优化产品供需流程，从而更好地满足消费者的消费需求。

（六）配送

配送是指"在经济合理区域范围内，根据客户要求，对物品进行拣选、加工、包装、分割、组配等作业，并按时送达指定地点的物流活动"（GB/T 18354—2006）。

根据客户订货需求，由物流企业在商品中转点对商品开展分货、配货等活动，通过特定的物流路程完成货物由物流据点向收货人的转移。对于配送活动而言，其起始点为具备物资储存管理功能的配送中心，终点为收货方确定的交货地点，根据用户要求开展相应的分货、配货活动，必要时结合流通加工活动实现更好的配送效果（吴鹏飞等，2016）。由于配送的基本内容之一就是货物的运输活动，因此配送活动在某种意义上就是以特定区域、城市内部等为活动范围的运输活动。

（七）物流信息

物流信息是指"反映物流各种活动内容的知识、资料、图像、数据、文件的总称"（GB/T18354—2006）。

随着物流活动的持续开展,将形成规模庞大的各类信息,相关信息在描述物流过程的同时也将为相关物流管理决策提供必要依据。物流信息是物流活动协调管理的基本要素之一,具体表现为与物流活动有关的各类市场信息、生产信息以及成本信息,能够对物流活动的效果进行说明。物流信息管理活动依托于必要的信息渠道与处理系统,通过科学合理的信息收集、整理、统计与核算的方法及工具对信息进行加工处理,为物流管理工作提供及时、可靠的信息支持。以互联网技术、电子技术为基础的现代物流对物流信息的管理和使用提出了更高的要求,各类现代电子信息技术的科学运用也将积极有效地提升物流管理的效率水平与科学水平(聂艳玲、冯永芳,2016)。

第二节 现代物流的相关理论

一 物流学理论的萌芽

物流活动诞生于人类社会,与特定生产、生活等人类活动密切相关。早在1922年,现代营销学的代表人物之一——弗莱德·E.克拉克(Fred E. Clark)就已在《市场营销原理》一文中对市场营销的内涵进行了科学表述,认为市场营销的本质是与商品所有权转移有关的各类活动,其中就包含了物流活动。这一定义使物流成为市场营销领域的研究内容之一。从此,物流就成为市场营销研究的基本课题之一,物流也成为以物资的储存、运输为目的的一种实物供应(physical supply)行为。虽然相关研究肯定了物流在商品流通过程中的重要性,但是并未对物流的重要地位予以肯定,而是将其简单地定义为一种隶属商品销售活动的辅助性活动,其作用是实现商品从生产端向消费端的空间位移。在该理论观点中,物流活动的目的在于实现商品销售,通过优化和改进物资运输、配给流程提高产品的销售绩效。羽田升史(日本)认为,物流是市场的必要延伸,是市场关系的重要补充(包振山、朱永浩,2019)。

第二次世界大战被誉为美国国际霸权形成的基础。为了实现其军事目标，美国把后勤管理（logistics managment）策略应用于军需品、武器弹药等作战物资的存储、运输、配送的管理。这一高效、科学的管理策略极大提升了美国军方的作战能力，为后期胜利提供了充分保障。在第二次世界大战结束之后，众多学者投身于后勤管理研究，逐渐推动了"后勤学"这一独立学科的出现和发展，也取得了"后勤工程"（logistics engineering）、"后勤分配"（logistics of distribution）等研究成果（崔介何，2015）。

在研究和实践的过程中，后勤管理的应用领域也逐渐由国防军事领域延伸拓展至工业、商业等领域，逐渐发展成为以原料和产品的流通、运输、分配、储存、管理、配送等为主要活动的生产管理体系。

无论是军事领域、工业领域还是商业领域，用户服务都是后勤管理的核心理念。当物流活动由实物供应转变为后勤之后，其在生产活动中的地位就上升到了一个新的高度。

物流服务是"为满足客户需求所实施的一系列物流活动过程及其产生的成果"（GB/T18354—2006）。上述概念中的"成果"具体包含物流服务提供方为客户所提供的实物管理活动、劳务活动等不同活动所得到的结果。在服务理念创新发展的过程中，物流服务系统的层次日益丰富，逐渐由物流管理活动延伸拓展至更高层次的增值服务，使物流服务的内涵更加完善。

二　现代物流学相关理论

（一）"黑大陆"学说

彼得·F. 德鲁克（Peter F. Druker）（1962）在其著作《经济的黑暗大陆》（*The Economy's Dark Continent*）中对"物流"的价值进行了肯定，将其定义为"一块未开垦的处女地"，认为物流管理能够显著提升流通效率进而创造更大的财富。该观点也被称为"黑大陆"学说。其中的"黑大陆"表明了现有的研究并未真正认识和了解物流的经济价值，强调了物流对市场经济的重要意义。他的研究使越来越多的学者开始认识到物流对社会经济发展的重要性（王之泰，2008）。

（二）"物流成本冰山"学说

"物流成本冰山"理论的提出者为日本学者西泽修。他从成本核算的角度出发对"黑大陆"学说的内容进行解读。其研究结果表明，传统的会计核算方法与财务制度并不能对物流的实际费用进行准确核算。基于传统的核算方法，企业一般通过"运输费用""保管费"等科目对销售、管理等费用进行核算，仅仅体现了企业向其他企业支付的费用（高铭泽，2015）。而上述费用并不是企业物流成本的全部内容，而是其物流成本很小的一部分，更多的费用未能得到体现。其关系如图1-1所示。

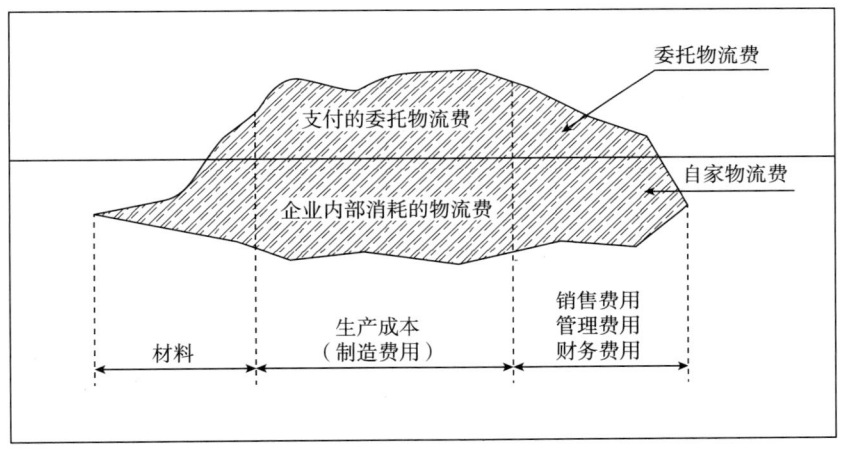

图1-1 物流冰山学说

"物流成本冰山"学说比较科学地对物流成本的构成进行了描述。该学说的科学性具体体现在：一是在对物流成本进行核算时往往涉及很多领域，包含供应、生产、销售、回收、处置等作业环节，贯穿于产品生产流通的全过程，对上述复杂、庞大的流程进行核算必然面临巨大困难；二是物流工作涉及产品的包装、装卸、运输、加工、配送等诸多生产环节，涉及作业管理与信息管理等问题，使物流成本核算需要考虑很多环节；三是物流成本会涉及多种不同的支付形态。与物流活动有关的各项内外部成本费用都将作为物流成本的构成要素，使物流成本核算需要考虑复杂的支付形态，加大了其核算难度。以上原因共同决定了物流成本核算的巨大困难，在会计实务中往往难以保证核算结果的全面性与准确性。

（三）"成本中心"学说

作为企业成本费用的重要构成，合理控制物流成本将有利于实现企业的成本控制目标从而确保企业整体经营活动的最佳绩效。因此而诞生的"成本中心"学说就明确指出了物流将作为企业成本的主要来源和管理重点。物流成本控制对企业成本控制的意义十分显著，降低物流成本将有效降低企业经营成本已成学界共识（古桂琴，2016）。

（四）物流成本"效益悖反"学说

效益悖反的内涵具体体现在：

1. 物流功能之间的效益悖反

基于成本管理的物流系统强调物流成本的最小化，以物流系统的最优化为核心目标。在协调不同物流功能要素矛盾冲突的基础上实现有机整合，尽可能减少物流成本实现最佳效益。

2. 物流成本与服务水平的交替损益

物流服务水平的提升需要相应的资源投入。因此，虽然高水平的物流服务能够为企业带来更多的效益，但是也会形成更多的成本费用。在具体管理中，企业必须科学认识到物流质量与成本费用之间的效益悖反问题，以综合效益最大化为目标而不是片面追求高水平服务或高企业收益，尽量避免导致整体效益下降的经营行为。

对于物流管理工作而言，其最基本的任务是提升服务水平与降低成本水平。这一相互矛盾的任务目标对企业的物流管理能力提出了较高要求。为了实现最佳效益，企业必须均衡考虑成本与服务问题，制定科学合理的物流策略实现成本最小化前提下的最佳服务（张聪果，2019）。

（五）"第三利润源"学说

在对物流经济效益进行研究分析时大多会提到第三利润源（the third profits source）这一概念。这一概念的提出者为西泽修（1970）。他认为，在人类社会发展过程中，资源领域（包含物质、人力资源）与销售领域是两个价值创造能力最大的领域，为人类社会提供了庞大的财富。

物质及人力资源领域的利润来源若为制造成本的降低，则在理论研究中通常将其定义为"第一利润源"；若其利润来源为改良营销技巧提升销售收入，则在理论研究中一般定义为"第二利润源"。

实践结果表明，在科学技术创新、营销策略进步的同时市场机制逐渐完善，日趋同质化的经营环境使企业的第一利润与第二利润源逐渐消失，生产领域的价值潜力也因此逐渐下降，使流通领域成为人们关注的新重点。此时，物流所对应的"第三利润源"成为企业管理的关键环节。为了挖掘其第三利润源实现自身良性发展，企业必须从战略的层面出发重视物流系统管理，制定长远的发展规划和管理策略，尽可能减少物流成本提升物流服务水平，开创新的利润点提升自身竞争力和持续发展能力（郭宝林，2008）。

三　现代物流的发展理念

（一）物流价值与利润理念

物流活动与商品市场既相互独立又彼此关联（赵胤斐等，2018）。基于市场供求关系与资源配置理念，物流可以理解为商品市场在物流领域的进一步延伸，在实现价值创造和转移的同时，物流管理也将完成社会价值增值活动。

彼得·F. 德鲁克的著作《经济的黑暗大陆》（1962）对物流的重要意义进行了科学论述。他认为，物流是现代商业"尚未开垦的处女地"，物流业的科学与快速发展将极大提升市场效率，科学合理的物流管理也将成为现代商业新的利润来源。这一论断对现代商业领域造成了巨大影响，使物流成为学者普遍关注的重点。

爆发于1973年的全球石油危机导致国际石油价格迅速攀升。受此影响，石油产品运输和包装成本显著上升（上升比例分别达到了20%、30%），进而导致运输业的生产成本大幅度增加，使西方国家的原料、燃料等竞争优势下降，对其传统的盈利模式造成了巨大冲击。为了缓解上述不利因素，西方国家的物流企业纷纷开展物流管理的创新活动，通过提升管理水平降低物流成本，以此应对原料、人工等成本上涨导致的利润下降问题，从而极大地推动了物流体系的创新和发展。

日本学者西泽修的著作《流通费用》就对物流系统创新发展的重要意义进行了肯定，将物流系统的创新界定为企业还未开发的"第三利润源"。

美国学者彼得·德鲁克则认为，物流已经成为企业"降低成本的最后边界"。此后，越来越多的人认识到了物流管理的价值，也充分肯定了物流管理对企业经营利润的重要影响作用。在其著作《主要社会的物流战》一文中，西泽修再次强调："现在的物流费用犹如冰山，大部分潜在海底，可见费用只是露在海面的小部分。"

（二）物流一体化理念

1. 纵向一体化与横向一体化

20世纪80年代中期以前，企业管理的传统模式以纵向一体化为主。该管理模式以企业对资源的占有与生产的控制为基本理念。基于该管理理念，企业经营目标的实现大多表现为扩大生产经营规模、投资供应商等方式（曾琢，2014）。虽然这一传统管理模式能够实现企业的经营目标，但是也会造成企业投入资源分散、资金压力上升、经营风险扩大等问题而影响其良性发展。为了解决以上问题，横向一体化管理模式出现并迅速发展。

与纵向一体化模式相比，横向一体化管理模式将构建起由供应商、制造商、分销商等经营主体所构成的链式体系，能够实现协调运转发挥价值链的资源优势，及时把握市场变动并进行调整从而实现价值链各主体的最佳利益（夏德建等，2020）。

2. 企业内物流一体化与供应链一体化

从其内涵来看，企业内物流一体化具体以商品市场需求为先决条件对企业的采购、生产计划进行制订和调整，以此实现产品生产流通过程的统一性和协调性。市场信息的不对称或者不透明是该管理理念形成与发展的基础。

在市场经济发展的过程中，消费者的消费需求呈现出个性化、多样性的变化趋势，使市场需求的不确定性日益突出。若是商品销售状况优于生产预期，则将出现产品断货、供应不足等问题；若是商品销售状况差于生产预期,则又会导致产品积压、库存压力上升等后果。为了避免上述问题发生影响企业正常经营,必须对产品的市场销售进行科学预期,在尽可能收集和分析市场信息的基础上制订生产计划与销售计划。这就要求摆脱传统预测式生产经营的局限性,借助如图1-2所示的物流管理理念和流程开展生产管理,以此降低市场风险实现最佳经营绩效。

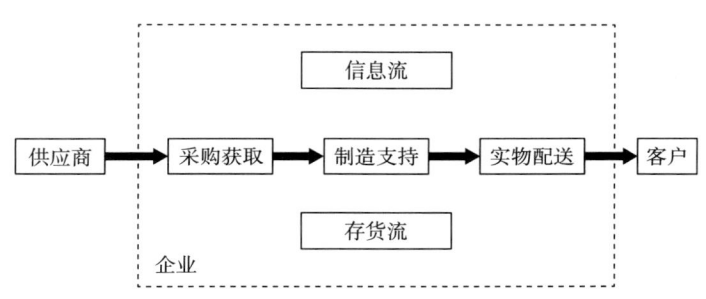

图1-2 企业内物流一体化

现代管理理念认为,物流已经成为企业、供应商、客户之间交流沟通的重要媒介和工具,物流管理水平也成为企业经营发展能力的决定性影响因素之一。科学的物流管理系统能够对客户订单信息、需求信息进行科学分析,在产品销售过程中对相关信息进行收集、整理和反馈,然后由企业根据信息结果对生产、采购计划进行制定和调整,在提高产品生产管理效率的同时创造更多的产品价值反馈给客户,从而获得客户的认可实现良好的客户关系确保企业的良性发展。这就是企业内物流一体化管理的优势所在。

企业内物流一体化虽然能够为企业良性发展创造有利环境,但是却无法为其经营目标的实现提供充分保证。在日益激烈的市场竞争关系中,企业想要保持自身竞争优势,必须打破物流管理的内部局限性,构建涵盖企业自身、供应商及客户的更加宽泛的物流管理体系,形成如图1-3所示的供应链一体化体系才能保证良好的经营效果(肖艳,2019)。

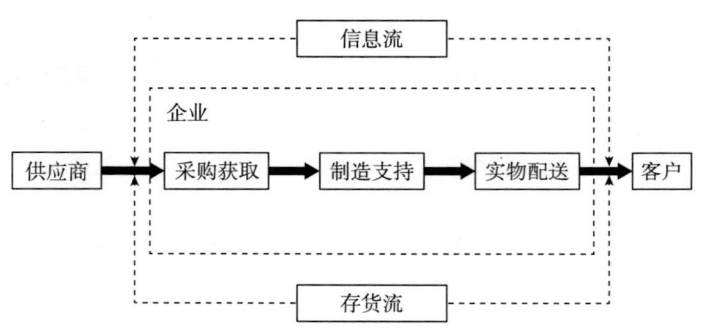

图1-3 供应链物流一体化

物流服务的一体化是指"根据客户需求所实施的多功能、全过程的物流服务"（GB/T18354—2006），这一理念打破了传统物流理念的局限性，不再片面专注于实物资源、企业内部资源的运营管理活动，而是从供应链的层面出发开展物流管理，实现物流、信息流、资金流的科学协调与统一，全面准确地把握和满足客户需求实现客户的最大价值，在取得客户认可的基础上实现自身科学发展（孟一君，2020）。

（三）精益物流理念

在创新管理模式的过程中，日本丰田汽车提出了"精益物流"这一新的管理理念。该理念的核心在于尽可能减少甚至消除生产管理过程（包含库存）中的资源浪费问题，针对性地制定实施管理措施实现最低成本（赵娟娟，2020；Holweg，2007；Sebastian，2020）。在物流管理研究领域，学者则以物流管理为出发点开展研究工作，在综合运用供应链管理理念的基础上对"精益物流"的概念内涵进行了科学论述（Tortorella et al., 2017），该理念的基本原则具体如下。

（1）价值创造的中心由企业或职能部门转变为客户；

（2）基于价值流的完整过程，制定与商品流通有关的生产、供应、配送等基本流程和内容；

（3）实现完整、协调的增值活动流，避免价值链出现等待、中断、回流等问题；

（4）发挥客户潜力，实现价值的及时创造；

（5）逐渐减少浪费完善管理体系避免不必要的损失。

基于以上认知，可将精益物流的目标具体定义为在尽可能减少资源浪费的前提下实现最佳服务以获得客户的满意和认可。

（四）绿色物流理念

世界环境与发展委员会（WECD）于1987年正式提出了"我们共同的未来"这一理念。该理念首次对可持续发展理念的内涵进行了论述，认为应当在不损害下一代资源开发和持续发展能力的前提下开展当代资源开发利用活动。这一科学发展观的提出，客观上要求当代企业制定实施科学的发展策略开展生产经营活动，在不损害自然环境自身发展的基础上实现人类社会的良性发展（刘竹轩，2019）。该发展理念也为现代物流活动的创新发展提供了科学依据，并推动了环境共生型物流理念的出现和发展。这一新物流管理理念不再局限于物流与经济、物流与消费的单向关系，而是构建起一种双向协调关系，在不危害环境安全的前提下开展物流活动，实现物流活动的绿色转型。

（五）联盟与合作理念

20世纪80年代开始，美国提出了"物流复兴计划"，通过打造物流联盟、实现广泛合作提升物流管理水平，以此为企业的快速与持续发展奠定良好基础。经过数十年的发展，物流关系逐渐由传统的权益交换及谈判逐渐转变为更加高效、稳定的组织间联合作业这一新模式，并且呈现出多样化的发展特征（杜志平、贡祥林，2018）。这一变化不仅极大提升了外部资源的利用率与企业的物流效率，在显著减少物流管理成本的同时也加快了物流联盟的出现和发展速度，所谓物流联盟即"两个或两个以上的经济组织为实现特定的物流目标而采取的长期联盟与合作"（GB/T18354—2006）。

第三节 现代物流的基本分类形式

商品流通活动的普遍存在使物流成为现代社会再生产不可或缺的

重要组成之一，贯穿于商品生产流通的全过程并且其形式随着商品交易形式的变化而变化。对于不同的物流形式而言，其运作管理模式与技术特征也存在显著差异。

一　按空间范围的大小分类

（一）企业物流

企业物流是指"生产和流通企业围绕其经营活动所发生的物流活动"（GB/T 18354—2006）。

关于企业物流的定义，美国后勤管理协会将其表述为以原料、半成品、产品及服务与相关信息为对象的、贯穿于产品供应与消费全过程的、以客户需求为目标的一种计划性、标准化的产品存储与运动管理体系（吴群、程浩，2019）。

从其所处层面来看，企业物流表现出典型的微观特征。

（二）城市物流

城市物流通常以特定城市行政区划为前提，根据城市规划特点制定相应物流管理措施并开展具体物流活动以满足城市物流服务需求。此类物流属于城市服务的范畴，表现出显著的中观特征（戴海龙、李霞，2017）。

（三）地区物流

地区物流是以满足区域经济发展所需的物流服务为目标的一种物流形式。区域经济取决于地区特殊的自然环境与人文环境，是城市社会与周边环境长时间协调发展形成的一种特殊经济关联体，在区域这一空间层面体现出特定的社会化、专业化分工协作结果。由此可知，地区物流旨在满足特定区域的物流需求，表现出显著的中观特征。

相互依存、协调统一是地区物流同区域经济的本质关系（高康、王茂春，2019）。作为区域经济的核心构成要素之一，地区物流的发展状况将直接影响区域经济的整体发展水平；而区域经济的良性发展也将为地区物流的发展创造有利条件，同时也将促进区域内商品生产、流通等各个领域的发展，从而形成良性互动实现物流、生产、流通等不同领域的协同发展与共同进步。

(四) 国内物流

国内物流的行为主体为国家,根据宏观经济需要对一国境内的物流发展进行统一规划和管理,在一国物流体系中居于最高层次,表现出十分显著的宏观特征。由于国内物流将直接影响关联部门甚至是全国范围内各关联主体的运行状况,因此属于物流问题研究的核心内容(任红红、赵宁,2011)。

(五) 国际物流

关于国际物流这一物流形式,我国现行的《物流术语》(GB/T 18354—2006)将国际物流(international logistics)定义为"跨越不同国家(地区)之间的物流"。由其定义可知,国际物流旨在满足处于不同国家或地区的商品生产者、需求者对产品流通的需求,打破供需关系在时间、空间上的制约,实现商品实物的跨国运动和流通。

国际物流存在的先决条件为国际贸易(林俊,2017)。在国际市场中,分属于不同国家或地区的商品生产者与消费者若想实现交易目的,必须解决不同国家在时间、空间上的分离和差异问题,借助科学有效的物资运送体系实现商品在不同国家或地区之间的跨境流通。自进入WTO以来,我国国际贸易规模不断扩大,与国际市场的关联日益紧密,这就为我国国际物流的发展创造了有利环境,打造全面、完善、高效的国际物流体系也成为我国物流业创新发展的主要任务之一。

二 按物流主体的不同分类

(一) 自营物流

作为比较传统的物流模式,自营物流由企业消耗自有资源完成物流设施、设备、人员的组织管理工作满足其物流需求。该物流模式的优势在于方便灵活、针对性强,能够根据企业实际情况进行建设和调整(刘子毅,2019)。

在确保管理水平、资源利用率的前提下,自营物流的综合效益要高于外包物流。但是自营物流的存在也将加大企业的管理难度和工作量,存在外部需求不足时的资源闲置浪费与外部需求过高时的服务不足风险,这就使企业的物流服务质量不确定性相对较大。

（二）第三方物流

此类物流也叫"契约物流"或"物流联盟"，以外包合同的形式将企业物流服务委托给特定的第三方物流企业或组织，在支付相关费用的同时获得相应的第三方物流服务（闫柏睿，2016）。

（三）第四方物流

此类物流基于集成的供应链，由供应链各主体进行资源协调与整合为客户提供全面、完善的供应链物流服务。作为目前最具发展潜力的物流模式，第四方物流对供应链成员的要求相对较高，供应链管理的难度也相对较高（任亮等，2018）。

三 按物流作用的不同分类

（一）供应物流

供应物流通常以原材料及设备为对象，旨在满足企业产品生产的物资需求而开展的物流活动。供应物流属于企业生产管理的基本职能之一，具体表现为物资在企业内外部之间的双向物流活动，即分为内部物流与外部物流两大类（钱蓝、宋华明，2015）。前者指物资在企业内部不同部门之间的流动，后者则指物资在供应企业向下游企业的流动。随着供应管理模式的创新与第三方物流的发展，供应物流的范围不断扩大，内容也不断丰富，逐渐成为企业最基本、最重要的管理活动之一贯穿于生产经营全过程。

（二）生产物流

因企业生产需要所发生的各类物资在内部的实体流动就是生产物流的具体内涵。上述物资以各类原材料、在制品、半成品、产品等为主要形式，其目的在于提高流动效率、降低流动成本、高效可靠满足生产需求（陈建源等，2019）。

（三）销售物流

顾名思义，销售物流是企业因销售活动而发生的物品实体流动活动。其目的在于完成产品销售目标，将产品由生产企业转移至销售企业。销售物流管理水平将直接影响企业经营绩效（李骁腾、赵媛媛，2015）。

（四）返品的逆向物流

此类物流活动多因产品未能被买方顺利接收而退货所形成（张宗福、赵嘉英，2020）。一般流程如图1-4所示。

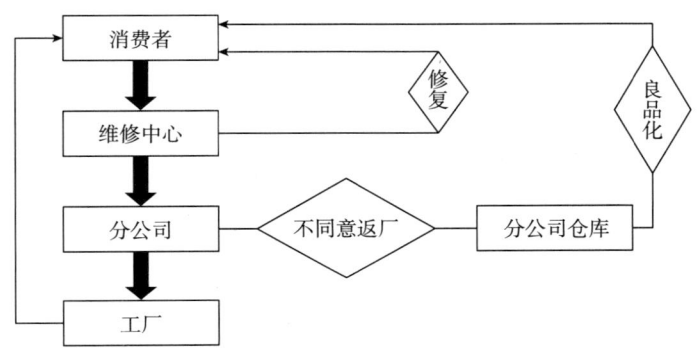

图1-4　返品物流流程

（五）废旧物资物流

废旧物资物流主要指企业各类废旧物品的处理活动，实现废弃物资由生产环节向特定处理场所的实体流动，具体包含废品回收物流、废弃物流两种形式。前者为生产废旧物品的重新回收、加工与利用（翟晓松，2020）；后者则是不具备回收利用价值物品的填埋、销毁等处理过程（贾帆帆，2020）。

（六）其他物流分类

除上述分类标准外，还可以根据物流对象、物流环境、运作需求或服务模式的差异对物流进行分类，如各类钢铁（朱立新、李华北，2020）、煤炭资源物流（丁肖萌，2018），冷链物流（朱琴，2020），电商物流（李静，2019）等。

第二章

现代物流经济分析理论

第一节 经济流通中商流与物流理论

一 经济流通中三流关系的演变

商业活动简称商务,具体表现为与商品交换活动有关的事物及行为,具体涵盖了商品生产—交换—消费全过程的各项与纯生产、消费无关的要素损耗及活动。现代商务逐渐由传统的商品交易发展演变至商业行业、贸易管理并最终转变为以生产者、消费者为核心的商品流通关系,已经成为生产、供应、销售等商业活动的关联纽带和重要保障。

商品交换活动可以理解为商流、物流、信息流的交互与变化(颜丽玲等,2018)。在早期商业活动中,"以物易物"是最基本的交换方式,其中物流居于主导地位,商流、信息流的重要性相对较低。在社会发展、生产进步的过程中,货币的出现标志着"以钱买物"这一新型商品交换方式的诞生,"一手交钱,一手交货"也成为该时期最核心的交换原则。随着社会经济的不断发展,市场不断完善,商品交换规模也不断扩大,为商业信用的出现和发展创造了有利环境,而"钱庄""银行"等货币服务主体的出现也标志着物流与商流的分离和独立,而多样化的交易付款方式也因此不断创新和发展,使商品流通水平不断提升。多样化的交易付款方式在满足不同客户商品交换需求提高交易安全性与便利性的同时，也使商品流通的速度得到了进一步提升。与此同时，信息流在商品交换流通中的重要性也不断提升。在商品交换的过程中，交易双方为了保护自身利益，需要在交易全过程的不同阶段开展信息收集和分析工作，对交易有关的商品信息、商誉等信息进行了解和把握，为商业决策的制定和实施提供必要依据。在电子信息技术出现和发展的过程中，信息流在商业活动中的重要性得到了进一步提升，也推动着商品流通进入了全新的发展阶段，推动了商品流通的创新与变革。商流、物流与信息流在商品交换中的地位变化具体如图2-1所示，图2-1也表明了"三流"在不同发展时期的相互关系，也体现了不同商业阶段的不同发展特征。

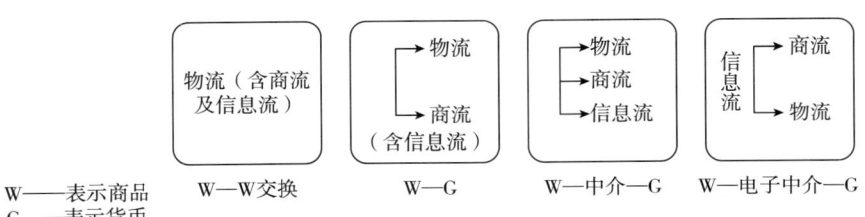

图2-1 经济流通中的三流演变流程

二 商流的演变与发展

商流即商品流通，诞生于商品的生产与交换过程。在人类社会发展水平较低时，商品的生产与消费规模均相对较小，因此对于社会发展而言，商品流通的影响作用相对较小。

自西方工业革命以来，人类社会的生产力水平快速提升，产品生产及消费能力也随之提升，商品流通规模也随之扩大，对产品生产也表现出日益显著的影响作用。在特定条件下，商品流通反而成为商品生产的决定性影响因素。

随着市场经济的不断发展，商品的生产与消费环节呈现出日益显著的彼此分离现象，这种分离具体表现在空间、时间、人三个不同的维度（王玉，2017；杨雪琴，2020）。在空间维度上，商品生产与消费的分离具体表现为产品生产地点与消费地点的不一致性，且这种不一致性也随着市场规模的扩大而不断扩大，这就客观上要求存在与之匹配的物资输送活动才能确保生产与消费的关联；在时间维度上，商品生产与消费的分离则表现为活动时间上的不一致性，即产品从生产到消费的过程中需要一定的时间进行等待，这就要求存在与之匹配的储存管理才能确保产品在流通上的衔接性；在人的维度上，商品生产与消费的分离具体表现为供应者与消费者的不对等性，即产品供应者与需求者之间的关系并非简单的一对一关系，而是更加复杂的多对多关系。这种复杂的供需关系要求存在相应的物流服务对产品进行协调和分配，从而实现供应者的销售目的和需求者的消费目的。此时，物流成为极为重要的商品交换和流通的工具。

产品流通的基本环节就是以上所论述的交换、运输、储存等物流管理活动。基于以上基本环节，根据实际需要开展与之相关的流通管理活动具体包含两类要素：一是基于产品所有权转移的商品交易及价值转变过程，也就是传统意义上的商业流通，即商流；二是与商品流通基本活动有关的包装、装卸等活动，也就是物流的主要内容。由上述内容可知，商流、物流将共同构成完整的商品流通活动。

此外，商流可细分为商业交易活动与商流信息活动。其中，前者以批发、零售等不同形式实现商品所有权的转移，与之相关的合同行为均属于现代商业行为的基本内容；而后者则属于以商流活动为对象的信息类辅助性活动，具体通过计划编制、市场调研、广告宣传、信息分析、市场预测等活动确保商流活动的顺利开展。

三　商流与物流的联系与分离

作为商品流通活动的构成要素，商流与物流之间的关系可概括理解为相互关联又彼此区别、相互包容又彼此分离。具体内容如下：

（一）商流与物流互为基础

物流以商流为存在基础（刘丽军，2018）。也就是说，若是商品交换活动并未发生所有权的实际转移，即并未进行交易行为，那么也不会发生实物产品空间位置的变化。在商品交换的过程中，商品交易方向和实物运动方向相统一。

商流离不开物流的保障和支持（王玉，2017）。消费者对商品使用价值的需求是商品交易发生的前提，也是商品所有权转移的先决条件。若缺乏必要的物流措施或者充分的实物运动能力，则无法保证商品及时转移至消费者处，这就将导致商流目的无法实现。

传统的"一手交钱，一手交货"行为更多出现在小额的、零星的零售交易活动中，此时商流、物流并未分离。在商品经济不断发展的过程中，交易规模的扩大使商流、物流的统一性逐渐削弱，商流、物流也因此出现了分离。

（二）商流与物流相互分离

简单的一次性批发流通过程如图2-2所示。由图2-2可知，在该交易过程中，商品的商流过程为工厂→批发→用户，对于这种比较简单的交易过程中，双箭头线所示的商流与物流的渠道基本相同，即物流路线与商流保持一致。但是在具体市场关系中，产品在生产者与消费者之间的实物流动却存在直达的可能，具体表现为途中的粗双箭头线。通过该可能存在的渠道，商品的实物运动活动将显著减少，运动成本下降的同时运送速度也将显著提升。对于日益复杂的现代商品交易活动而言，存在这样一种可能：产品多次、复杂的交易活动并不会影响产品由生产者到达消费者的这种最短运动路径的存在情况，也就是可能始终存在一种成本最低、效率最高的产品运动路径。

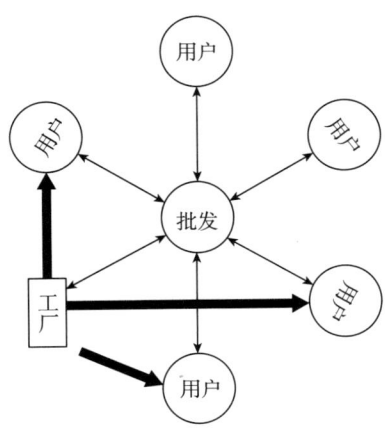

图2-2 商流与物流的分类

物资实物的相对独立性特征是商流与物流分离的先决条件。在现代商业活动中，资金运动将为物资运动提供支持，资金分配将决定物资的运动方式和方向。但是受自身形态差异、运动方式与运动渠道差异的影响，资金运动与物资运动往往难以实现统一。资金运动的常见形式以财政、信贷、薪酬等为代表，而物资运动的实现方式则为空间位置的变动；此外，资金转移所需时间较短，借助银行转账、电汇等方式能够在极短的时间内完成资金转移，但是物资空间位置的变动则需要借助各类运输工具、需要较长时间、较复杂的流程才能完成。

现代商品交易还出现了一类以房屋、建筑等不动产为交易对象的仅包含商流不涉及物流的新商业形式。虽然在交易过程中上述商品的所有权发生了变化，但是其所处的空间位置却不发生变化。

综上所述，商品流通的存在基石是商流与物流。商流的发展有利于提升物流效率，物流的发展则有利于提升商品的流通速度，两者的相对分离能够更好地发挥各自的特有优势，以此提升商品流通的科学水平促进现代商业体系的快速壮大。

四　商流与物流分离的主要形式

（一）因电子商务导致的分离

基于现代电子信息技术的电子商务实现了商流、资金流、物流、信息流等要素的综合统一。这种全新的贸易形式仅仅借助电脑、网络等信息化工具完成各项交易操作。但是单单依靠电子设备与网络设备并不能完成实际的物流活动，这就使物流成为相对独立于电子商务却又是电子商务必不可少的组成要素之一，而现代物流系统的运营管理水平将直接决定电子商务的整体发展状况（曹江宁，2014）。

（二）因购销方式导致的分离

基于特定商品交易形式发生的商流、物流相分离现象，具体包含以下三种情形：

1. 预购

该交易形式由买方先行支付货款，卖方在接收货款一定时间之后履行其货物运输供应义务。该交易模式将引发商流在前、物流在后的交易流通情形。

2. 赊销

该交易形式是以信用为基础的销售，卖方与买方签订购货协议后，卖方让买方取走货物，而买方按照协议在规定日期付款或分期付款形式付清货款。

3. 分期付款

该交易形式实际上是卖方向买方提供的一种贷款，卖方是债权人，买方是债务人。买方在只支付一小部分货款后就可以获得所需的商品或劳务，但是因为以后的分期付款中包含有利息，所以用分期付款方式购买同一商品或劳务，所支付的金额要比一次性支付的货款多一些。

对于后面两种交易形式而言，都属于卖方先行交付商品，买方则依托自身信用延后支付货款的信用销售行为，都表现出物流在前、商流在后的特点。作为现代市场交易的主要交易方式，赊销与分期付款的普遍存在使物流在前、商流在后成为最主要的商流物流分离模式，该分流模式所占比重也随着商品供给总量的增加而增加。

（三）因结算方式导致的分离

对于"电汇""信汇"等结算方式而言，当买方实施了支付行为，则将在法律层面完成商品所有权由卖方向买方的转移，也标志着商流的形成。但是物资运动的复杂性却相对较大，往往需要在支付结算完成一定时间之后才能实现物资的发运。也就是说，商流和物流的形成时间并不一致，物流往往在商流形成之后才出现，表现出商流、物流的分流特征。

对于"托收承付"这一支付结算方式而言，物资发运首先由卖方执行，然后以运输凭证为依据委托银行代为办理货款接收手续。此时，虽然物流已经出现，但是在买方实际支付货款之前卖方的托收手续并不代表着商流的形成，也就是商品所有权并未实际转移，表现出商流延后、物流先行的分流特征。

对于批发这种商品交易方式而言，更多采取"三角结算"支付方式。该方式以商品交换的关联当事人为主体，根据交易合同各自完成货款结算行为，确保商品由生产商向销售商的直接供应。例如，A、

B、C 三个企业签订物资交易合同，合同约定 B 企业首先将货款支付给 A 企业，而商品却依然由 A 企业进行库存管理，即商品所有权由 A 企业转移至 B 企业名下时其保管位置仍为 A 企业，这一过程并未出现物流；若此后 B 企业通过交易收取 C 企业的货款并将其所有权转移给 C 企业，则由 A 企业将商品直接发送给 C 企业。在这一过程中，B 企业、C 企业之间仅存在商流不存在物流，而 A、C 两企业之间则仅存在物流而不存在商流，这就形成了一种"商流迂回、物流直达"的商品流通模式。

（四）因期货交易导致的分离

在期货市场中，存在一种更加极端的商流、物流相分离情形。期货交易以交易双方的保证金为交易基础，以期货合同的形式明确交易双方在未来某一特定时间实际交易某一特定品质、规格期货商品的权利义务。此类标准化合约所关注的重点并非期货合同所针对的实际商品，而是一种因市场波动所导致的商品价格变化所形成的合同价格与市场价格之间的差值，然后根据合同条款对上述波动导致的价差赚取更高利益或者实现套期保值的交易目标。由此可知，在期货交易过程中一般不涉及物流，物流仅仅出现在实物交割环节。

第二节 现代物流的供需理论

一 现代物流的需求

（一）物流需求的定义

需求的含义为基于特定价格、时间等要素基础上，特定商品或服务能够被消费者接受的可能性以及相应的数量。由其概念可知，需求的具体构成要素包括购买动机与购买能力，而购买能力和支付能力的内涵相同。

基于以上需求的定义，可对物流需求的内涵进行表述。具体可理解为特定时间条件下，生产、流通、消费等社会经济活动过程中因配置需要或者使用需要而实现的相关原料、半成品、产成品、废弃品等物资在时空、成本等方面的现实要求，具体包含存放、运输、包装、流通、加工、装卸等作业活动，体现了特定时间下由市场交换所实现的消费对应的物流服务情况（冯朝军，2018）。由此可知，在对物流进行研究分析时，需要关注以下基本内容：

（二）物流需求的影响因素

1. 经济规模

在影响物流需求的因素中，主要以特定国家或地区的国民生产总值、经济增速等因素为主，会对物流需求的结构以及规模产生显著影响。其中，国民生产总值（GDP）、经济增速等要素同物流需求之间呈现出比较典型的正相关关系，即 GDP 增加、经济增速提升的情况下，物流需求水平也将随之提升。此外，当处于不同的经济发展阶段时，社会也表现出差异显著的物流需求，要求其服务质量、结构等随着不同经济阶段调整变化。

2. 产业结构

在产业结构发生变化时，社会物流需求也往往随之发生变化，导致物流的功能、层次、结构等出现变化从而影响物流业的发展。

各产业的发展变化首先会导致物流需求的变化。对于采掘业、制造业等为代表的第一、第二产业而言，其产品表现出典型的实物形态，这种产品的生产、流通、消费等完整过程中需要特定的运输仓储服务作为支持才能实现正常产业发展目标。而第二产业的经营发展会形成更加显著的物流需求，在物流成本费用方面也显著高于其他产业，物流成本费用在其经营成本中的比重也相对较高。

与第一、第二产业不同，无形的产品和服务是第三产业产值的主要来源。以服务业为核心的第三产业并不会显著依赖物流服务。在其经营发展的过程中，物流成本在其总成本中所占比重相对较小，可以说这一比重远远低于其他产业。

由此可知，不同产业在物流服务方面呈现出差异性的需求水平。相对而言，以实物产品为主的产业对物流的需求高于服务性产业。若以单位 GDP 对应的货物周转量为量化依据对不同行业的物流运输需求水平进行评价，那么需求水平最高、依赖程度最大的产业就是重工业、轻工业的依赖程度相对较小（罗丽丽、赵予新，2013）。具体到公路运输服务来说，需求强度由低到高依次为服务业、农业、轻工业、重工业。这就表明了产业结构与物流需求之间的密切关联。

此外，产品结构的差异也将形成差异显著的物流需求。当产业的结构、业态、产品发生变化时，通常需要物流结构随之调整才能满足产业发展需求。

3. 经济空间布局

当经济发展水平相对较低时，不同经济领域之间的关联性相对较小，而相对独立的领域呈现出比较接近的产业结构时就会出现交换需求显著降低的情况，从而使物流需求也随之降低。当经济发展水平相对较高时，市场将表现出更加激烈的竞争，而社会大分工的发展使生产关系的范围逐渐扩大从区域拓展延伸至全国乃至全球的层面，使经济发展模式摆脱了区域的限制和制约，在分工协作的基础上呈现出一体化、专业化的发展趋势。

分工协作的出现使不同区域的经济空间呈现出各自不同的特征，从而为区域间的要素与经济关联创造了条件，也显著提升了不同经济区域之间的生产要素交流、转移的水平，形成了更大的交换需求，从而促进物流的发展。经济空间分布不均衡的主要原因在于资源分布和经济发展的不均衡问题，也是物流出现和发展的本质原因所在。为了满足不同区域对不同资源的需求，需要物流发挥积极有效的功能作用。

4. 企业经营理念的转变

在企业经营发展的过程中，核心业务逐渐成为其关注的重点。在物流服务领域，外包这一物流服务模式得到了企业的广泛认可和积极运用，在提高企业资源利用率、改善企业经营状况、提升企业竞争优势方面发挥了积极有效的作用。在这一过程中，组装制造业、外资企业将成为物流外包业务最先出现的领域。

5. 物流服务水平

在物流业发展过程中，其服务水平将成为物流需求的主要影响因素。只有确保良好的服务水平才能有利于促进物流发展。在现代科技创新发展的推动下，物流业呈现出综合化、专业化、网络化的发展趋势，在积极发挥创新优势的基础上将极大提升物流服务质量和效率，从而为各类客户提供更加专业化、个性化的产品与服务。这种优势也成为企业选择外包服务模式的主要原因。

二　现代物流的供给

（一）物流供给的定义

基于特定时期，物流业创造提供的有效物流服务以满足社会需求，这种服务的综合创造能力就是物流供给的具体内涵。物流供给的具体指标可从数量、质量两个方面进行说明。数量体现了有效物流服务的实际业务量，而质量则表现为物流服务中不同能力、资源等要素的构成情况。

（二）物流供给的影响因素

1. 物流服务价格

物流供给的影响因素众多，其中以服务价格的影响最为突出。在特定时间条件下，服务价格的上升会刺激物流业生产规模的扩大从而提升供给总量；若服务价格下降，则相应的会导致供给能力下降的问题。因此，为了确保物流良性发展，积极有效地满足社会经济发展的需要，必须确保服务价格的科学性与合理性。

2. 物流技术

物流供给的实现需要特定的基本条件提供支持，其中最核心的条件就是物流的基础设施与技术。技术水平是物流供给能力的决定性影响因素，技术水平、设备水平的提升将显著提升物流服务水平和供给能力。在信息技术创新发展的推动下，物流管理水平得到了极大提升，物流效率、便捷性、精确性也将随之提升。

3. 物流需求

物流需求是物流发展的基础，也为物流服务的具体内容提出了明确要求。物流需求一般将明确物流的业务量、方向、方式、发展趋势等因素。在物流需求不明确的情况下，物流供给也将失去依据，从而导致物流发展受阻；在旺盛的需求推动下，物流业的服务能力也将得到有效保障（张亚飞，2017）。潜在需求的存在则会影响物流发展决策，从而影响物流的未来发展状况。

4. 产业布局

工农业的发展情况特别是布局情况将直接影响物流基础设施的建设情况。以我国为例，在资源分布方面，煤炭等矿产资源的分布区域以西部、北部地区为主，而制造业的分布地区则以东部沿海地区为主，这就需要矿产资源能够从西部、北部地区顺利转移至东部地区。为了满足以上要求，就需要发挥上述地区之间铁路、公路、水路等运输网络的功能作用，确保相关物资运输供给。

三　现代物流的供需均衡分析

（一）需求曲线与供给曲线

1. 物流需求与物流需求曲线

物流需求首先要考虑其价格问题，基于价格对需求情况进行反映。物流价格与物流需求之间存在比较显著的负相关关系。也就是说，相对较低的物流价格会形成更高的需求；而相对较高的物流价格则会抑制客户的需求，迫使其做出放弃物流合作、自建物流体系等决策。物流价格与物流需求的具体关系如图2-3（a）所示。

2. 物流供给与物流供给曲线

西方经济学理论认为，供给的含义是特定时间、价格条件下生产者销售某一商品的可能性。具体到物流业，物流供给就是物流企业提供物流服务的主观意愿与结果。物流供给和物流价格之间表现为正相关关系，具体可通过图2-3（b）进行说明。

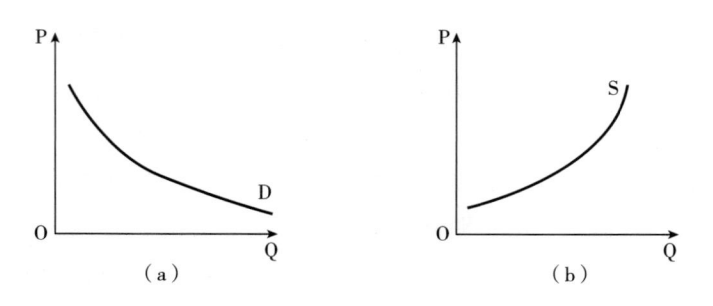

图2-3　物流的需求曲线和供给曲线

供给价格是物流企业所制定的物流服务价格。这一价格的决定性因素为物流成本。假设其他条件保持不变,那么供给价格与物流业服务意愿之间呈现出正相关关系。即价格上升,同时服务供给的积极性将随之上升,供给量也随之提高。

(二) 均衡价格

1. 均衡价格的定义

需求价格表现为消费者认可的产品和服务购买价格,能够基于该价格水平购买所需的产品或服务。而供给价格则是生产者能够接受的产品销售价格。这两种价格也将成为市场价格的形成基础和市场发展的推动力。若市场产品能够全部完成销售,即市场出清,那么市场供需就将实现均衡。此时的产品价格也就是均衡价格。均衡价格可简单理解为产品供给价格与需求价格相同的情形。从需求供给曲线来看,均衡价格就是两条曲线交叉点。同时均衡价格也体现了市场供给量、需求量相同的产品价格。需求量、供给量相同时所对应的产品数量就是均衡数量,是供给量曲线与需求量曲线交叉位置。具体特征如图 2-4 所示。

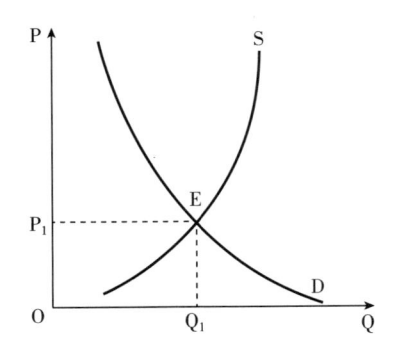

图 2-4 物流市场的供需均衡

由图 2-4 可知,当以横轴、纵轴分别代表物流量、物流价格,曲线 S 与曲线 D 分别代表供给曲线和需求曲线,那么两条曲线的交叉点 E 就是产品供需均衡的情况,E 点所对应的价格 P_1 就是该市场条件下的均衡价格。

2. 均衡价格分析

以图 2-4 中的均衡价格 P_1 为基准。若市场价格上涨并高于均衡价格时，需求量将发生反向变化，即需求量下降，同时供给量增加，曲线移动的结果就是市场产品出现了比较显著的供大于求现象。这种现象仅仅是一种短期性的波动现象，会在市场自身的调节作用下对供需结构与产品价格进行调节最终实现新的均衡状况，得到一种新的均衡价格与均衡数量（Yan et al.，2020）。

若物流价格出现下降情况，当市场价格小于均衡价格时，物流需求将会有所增强，但物流企业可能存在利润减少的情况，迫使其减少供给量，产生一种供不应求的市场结构。这种情况也属于短期波动问题，同样能够在市场机制的自发调节功能下完成供需结构的调整从而实现新的均衡价格（戴卓，2016；张亚飞，2017）。

对于市场经济而言，竞争是最重要的一种自发性调节工具，是均衡价格形成的重要保障。在市场调节机制积极有效的情况下，短期的市场供需结构失衡与价格变动能够很快得到调整并形成新的均衡结构，在调节的过程中，市场供需双方的竞争和互动关系是最主要的动力来源。

第三节 现代物流经济分析的基本方法

一 成本收益分析法

成本收益分析能够从经济性层面出发对投入和产出关系进行科学分析和评价，从而为行为主体的未来预测和行为决策提供指导和依据，以此保证未来预测目标的实现。在经济领域，成本收益法是最基本、最核心的一种研究方法。该方法以效用最大化为出发点，对经济行为主体的行为特征进行研究分析，基于成本最小条件下的效益最大也将成为经济主体开展生产经营活动的基本目标。

该方法的理论基础为：以特定支出目标为出发点，首先设计若干个可供选择的支出目标实现方案，其次借助相关技术方法对不同实现方案的成本与收益问题进行对比分析，在综合考虑相关因素的基础上确定最佳方案，达成特定条件下的最佳综合效益。

成本收益法的基本实现流程为：①对目标行为的机会成本进行分析和确定；②对额外效益进行合理估计；③明确必要的成本费用项目；④对未来成本和收益的时间分布情况进行分析；⑤对部分量化难度大的成本、效益指标进行科学评估。

常见的成本收益法具体如下：

（1）净现值法。该方法通过计算分析某项投资方案未来现金流收益所对应的当期折现值同投资成本的差值判断其投资价值。在净现值计算过程中，净现值法以净现金收益的现值及投资总量为依据进行计算分析，根据不同方案的净现值计算结果进行比对，从而选取净现值最高的方案为最佳投资方案。如果净现值出现了负值的情况，则优先进行排除。对于其他净现值为正值的方案来说，其取值结果越大表明投资效益越高，方案也越科学有效（周润书，2019）。这种直观的分析方法能够为投资决策提供一种便捷、高效的分析工具。

（2）现值指数法。该方法具体以现值指数指标的计算结果为依据对投资方案的价值进行评估分析（王湔璋，2015）。其中的现值指数的含义是未来收益的总现值在初始投资额总现值中所占的比例，这一指标体现了单位投资能形成的未来收益所对应的现值。

（3）内含报酬率法。该方法具体以未来现金流入现值与流出现值相等时的贴现率作为内含报酬率进行研究分析。这一方法能够计算确定投资净现值收益为零时所对应的贴现率。这一方法能够比较准确地对比分析不同投资方案的相对优劣程度（杨洋、李丽娟，2018）。接受内含报酬率超过资金成本率的方案，并优先选择内含报酬率最高的方案。

在具体应用中，三种方法的优点和缺点各有不同，因此需要根据实际情况从中选择最佳方法。通常情况下，净现值法多适用于整体性显著的投资项目，此类项目往往无法分割；而现值指数法则一般适用于可分割的投资项目；内含报酬率则更多用于对收益重复投入项目的综合效益分析。

二　盈亏平衡分析法

该方法也叫作保本点分析法、本量利分析法，具体以产品业务量、成本、利润等要素为基础，对其相互制约的内在关联进行研究分析从而对特定关系下经营效益进行量化分析。

通常情况下，企业的成本和利润是收入的构成要素。若利润为零，那么企业的收入和成本将相等。成为为固定成本与变动成本之和，收入可通过产品单价与销售量的乘积进行计算，然后根据销售量与单位变动成本对总变动成本进行计算，最终得到以下详细计算公式：

销售量×价格＝固定成本＋单位变动成本×销售量

基于以上公式，可得：

盈亏平衡点（销售量）＝固定成本/每计量单位的贡献差数

常见的盈亏平衡法主要包括：

（1）基于分析方法的差异分为图解法、方程式法等不同方法；

（2）基于要素函数关系特征具体分为线性分析法、非线性分析法等；

（3）基于产品类型数量分为单一产品分析、多产品分析等方法；

（4）基于货币时间价值是否作为考虑因素分为静态分析法、动态分析法等。

盈亏平衡分析法具体以盈亏平衡点的计算对投资项目的成本收益关系进行评估分析，能够综合考虑各类影响因素对投资效益的影响作用，在全面准确把握收益可能的基础上，根据预期综合收益的大小进行选择，尽可能实现成本最小、收益最高的目标（陈建等，2015）。

临界值是盈亏平衡分析法需要首先确认的要素。在明确盈亏平衡点这一临界值的基础上，方可研究分析各类影响因素对项目效益的影响作用，从而准确把握投资风险和预期收益，满足投资决策的信息需求。临界值取值大小将反映投资盈利的可能性水平，临界值越小，损失风险越小，盈利水平越高，项目整体风险就比较小，能够更好地保证投资收益与资金安全。这一方法主要以销售量、成本、利润等指标为计算基础，因此又将其叫作本量利分析法。

盈亏平衡点的先决条件是特定因素。临界值是投资决策不盈利也不亏损的一种状态值，特定因素可具体理解为风险因素，是影响投资收益的各项因素的统称，无论是销售量、利率还是经济寿命等因素都有可能影响投资风险。因此，动态盈亏平衡点具体可通过内部收益率与利率的关系进行确认，进一步强调了销售量、成本、利润等指标在盈亏平衡分析中的重要地位。

在理论研究和实践发展的推动下，盈亏平衡点也出现了许多不同的表达形式。在具体应用中，实物产量、产品平均价格、单位可变成本、固定成本等指标都可作为盈亏平衡点的计算依据，比较常见的方法是以产量、生产能力利用率为计算基础。

三　边际分析法

边际的数学含义是函数演绎过程中的变化特征，是自变量变化时因变量所表现出的变化情况。在边际分析法的具体运用中，首先要把握下列基本概念：

边际成本：产品数量增加一个单位时成本的增加量；

边际收益：产品数量增加一个单位时收益的增加量。

在对经营行为的综合收益进行评估分析时，并不是以全部成本、收益为计算基础，而是侧重于边际成本、边际收益等参数的计算分析。通常情况下，经济活动是否具备可行性的前提条件是边际收益高于边际成本。

边际分析法基于超前决策理念，对问题的最佳解决方案进行分析和确定（张贵祥，2016）。具体的方法和功能如下：

（1）确定企业规模。企业生产效益的主要影响因素为生产经营的规模。虽然规模大小与效益水平正相关，但并不是规模越大越好，而是需要计算分析其边际规模与边际产出之间的关系，在确保边际收益高于边际成本的前提下开展规模扩大活动。基本计算公式如下：

$\pi = MR - MC$

上述公式中，参数 π、MR、MC 的含义分别是边际利润、边际收益与边际成本。可确定以下结果：

若有 $\pi > 0$，则产品每增加一个单位的产量，对应的收益的增加量要高于成本的增加量,即增加产品数量的决策是科学的,并且企业存在产能不足、资源浪费的问题。

若有$\pi<0$,则表明产品每增加一个单位的产量,对应的收益增加量将低于成本增加量,说明增加产量对企业弊大于利,降低产量是合理的决策。

若有$\pi=0$,则表明企业的产品产量达到最佳状态,即企业实现了最佳效益。

(2)制定价格策略。产品单位价格的变动也会对经营收益产生显著影响。通过边际分析法也可对价格与收益之间的关系特征进行计算从而确定最佳市场价格实现最佳效益。

(3)确定要素投入量。产品具体由多种不同的要素构成。在对产品边际问题进行研究分析时,同样需要考虑不同要素在产品数量变化时发生的变化情况,以此判断要素变化与总收益变化的内在关系。

(4)产品结构分析。通常情况下,企业的产品体系是由多个不同的产品构成的,这就是企业表现出的特定的产品结构,具体表现为不同产品在产品体系中所占的比重。边际分析法同样可以对不同产品的边际收益问题进行研究分析。若是所有产品的边际收益相同,那么此时企业就实现了最佳产品结构。若是某一产品的边际收益与其他产品的边际收益不同,则表明产品结构仍存在需要优化和改进的环节。这就为产品结构的科学调整提供了准确依据。

四 贡献分析法

该方法以成本利润分析为主要应用场合,是边际分析法的一种特殊情形。该方法的运用能够对比分析不同方案对企业收益的边际贡献,从而确定最佳方案。

贡献表现为方案与企业利润率变化的相互关系,贡献等同于增量利润,即方案引起的增量收入减去增量成本。具体的计算公式为:

贡献(增量利润)=增量收入-增量成本

贡献分析法具体以贡献的计算分析为基础,通过对比不同方案的贡献差异选择最佳决策方案。其取值结果与方案可行性间呈现出显著关联:正值结果表明了方案具备可行性价值;而负值结果则表明方案不可行。在所有正值结果所对应的方案中，取值最大的方案即为最佳方案。

单位产品贡献是产量决策分析的一个基本参数，其含义是产品产量每增加一个单位，企业利润的增加量。与固定成本相比，单位可变成本是决策分析的关键要素。单位产品贡献的计算公式为：

单位产品贡献 = 价格 − 单位变动成本

对于产品而言，其价格的构成要素为固定成本、可变成本、利润。因此，在企业利润为零的情况下，企业将实现盈亏平衡，而贡献的取值结果就等于固定成本。

上述方法能够满足企业短期决策的需要。在相对较短的时间内，企业厂房、设备、管理费用等生产要素将保持相对固定的数量。此时，通过固定成本项目对企业决策质量进行评估分析就没有意义，而是要重点把握成本的变动项目，即可变成本。

单位产品贡献将为企业短期决策提供更有价值的依据。但是，对于长期决策问题而言，利润是必须考虑的因素，充分的利润是企业持续生存与发展的基础。

第四节　现代物流的成本管理方法

一　物流成本的内涵

（一）物流成本的定义

物流成本是"物流活动中所消耗的物化劳动和活劳动的货币表现"（CB/T18354—2006）。物化劳动、活劳动是物流服务的形成基础，只有在消耗特定劳动的基础上才能实现物流目标，上述劳动损耗用货币进行说明就是物流成本。通常也将物流成本叫作物流费用，是物流活动开展过程中所发生的所有损耗，具体表现为人力、物力、财力的损耗。

物流管理是指"为达到既定的目标，对物流的全过程进行计划、组织、协调与控制"（GB/T18354—2006）。而物流成本管理则可具体理解为以物流成本为对象开展的一系列管理活动,但是侧重于物流活动的管理而不是成本核算。也就是说,物流成本管理具体以成本管理方法和手段为工具,对物流的流程进行协调管理以实现最佳效果。

（二）物流成本的构成

物流成本的内涵具体表现为物流生产活动过程中因目标对象的实体、价值等因素发生变化而产生的各项费用,贯穿于产品生产流通的全过程（龚雪,2019）。所有与产品实体、价值变化有关的资源损耗都将划归到物流成本的范畴。其具体构成要素为:

（1）相关物资损耗,人力、物力、财力损耗都包含在内。
（2）正常作业出现的合理损耗也属于物流成本的来源之一。
（3）与物流活动有关的各项人工费用。
（4）为保障物流活动正常开展而发生的管理性费用。
（5）满足物流活动资金需求所形成的资金成本。
（6）物流活动优化和改进、设计和建设等活动对应的成本。

二 物流成本控制的基本方法

物流成本管理的最关键环节就是成本控制。

基于现代成本管理理论,可将企业物流成本管理系统具体分解为成本预测、成本决策、成本核算、成本分析、成本控制等不同的管理工作,上述工作相互影响且彼此关联,共同构成完整的成本管控体系。在该管理体系中,最核心的环节为成本控制。在具体管理过程中,成本控制的内容具体如下:

（一）以物流成本的形成阶段作为控制对象

对于制造业企业而言,成本控制将贯穿于供应、生产、销售、废弃物处理等不同的作业环节的物流活动,始于物流成本形成阶段终于结束阶段。因此,需要全方位、全过程地开展成本控制工作才能有效降低物流成本实现最佳效益。

（二）以物流服务的不同功能来作为成本控制对象

基于不同的物流服务功能开展成本控制同样至关重要。具体包含包装、装卸、运输、仓储、流通加工等不同领域,从物流服务的具体功能出发开展相应的成本控制以减少成本费用,提升物流管理水平

(Drew et al., 2004)。基本内容如下:

(1) 包装成本。具体表现为包装材料、形式、规格、方法的选择和实施。

(2) 装卸搬运成本。具体表现为选择何种作业设备、采取何种作业方式、如何开展装卸搬运作业活动等问题,实现各环节的最低成本目标。

(3) 运输成本。运输作业的管理和控制,提高运输效率降低单位成本,尽可能降低运输风险等都是运输成本控制的主要手段。

(4) 库存成本。结合物流业务实际情况,确定合理的库存规模,在保证供应及时充分的情况下尽可能降低库存量实现最佳周转效率。

(5) 流通加工成本。选择科学的流通加工方式,满足流通需求并降低作业风险,实现相关成本的最小化。

(三) 以物流成本的不同项目作为物流成本的控制对象

物流成本项目具体分为人工费、材料费、办公费、差旅费、燃油费、利息费等与物流有关的成本费用。对上述成本项目的管理控制旨在确保费用的合理性,尽量避免资源浪费以控制物流总成本。

三 物流成本控制的具体方法

(一) 弹性预算法

弹性预算法即滑动预算法或变动预算法。该预算方法基于变动成本法的具体内容与方法,根据未来物流业务所表现出来的差异性特征开展预算编制工作,对固定预算实现了改进和升级,有效克服了传统方法存在的缺陷和不足,实现了一种动态性的预算管理。该方法基于预算管理时间段可能出现的不同物流业务的预期工作量为研究分析基础,对不同业务的费用情况进行分析和确定,能够根据业务数量对多种物流的成本费用进行估计和预测,从而获得多种物流业务所构成的复杂物流作业系统所对应的成本费用情况或者收入利润情况(王锦,2015)。

之所以将其命名为弹性预算,主要原因在于该方法能够根据物流业务量的变化情况灵活调整成本管理和控制策略,从而表现出良好的弹性水平。

（二）目标成本法

目标成本法的英文名称为 Target Cost，具体以物流市场的实际调研结果为依据，对物流业务未来营业收入的变化情况进行科学预测，在此基础上确定利润目标并相应地确定与之匹配的成本管理目标。也就是说，目标成本法所指的目标是基于生命周期成本条件的一种最大使用成本。

受自身管理模式、定价方法的影响，传统物流成本管理方法与目标成本法之间呈现出显著差异（赵延新，2020）。传统成本核算以市场调研所得数据结果为基础，对物流服务的内容进行调整，根据调整情况对相应的服务成本进行计算，然后综合评估新服务的可能市场反应，再结合利润目标确定相应的价格。

而目标成本法则通过科学完善的市场调研活动明确市场所认可的价位，以此为依据对企业利润目标进行合理制定，然后通过目标定价与目标利润之间的差值确定目标成本，公式如下：

目标成本 = 目标定价 − 目标利润

第三章

现代物流的包装问题研究

第一节 包装概述

一 包装的基本功能

（一）保护功能

保护是包装最基本的功能，其主要目的在于为物品提供一定的保护措施避免其在储存、移动的过程中受损。包装的保护功能主要体现在以下四个方面：

1. 防止物资的变形

若想避免物资在流通过程中出现破损变形的情形，要求物资包装具备充分的抵抗外力的能力，能够有效缓解物资转移过程中所遭受的冲击、摩擦、挤压、振动与颠簸从而避免物资受损。

2. 延缓物资的化学反应

在物资流通移动的过程中，极有可能因内外部环境因素的影响发生化学变化，出现变质、受潮、发霉、生锈等问题影响物资质量或性能。为了避免上述问题，必须为物资提供必要的防护性措施，通过合理包装达到密封、遮光、防潮、阻隔水分的目的，尽可能减少外界因素对物资的危害。

3. 防止有害生物的侵入

物资在流通过程中也有可能遭受老鼠、虫子等有害生物的侵害发生破损。特别是在缺乏良好密封的包装时会存在更大的鼠虫侵害风险，使物资发生破损、腐败、变质等问题。对于食品这类物资而言，有害生物更是需要重点防护的对象，需要充分保证包装的严密性与安全性。

4. 隔绝有害物质的混入和污染，防止物品丢失和散失

物资在流通过程中可能被有害物质混入从而被污染。尤其是包装破损时不但有异物混入的风险，还有被包装物丢失和散失的风险。

（二）便利功能

通过科学的包装还能够为物资流通、消费创造便利条件。

1. 便于装卸

设计科学合理的包装形式，从重量、形态、尺寸等参数进行综合考虑，能够为物资的装卸、搬运等作业创造更好的条件从而提高作业便利性能够为物资的装卸、搬运等作业创造更好的条件从而提高作业便利性，便于各类设备对其进行操作从而提高装卸、搬运作业的效率水平。在实行标准化的包装方案之后，能够显著提升集合包装水平，从而显著提高物资装卸的工作效率，提升物流质量。

2. 便于储存

包装是物资保管的重要环节，合理包装能够为物资保管创造便利条件，进而有利于保持物资的使用价值避免发生价值损失。此外，包装物自带的各类标志也将作为物资识别的重要依据，提高物资存取、盘点的便利性，从而提高工作效率。同时，便于开启和封闭的包装形式也将为物资验收创造便利条件。可以说，包装的设计与实施将直接影响物资流通、查验的便利性和效率水平，也将直接影响物资储存的便利性。

3. 便于运输

科学合理的包装还将为物资运输创造便利条件。根据运输设备的规格对物资进行包装就便于装卸，有利于提高运输设备的空间利用率从而提升运输效率，并减少不必要的运力损失。

4. 便于使用

在设计包装时应当为消费者创造便利的使用条件，降低其开启、

使用、保管的难度和复杂性，以易拉罐、口香糖软盒等为典型代表。

（三）销售功能

包装还具备特定的销售功能以提高商品销售的整体水平。随着市场经济的不断完善，销售手段在商业交易中的重要性不断提升，不断创新发展的销售手段就以包装设计为重要内容。包装设计的质量水平将直接影响消费者的消费意愿，精美的包装有利于激发消费者的购买欲望而提升商品销售水平。此外，包装还能够直接作为商品的宣传工具，更加直观地展示商品特征从而便于客户了解商品。

由以上论述可知，对于包装而言，其物流环节最基本、最显著的功能就是保护与方便功能；而销售功能则将成为商流环节的重要功能。

二　包装的基本分类

随着物流业的创新发展，包装也呈现出多样化的发展趋势，逐渐形成了许多不同的包装形式。不同的包装形式是为了应对物资的不同理化性质和流通运输使用的不同工具，因此需要根据具体的目标和要求选择与之匹配的包装形式，采取各自不同的设计、材料、工艺、形态完成包装作业。

（一）按包装的循环次数分类

1. 一次性包装

一次性包装，此类包装具体指使用次数仅为一次的包装，不具备循环利用的条件。此类包装通常以销售包装为主，往往在商品销售的过程中同步使用和消耗。

2. 多次性包装

多次性包装，此类包装具体指能够回收利用、多次使用的包装。多次用包装具备回收的条件，并在适当加工处理的基础上再次具备使用的能力，通常为部分中包装及外包装。

3. 周转包装

周转包装，此类包装的功能在于支持商品的固定周转，一般具备回收、复用的能力，通常表现为各类容器性的包装工具。

（二）按包装的层次分类

1. 个包装

个包装，此类包装具体以特定的单个商品为对象进行包装，使其成为一个独立的销售单位。个包装直接以商品为对象，是商品生产加工过程中最重要的一个环节之一，能够使商品成为一个独立、完整的整体而便于销售。个包装能够提升商品销售水平，是商品附带的一种要素，将同商品一起转移到客户处。另外，小包装或者销售包装也是个包装的不同形式。

2. 内包装

内包装，内包装以小整体的形式将若干单体商品进行打包和包装，属于一类个包装与外包装的中间性、过渡性包装形式，通常作为商品的内层包装。从商品销售层面来看，内包装的最终结果具体分为随商品共同销售与过程消耗两种情形，故可将内包装称为销售包装。内包装的功能作用以保护为主，同时兼顾销售功能提高商品销售和使用的便利性，为商品分拨、计量、重新组合包装等活动创造便利条件。

3. 外包装

外包装，作为商品最外层的包装形式，外包装的主要功能是保护功能，能够降低商品流通过程中的破损风险确保商品的安全性与完整性。

（三）按包装的功能分类

1. 工业包装

工业包装，即运输包装，具体发生于物资运输与保管等物流作业过程的必要性包装活动。工业包装的目的在于为商品提供必要的保护并提高物流运输能力，为商品的储存、运输创造安全、便利的条件。

2. 商业包装

商业包装的目的在于提高商品的销售能力。此类包装讲究精美的装潢与美观的外形，在提升产品对客户的吸引力的同时也将商品拆分并包装为便于销售、便于购买的规格和尺寸。

（四）包装的其他分类方法

根据具体的包装材料，包装能够细分为金属包装、纸质包装、木箱包装、塑料包装等不同类型。

根据用途的不同，包装可细分为食品用包装、药品用包装、危险品包装等不同类型。

根据使用范围的差异，包装有专用型、通用型等不同的类型。

基于运输方式的差异可将包装划分为铁路运输、汽车运输、船舶运输、航空运输、集合及零担等包装形式。

基于包装防护用途的差异可将其细分为防水包装、防潮包装、防热包装、防震包装、真空包装等不同的包装形式。

基于操作方法的差异可将包装细分为裹包、罐装、捆扎、压缩等不同的包装形式。

第二节　包装的材料和技术

一　包装的材料

包装材料指为实现包装目的而消耗的各类实体物质。不同实体物质表现出不同的物理和化学性能，因此基于不同材料的包装就实现不同的效果。在设计和选择包装形式时，需要根据包装的目的选择相应的材料才能实现预期目标。影响材料性能和包装效果的因素主要包括材料固有性能与加工制造技术两大类。不同类型的包装材料表现出以下差异性的特征：

（一）木制品材料

作为一种纯天然的包装材料，木制品的性质会受到树种差异、生长环境差异、取材位置差异的影响而明显不同。因此，将木材作为包装材料时，需要根据包装需求选择恰当的材料进行包装。

（1）木制品的优点具体表现在：

①良好的强度/重量比，具备天然弹性，拥有良好的承压、抗震、抗冲击等性能；

②加工工艺相对简单，加工过程也比较便利；

③可作为胶合板的加工原料，实现更好的外观和更优越的性能，有效减少自重，从而实现更好的应用。

除上述优点外，木制品也存在防潮、防水、防虫、防腐蚀能力差，易变形且易开裂，价格相对较高且资源相对不足等缺陷，因此其应用范围相对有限。

（2）木制品材料的类型有：胶合板、纤维板、密度板和复合木制板材。

（二）玻璃制品材料

（1）相较于其他包装材料，玻璃制品材料的优点具体表现在：

①优秀的保护能力，具备良好的密封、防水功能，并且具备稳定的化学特性，不易发生风化、腐蚀、变质、磨损等问题，无毒无味，能够具备一定的结构强度为商品提供有效保护。

②良好的透明性，便于加工成型，便于直观地展示商品特征。

③良好的加工性能，能够根据需要加工制成不同的样式和规格，能够充分满足不同商品的包装需要。

④在技术创新发展的过程中，玻璃材料的强度不断提升，单位重量也不断下降，表现出更好的应用能力。对于一次性包装而言该材料的性能优势更加显著。

⑤具备良好的回收与复用能力，经清洗、消毒、灭菌处理之后就将再次具备使用条件，对环境的危害性也较低。

⑥生产原料的成本较低，其资源充足，加工技术也非常成熟。

除上述优点外，玻璃材料同样存在一定缺陷，如自重大、易破碎、生产能耗大、运输成本高等问题的存在对其广泛应用形成了一定制约。

（2）玻璃制品材料的类型有：玻璃瓶、玻璃罐和玻璃纤维复合袋。

（三）纸制品材料

（1）此类包装材料的优点具体表现在：

①良好的加工成型性能和折叠性能，确保了生产加工效率；

②良好的清洁消毒性能，容易具备良好的卫生质量；

③良好的印刷性能，能够为商品美化、展示创造便利条件；

④材料成本与包装作业成本相对较低；

⑤自重小，有效减少运输费用，更加经济；

⑥良好的黏合加工性能和细腻均匀的质地，良好的耐冲击、耐摩擦性能，在正常温度环境中表现出良好的材质稳定性，能够根据包装需要加工制成不同的形式与规格。

除上述优点外，纸质材料也存在易受潮、透明性与密封性相对较差等缺陷。

（2）纸制品材料的类型有：牛皮纸、瓦楞纸、玻璃纸、沥青纸、油纸、蜡纸和植物羊皮纸。

（四）金属制品材料

（1）钢材、铝材是金属包装的常用材料。根据包装需要可将其加工为绳状、带状、板状或者箱式结构。与其他材料相比，金属包装材料的优点表现在：

①材质牢固可靠，具备良好的遮光、密封、防潮特性，在装卸、运输过程中也不容易出现破损的情形，能够为商品提供充分有效的保护。

②延展性较好，具备良好的加工成型性能；相对成熟的复合加工技术能够显著提升金属材料的整体防护性能。

③特殊的表面光泽特性便于对包装容器的装载状况进行识别和把握，保证了包装的充分性并避免溢出。

④良好的循环利用能力，便于回收处理。

除上述优点外，金属包装材料也存在造价高、消耗大、易变形、抗腐蚀性差等缺点，限制了此类材料的应用范围。

（2）金属制品材料的类型有：薄钢板、镀锡低碳薄钢板、纯铝板、合金铝板和铝箔。

（五）塑料包装材料

（1）在包装过程中，塑料材质的优点主要表现在：

①良好的物理机械性能，表现出良好的强度、弹性、防潮、密封

等性能,能够满足不同环境的使用需求。

②稳定的化学特征,对酸碱、化学试剂、油脂、锈蚀等外部因素表现出良好的抵抗力,毒性也相对较低。

③自重小,其单位体积质量分别仅为金属和玻璃材料的20%和50%。

④优秀的加工成型性能,能够根据需要方便简单地加工成薄膜状、条状、片状、管状、布面状等不同样式。

⑤良好的表面光泽与透明性,便于印刷,具备优秀的装饰装潢性能。

除上述优点外,塑料材料也存在强度相对较低、耐热性相对较差、环境危害性较大等缺陷。

(2)塑料制品材料的类型有:聚乙烯塑料(PE)、聚氯乙烯塑料(PVC)、聚丙烯塑料(PP)、聚苯乙烯塑料(PS)和聚酯(PET)。

(六)复合包装材料

此类包装材料具体以两种甚至更多的基本材料为加工基础,将不同特性的材料以特定的方法进行综合应用,能够对单一材料的性能进行优化和改进,并发挥多种材料的性能优势,使复合材料表现出更加优秀的应用性能,进而扩大其应用范围,满足不同层次的使用需求。目前市面上已经出现了数十种适用性较高的复合材料,一般选择塑料与玻璃、塑料与金属、不同塑料材料进行复合加工使其具备新的性能。

二 产品包装技术

(一)产品包装的一般技术

1. 固定、置放等基本技术

需要根据内装物的形式特征选择合理的包装技术。例如,对于外形规则的商品,可选择套装进行包装;对于相对薄弱的部件,则应当采取一定的加固措施;确保包装内空间均衡的重力分布特征,避免重力失衡发生倾倒;在不同产品之间要确保合理的间隔并进行固定,避免发生碰撞挤压。

2. 对松泡产品进行压缩

对于部分松泡产品而言，若在包装之前不对其进行压缩处理则会导致其占用过多的包装空间，既浪费包装资源又加大产品的物流成本费用。常见的方法为真空包装技术，该方法能够显著减小松泡产品的体积从而提高包装效用。

3. 合理选择包装的形状尺寸

在选择外包装时需要保证其形状尺寸的适应性，避免出现外包装与商品规格不符的问题。需要根据托盘、集装箱等运输设备的规格尺寸确定运输包装的尺寸，在确保包装充分包覆的同时尽可能减少包装与运输设备之间的间隙，提高作业效率和质量。

此外，还需要根据外包装的规格尺寸对应确定内包装的规格尺寸。

4. 包装外的捆扎

捆扎作业最基本的目的是对单个或若干物件进行捆扎处理，为其物流运输创造便利条件。此外，科学合理的捆扎作业能够有效缩小货物的体积，强化包装的整体强度提高物流便利性和安全性。

（二）产品包装的特殊技术

1. 缓冲包装技术

该包装技术也可叫作防震包装技术，具体采取具有缓冲性能的材料强化包装稳定性，避免外部振动、冲击对产品造成损害。在流通运输的过程中，商品往往会承受一系列的振动、冲击外力作用，当外力作用强度超出包装承受能力时就将引发商品损坏问题。因此，需要采取一些额外缓减外力作用的方法和措施，避免外力作用超出产品的抗损能力。如图 3-1 和图 3-2 所示，常见的缓冲包装技术主要包括：

（1）全面缓冲。具体将缓冲材料完整覆盖于包装表面以达到缓冲效果。以压缩包装、发泡包装、模盒包装等为代表性方法，如图 3-1 (a) 所示。

（2）部分缓冲。具体将缓冲材料衬垫覆盖在产品或包装冲击风险相对较高的部位，如拐角、接触面等。此类包装技术一般适用于具备内包装容器或者整体性较好的商品，代表性技术有天地盖、四棱衬垫、八角衬垫、左右套等，如图3-1（b）、图3-1（c）所示。

（3）悬浮式缓冲。具体将泡沫塑料衬垫包裹于产品包装表面，充当不同产品或包装之间的缓冲物，然后在外包装外部依次使用帆布包、胶合板箱、弹簧等工具令外包装箱悬吊。该方法能够充分发挥泡沫塑料、弹簧的弹性缓冲作用，避免精密电子设备等易碎、易损商品在运输过程中出现损坏。

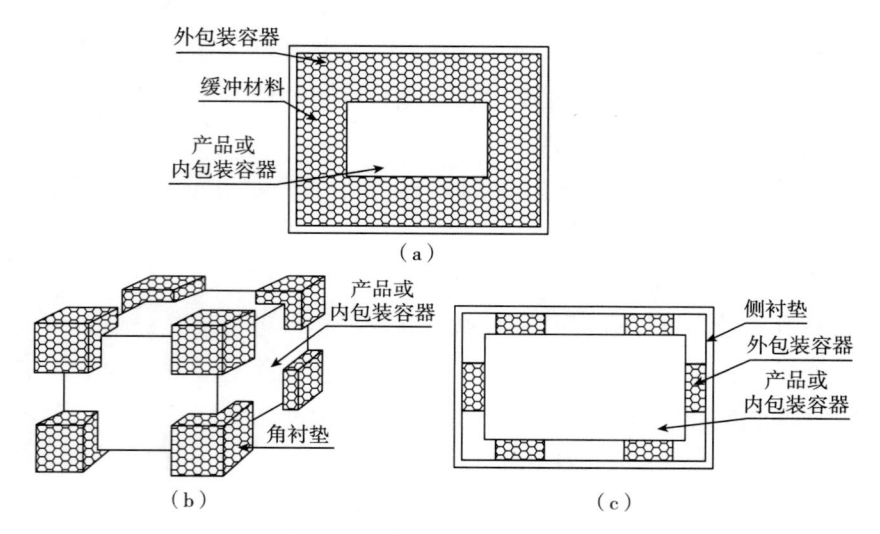

图3-1 全面缓冲和部分缓冲

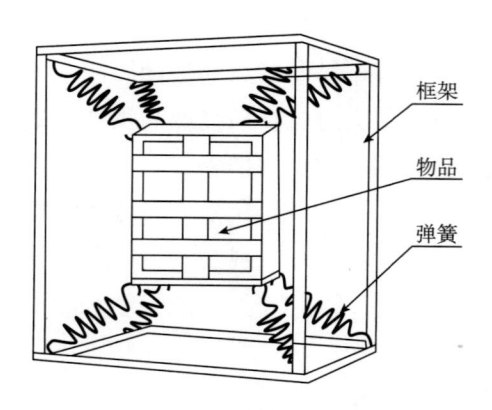

图3-2 悬浮式缓冲

2. 防潮包装技术

此类包装技术以防潮材料为包装材料进行包装，使产品与外部空气相隔绝，保持内部空气稳定和相对湿度，避免外部空气相对湿度变化影响产品性能。防潮材料一般以不具备透湿性或透湿性较低的材料完全覆盖包装物，实现外部空气与包装物的相互隔绝。常见包装技术包括复合膜真空包装、密封包装、充气包装等技术。

3. 防锈包装技术

对于部分金属制品而言，必须采取相应的防锈包装技术避免其运输过程发生锈蚀问题影响产品性能质量。防锈包装技术不仅能够有效降低金属制品的生锈风险，还能够提供一定的物理防护，避免外部性物理破坏危害商品安全性。

常见的包装技术有表面防锈涂层、塑料封存、氮气密封、干燥空气等。

4. 防霉包装技术

为了避免真菌等微生物侵入包装内部引发产品变质、发霉等问题，可以选择防霉包装技术进行处理。常见的包装技术包括冷链包装、真空包装等。前者通过提供外部低温环境抑制真菌等微生物的生理活动，降低产品变质发霉风险；后者则通过真空处理令微生物无法生存，从而实现防霉保质效果。

5. 危险品包装技术

根据危险品的理化性质及风险水平，可对其类型进行具体划分。划分标准通常由公安消防、交通运输等职能部门根据具体情况进行制定。主要划分为爆炸性物品、氧化剂、压缩气体和液化气体、自燃物品、遇水燃烧物品、易燃液体、易燃固体、毒害品、腐蚀性物品、放射性物品等不同类型，然后根据危险品的具体类型对相应的包装方法进行了明确规定，充分保证运输、存储过程中的物料安全，避免因操作不当引发安全事故。比较具有代表性的危险品包装方式主要包括防腐蚀、防燃爆、防毒等包装措施。

6. 防伪包装技术

科技创新发展也推动着新防伪包装技术的出现和应用，成为产品品牌形象的重要维护工具，在改善包装质量的同时也实现了更好的宣传功能。常见防伪包装技术主要有条码技术、基于特殊油墨的印刷技术、激光光刻/全息图像技术、金属隐形防伪技术等。

7. 无菌包装技术

无菌包装技术能够满足物资存储运输过程的无菌环境需求从而保证物资质量。此类包装技术通常用于易腐败、易变质的各类食品、药品、饮品等产品的包装，能够有效避免物资因环境中的细菌发生变质、腐败的问题，从而保证产品质量安全。代表性的无菌包装技术主要包括真空压缩、紫外线灭菌、超高温灭菌等包装技术。

三 包装容器和相应的操作技术

（一）包装容器

物品盛装所用的容器物就是包装容器。目前比较常见的包装容器主要包括：

1. 包装袋

一般可根据盛装的重量水平对包装袋进行如下分类：

（1）集装袋。通常以纤维为加工材料。一般会在顶部设计专用的吊环、金属吊架，能够提高吊装、搬运作业效率。设计承重一般都不低于1吨，通过底部的卸料孔进行卸料，能够进一步提升操作便利性。

（2）一般用包装袋。通常以合成树脂纤维、植物纤维等为加工材料，设计承重通常位于50—100千克。

（3）小型包装袋。即普通包装袋，能够满足小重量物品的盛装需求，其加工材料一般为单层/多层同质材料或者复合材料。

2. 包装盒

包装盒这种包装形式能够实现一定的刚性，有规则的几何结构特征和专门设计的开闭装置便于开闭操作，能够满足香烟、糖果等商品的包装需求。此类包装的加工材料有金属、硬纸板、硬塑料及各类复合材料，能够保持相对较好的外观。

3. 包装箱

包装箱通常表现为长方体，能够满足大容积盛放的需求，表现出良好的刚性特征。常见类型包括：

（1）瓦楞纸箱。其加工材料为空心式瓦楞纸板，能够根据需要加工制成不同的规格和形状，能够满足不同场合的包装需求。瓦楞纸箱一般分为折叠式、固定式、异类式等不同类型，是目前最为常见的包装形式，能够满足小型、中型商品的包装需求。

（2）木箱。木箱以各类木料为加工材料，虽然逐渐在瓦楞纸箱的影响下其应用水平有所下降，但是其更好的强度和刚性特征使其在特殊领域仍然得到了广泛应用。

（3）集装箱。作为集装箱运输模式的核心要素，集装箱主要表现出良好的密封性和强大的盛载能力，能够充分表现出运输工具、包装容器的双重属性，在提升现代物流效率、丰富物流形式方面发挥了积极作用，是联合运输最重要的一种装置。

（4）塑料箱。此类包装以各类塑料为加工原料，其优势在于良好的耐腐蚀性与较轻的自重，能够满足多种场合的使用需求，具有良好的可回收性、重复利用能力，更多应用于短途运输领域。

塑料箱在流通速度较快的产品包装领域得到了广泛应用，是各类食品、饮料包装运输最常用的方式。

4. 包装瓶

包装瓶这一形式一般用于液体、粉末状商品的包装运输。通常情况下，包装瓶的盛载能力相对较小，多见于各类商品的内包装或者商业包装，在有效保证商品安全与质量的同时还能发挥良好的装饰效果，能够显著提升商品的综合价值，并且可以根据需要自由灵活地设计成不同的样式和规格，具有丰富的设计方案和广泛的应用前景，是目前最为常见的一种包装方式。

5. 包装罐（筒）

包装罐（筒）整体呈现出柱形结构特征，其横截面的形状差别较小，不存在显著的颈部，甚至并未设计颈部结构。作为典型的一种刚性包装，包装罐/包装筒能够充分满足商品对包装强度的需求，能够有效抵抗外部压力保持包装的良好结构，需要时还可以配合密封罐盖等设计实现密封包装。此类包装能够充分满足液体、粉状、颗粒状等物品的包装需求，同时也能兼顾装饰功能，在外包装、内包装等领域都得到了广泛应用。根据其容量的差异，此类包装具体包含小型、中型、大型等形式；而加工材料的不同也形成了金属、非金属等不同类型的包装罐。

（二）操作技术

1. 充填技术

充填作业实现了商品转移至包装容器内部的变动，具体包含以下三种作业。

（1）装放。基于特定顺序将商品有规律地放置在包装容器内，包括一次装放、多层装放等不同的操作。前者是将成件的商品完整地转移至容器内，后者则是将小包装的商品集中转移至更大的容器内。在装放过程中，需要保持容器内各商品的顺序。根据所用容器的差异，装放又包含装箱、装袋、装盒等不同形式。

（2）填充。根据需要将具备干燥效果的物品添加到包装内。该充填作业一般针对流动性商品，并且并不严格规定商品的顺序。填充需要合理确定填充量。

（3）灌装。主要针对液体、类液体商品进行充填处理，将其罐装至容器中进行保管。需要注意的是，罐装处理的商品应当不存在渗漏的特性，常用桶、罐、瓶等为包装容器。在进行罐装处理时，可根据实际情况选择定位、定量等不同罐装方法。前者将商品持续注入到容器内直至其液面高度达到某一限定高度；后者则是通过有计量功能的装置提取特定量的液体商品转移至特定容器内。

2. 封口和捆扎技术

（1）封口。封口是包装作业的关键工序之一，封口质量将直接决定包装密封性与包装作业质量。对于不同容器而言，差异化的容器结构决定了封口方法的差异性，需要根据具体情况选择最佳方式完成封口作业。常见方法包括捆扎封口、胶合封口、缝合封口及热熔封口等。

（2）捆扎。具体以条状、带状材料为工具对商品包装进行捆扎和紧固以提升商品包装的稳定性与可靠性。常见的捆扎技术包括夹板捆扎、密缠捆扎、成件捆扎等。

3. 裹包

该包装工艺具体采用挠性材料将其覆盖包裹在商品或包装件上。常用材料包括纸张、塑料、纺织物等，其功能作用是增强防护、美化外观、提高携带移动性等。

4. 加标

标签是商品包装必不可少的构成要素，加标作业就是将标签粘贴、固定于商品或包装上，使其具备说明、装饰的功能。

5. 检重

检重则一般以电子检重机为工具，对包装内容物的质量进行测定。

四　包装标志和包装标记

（一）包装标志

此类标志一般以文字、图像为表现形式对包装物资的特性进行说明，提高理货分运效率和物流安全水平。具体包含以下几类标志：

1. 指示标志

此类标志一般明确注意事项，为物流各项操作作业提供科学指导，避免操作不当导致货物损伤及安全事故。

一般需要将物资的具体性质、装卸运输的方法、注意事项等问题展示在指示标志上，如图3-3所示。

图 3-3　各类指示标志

根据国家标准（GB190—73）规定，在有特殊要求的货物外包装上粘贴、涂打、钉附以下不同名称的标志，如向上、怕雨、易碎物品、由此吊起、禁用叉车、重心点、怕晒等。

对于国际物流体系而言，包装必须满足运输标志、指示标志等标志内容的具体要求。一般需要在标志中明确以下事项：

（1）物流运输目的地：提供订单号、中转地点以及最终收货地址；

（2）货物装卸作业指示标志，要重点标注货物是否属于易碎品，并在包装上明确货物装卸方法避免操作不当损坏物品。

2. 危险品标志

对于部分具有危险性物理、化学性质的物品必须在包装标志中进行明确说明。相关说明应包含物品性质、危险程度等信息，以此降低产品物流过程中的安全风险，避免发生安全事故，如图3-4所示。

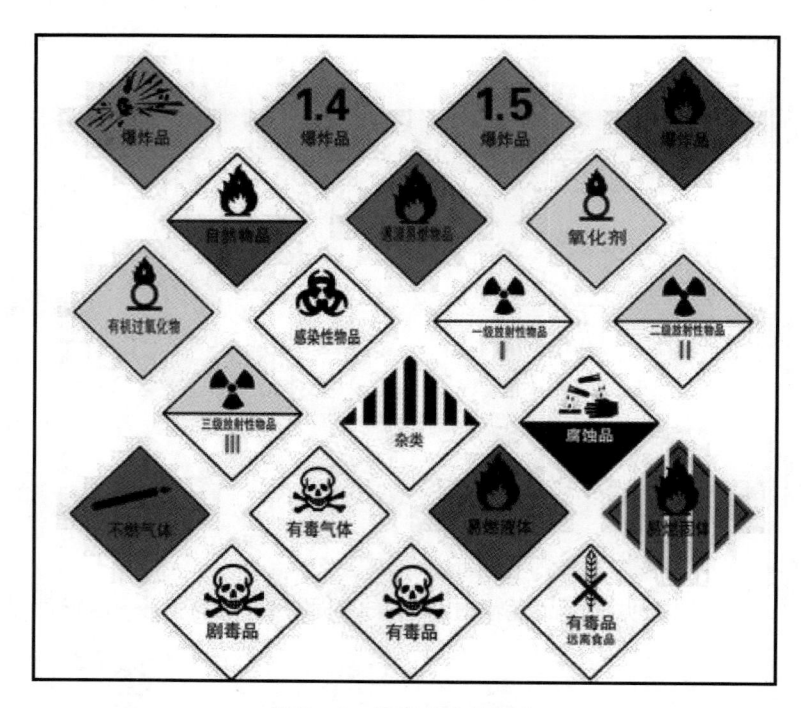

图3-4 各类危险品标志

根据国家标准（GB190—2009）规定，在水陆、空运危险货物的外包装上拴挂、印刷或标打以下不同的标志，如爆炸品、氧化剂、无毒不燃压缩气体、易燃压缩气体、有毒压缩气体、易燃物品、自燃物品、遇水燃烧品、有毒品、剧毒品、腐蚀性物品、放射性物品等。

(二) 包装标记

标记就是记号,包装标记一般使用文字、数字在包装上对物资的具体特征等情况进行说明。包含以下几种形式:

1. 一般包装标记

此类包装标记作为基本标记其作用是对物资的名称、规格、类型、数量、生产日期、计量单位等信息进行介绍,如图3-5所示。

特别是对于部分时效性相对显著的物资而言,一般包装标记必须对其有效期进行重点说明。

图3-5 包装标记

2. 表示收发货地点和单位的标记

此类标记将明确商品运输过程有关的货物收发方标记、运输活动的起点和终点,货物运输起点与终点的具体信息(如收发人名称、地址)等内容,如图3-6所示。

在进口物资流通领域,国家经贸部还制定了统一的编码代号,以收货人喷头的形式对货物运输有关信息进行标记说明。此类标记的作用在于:一是以特定代码指代特定商品,有利于对商品信息进行保密处理,提高其安全性;二是简化了物流运输合同的内容,避免了不必要的翻译环节；三是提高了商品运输的目标性和针对性，有效降低业务错误风险。

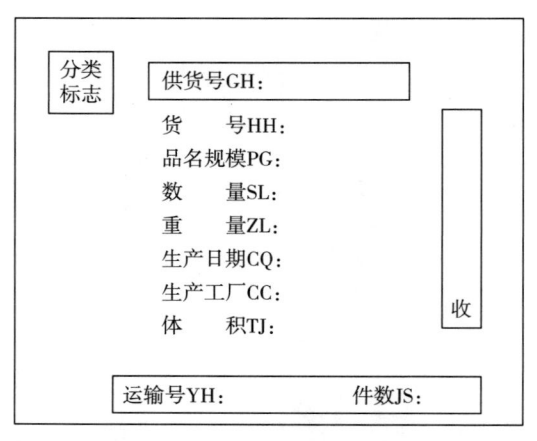

```
┌─────────────────────────────────────────┐
│  ┌────┐  供货号GH:_____       │
│  │分类│                         ┌──┐    │
│  │标志│  货  号HH:_____      │  │    │
│  └────┘                         │  │    │
│         品名规模PG:_____     │  │    │
│         数  量SL:_____       │  │    │
│         重  量ZL:_____       │收│    │
│         生产日期CQ:_____     │  │    │
│         生产工厂CC:_____     │  │    │
│         体  积TJ:_____       └──┘    │
│                                         │
│  ┌─────────────────────────────────┐    │
│  │ 运输号YH:_____  件数JS:_____│    │
│  └─────────────────────────────────┘    │
└─────────────────────────────────────────┘
```

图 3-6　收发货标记

3. 标牌标记

此类标记的主要内容是以包装标识牌的形式对商品的相关信息进行说明，主要包括商品特性、规格、质量、批号、生产商等信息，一般选择金属材料作为标识牌的加工材料，如图 3-7 所示。

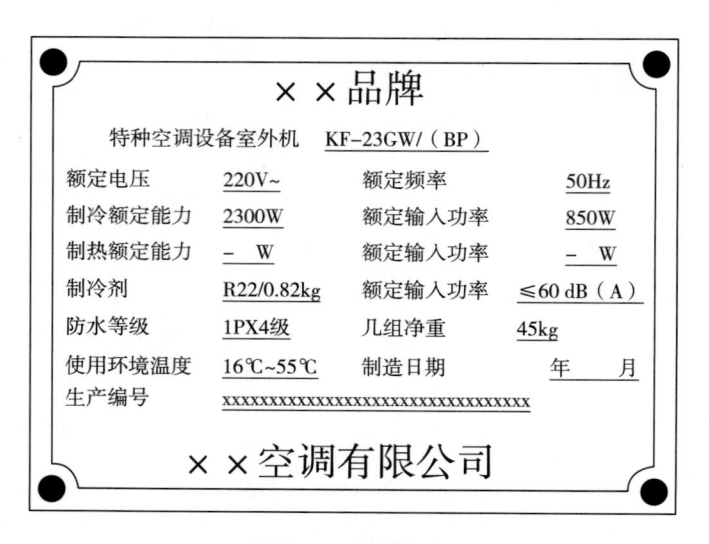

```
┌─────────────────────────────────────────────┐
│  ●                                       ●  │
│              ××品牌                         │
│       特种空调设备室外机   KF-23GW/（BP）    │
│   额定电压      220V~      额定频率    50Hz  │
│   制冷额定能力  2300W     额定输入功率 850W  │
│   制热额定能力  - W       额定输入功率 - W   │
│   制冷剂       R22/0.82kg 额定输入功率 ≤60 dB（A）│
│   防水等级      1PX4级    几组净重    45kg   │
│   使用环境温度  16℃~55℃   制造日期    年  月 │
│   生产编号     xxxxxxxxxxxxxxxxxxxxxxxxxx    │
│                                              │
│              ××空调有限公司                  │
│  ●                                       ●  │
└─────────────────────────────────────────────┘
```

图 3-7　标牌标记

（三）包装标志和包装标记的要求

（1）严格遵照国家有关规定开展包装活动。正确使用标准化的文字、符号、图形等对包装的标志、标记进行书写和说明。

（2）坚持简明清晰的原则确保正确辨认。在书写包装标志和标记时，应当尽可能减少文字数量、降低图案复杂性，提高标志制作和信息辨识的便利性，为信息查询和商品审核创造便利条件。

（3）选择合理、恰当的区域开展标志、标记的书写、粘贴及拴挂作业，确保标志、标记在货物运输流通过程中易于识别，尽可能避免标志、标记信息在流通过程中发生磨损、丢失的问题，可以将若干相同的标志、标记部署在同一包装物的不同区域降低破损、丢失风险。

（4）标志、标记的书写、印刷材料应是具备一定的耐磨、耐热特性而显著的颜色，避免出现脱落、褪色的现象影响信息辨识效果。

（5）标志的尺寸一般分为三种：用于拴挂的标志为 74 毫米 × 52.5 毫米；用于印刷和标打的标志为 105 毫米 × 74 毫米和 148 毫米 × 105 毫米两种。需要注意的是，上述标准尺寸并不适用于特小、特大等特殊尺寸的包装。

五 包装机械

（一）包装机械的定义

以完成包装任务为主要用途的机械设备就是包装机械，基本的作业内容分为充填、裹包、封口等，并且也包含与物品包装有关的前后作业工序以及相关的工具设备。在具体应用中，包装机械的类型十分丰富，分别具备不同的功能作用，往往需要将不同的包装机械进行联合使用以实现最佳包装效果。

（二）包装机械的作用

1. 提高劳动生产率

包装机械的科学运用能够极大提升包装作业效率，取代传统的手工劳动降低劳动强度。

2. 确保包装质量

有效避免了人体的直接操作，避免了因物品的直接接触导致的安全风险，也提高了作业质量，能够充分保证包装结果的可靠性与美观性，有效提升了物品包装档次。

3. 降低劳动强度，改善劳动条件

各类机械设备的充分使用能够完成很多过去人工作业的工作任务，并且发挥出机械设备的性能优势，有效减轻了工人的劳动强度，创造了更好的劳动环境。

4. 降低劳动成本，减少流通费用

标准化的包装流程和作业规格，使各类基于包装机械的产品包装表现出更高的质量水平，为物流运输效率的提升奠定了良好基础。例如，真空压缩包装机械能够对棉花、服装、织物等产品进行压缩和包装，有效减小了物品的体积，能够在同等条件下完成更高的运输量，因此能够显著提升物流运输的整体效率和效益，为物流业的科学发展提供了有效保障。总之，包装机械的广泛应用是物流系统创新发展与转型升级的重要标志。

（三）包装机械的分类

基于操作方法的差异，包装方法具体表现为充填、捆包、封合、加标、灭菌、清洗等不同包装机械；

基于包装使用工具和目的的差异，可将其划分为工业包装、商业包装等不同机械；

基于包装对象的差异可将其细分为食品包装、日用品包装、药品包装、工业品包装等不同机械；

基于容器的差异可将其细分为装盒、装罐、装瓶、装袋、装桶等不同包装机械；

基于层次差异可将包装机械细分为单层包、多层包等不同机械类型；

基于尺寸规格差异可将包装机械划分为大包、中包、小包等不同类型；

基于包装对象的形态差异可将包装机械划分为固体机械、液体机械、气体机械等不同类型；

基于物品传送方式的差异可将包装机械划分为间歇/连续运动多工位包装机械、单工位包装机械等不同类型；

除上述分类标准外，还可以根据包装机械的具体功能将其细分为干燥机、旋盖机、上塞机、组合机等不同类型。

(四) 常见的产品包装机械

1. 填充包装机械

①装箱机械。此类机械的作业对象主要为纸质箱体。基于具体作业流程的差异，该机械可分别用于瓦楞平板、平叠纸箱等对象的包装处理，能够同步完成产品填装与接口黏合工作。

②灌装机械。此类机械一般以液体、半液体、含液体物品为对象，一般以软管、瓶、罐、桶等为包装工具进行罐装处理。一般将罐装机械与封口机、贴标机等设备联合使用直接完成罐装作业。常见的罐装机械主要有真空灌装机、常压/加压灌装机等不同类型，适用于不同的罐装环境。

③填充机械。对干燥粉状、颗粒状物品等为对象开展包装作业一般使用填充机械。包装容器一般以盒、瓶、罐等为主，也有填充粉状药品的胶囊。

填充对象的差异性对填充机械的结构提出了不同要求。在具体填充作业中，需要根据填充对象的理化特性与存在形态选择恰当的填充机械才能确保填充作业的科学水平。

2. 裹包和捆扎机械类

与充填机械最大的区别在于，裹包机械、捆扎机械、加标机械等直接以特定的材料为工具完成产品的包装作业。

①裹包机械。此类机械通常使用挠性材料作为包装工具对商品进行包装处理，能够满足单件或多件商品的包装需求。

②捆扎机械。此类机械通常以纸质、塑料、纤维、金属类绳状、带状材料为工具，对箱式包装开展捆扎作业。基于不同的使用需求，捆扎机械也分为多种不同的类型。在具体作业中，需要以包装对象的特点与作业要求为依据选择最佳捆扎机械。

③贴标机械。此类机械主要完成容器的加标作业，根据标签是否上胶，贴标机械一般会采取不同的作业方法。

④封口机械。此类机械能够对包装、容器进行封口处理。基于工艺

的差异可将封口机械的类型具体归纳为玻璃加盖、袋式缝口、箱式封口等不同的机械设备。

3. 包装技术机械的种类

包装材料及容器的工艺特性将直接影响甚至决定包装机械的具体类型和技术工艺，因此收缩包装机械、拉伸包装机械、热成型包装机械等共同构成包装技术机械。

（1）收缩包装机械。此类机械对热收缩薄膜先进行拉伸处理然后将其包裹于产品再适当加热薄膜，使其收缩紧裹于被包装物表面。具备较好的通用性是此类机械的最显著优点，能够满足多种不同形态产品尤其是不规则产品的包装需求。该机械能够有效减少包装作业工序，保证良好的包装效果，并且具备成本低、包装体积小等优点。

（2）热成型包装机械。此类机械也叫吸塑包装机械。基于成型工艺的差异又具体包括泡罩式、贴体式、真空式、热压成型充填式等不同类型。该包装机械能够持续不断或者间断性地对塑料薄膜进行加工处理，依托真空压缩技术将其加工成所需的盘状、泡罩等不同形态。然后在产品通过进给机构进入盘或泡罩时，进行热合处理将薄膜压缩覆盖于产品或包装表面并进行裁剪以实现一种特定的包装效果。此类包装机械的优势在于保证包装结果的美观性与透明性，并且充分保证产品的密封、防潮、隔离效果，有效保证了产品性能质量，是目前应用范围最广的包装机械之一。

（3）拉伸包装机械。此类机械在常温条件下借助机械装置对弹性塑料薄膜进行拉伸处理并将其覆盖包裹于目标对象后封合，实现一种密封包装效果。所用的弹性塑料一般为聚乙烯薄膜。

（五）包装机械的基本结构

1. 进给机构

进给机构主要实现了包装对象、材料或容器的进给操作，将包装对象整理为整齐的排列结构完成进给。

2. 计量装置

在进给作业的过程中需要通过计量装置对进给数量进行计量分析，根据需要补充和调整，确保包装作业的持续进行。常见的计量方法包括容积法、称重法、计数法等。

3. 传动机构

为包装机械提供所需的动力确保设备各部件的良好运转，实现包装目标。传动机构是包装机械的核心构成部件。

4. 输送装置

以待包装、已包装产品为对象，实现其在不同工位、结构之间的位置移动，构建起不同包装设备的完整作业流程并最终实现产品入库处理。

5. 动力部件

气压式、液压式是动力部件的主要类型，其构成元件主要包括电动机、压缩机或液压泵。电动机的应用范围相对较大。

6. 控制系统

基于控制对象表现出来的差异性状态，控制系统具体包括机械自动化、流动自动化等不同的控制模式。前者一般以固体物品为对象，采取间歇性的控制策略对其位置、形态、尺寸等参数进行控制调节；后者一般以粉状、液态物品为对象，持续不断地对其温度、压力、流量等参数进行控制调节，确保作业流程的稳定性。

第三节 集装化物流工具的应用

一 集装箱

（一）定义

集装箱（container）又叫"货柜""货箱"，是目前最为常见的一种集合包装式容器。中华人民共和国国家标准《物流术语》（GB/T18354—2006）对集装箱的定义是："具有足够的强度，可长期反复使用的适于多种运输工具而且容积在1立方米以上（含1立方米）的集装单元器具。"

国际标准化组织对集装箱的技术与特征做出了以下具体规定：

（1）充分的强度性能具备长期、反复使用的能力；

（2）能够直接满足一种或多种运输方式的货物运输需求；

(3) 配备快速装卸设备设施,为运输方式的转换创造便利条件;

(4) 确保集装箱内物品能便利地装卸作业;

(5) 内部容积不得低于 1 立方米。

(二) 集装箱的基本分类

1. 按用途划分

(1) 通用集装箱。此类集装箱以普通、无特殊要求的物品为装载对象,具备成件、成箱的装卸能力,通常应具备良好的密封、防水性能,故又叫作密封式集装箱。

(2) 专用集装箱。此类集装箱一般根据装载物品的需要具备特定的性能或功能。通常可分为透气式、通风式、敞顶式等不同的类型,分别具备透气装置、外接动力进出气通道、无箱顶盖等特点。

(3) 冷藏集装箱。此类集装箱需配备自动化调控制冷系统,能够确保稳定温度,避免温度过高影响产品质量。

(4) 罐式集装箱。此类集装箱一般用于液态、气态或加压干散货物的运输。构成部件为罐体、框架,并有无压式、有压式等不同类型。

(5) 干散货集装箱。此类集装箱为无压式集装箱,能够满足散装固体货物的装载运输需求,箱体材质通常选择钢板、铝板或铝合金确保其可靠性。

(6) 其他类型集装箱:

①折叠式集装箱。此类集装箱的最大特点是箱体的顶部、侧端壁具备折叠、分解的能力,能够在回空过程中减少其空间占用,提高运输工具空间利用率,从而降低成本。在装载物品时又可重新组合成完整的集装箱,实现其装载运输功能。

②挂式集装箱。此类集装箱通常以服装等物品为运输对象,吊挂式的装载方式既可以提高内部空间的利用率也能够有效避免服装的挤压和变形,因此成为一种专门的集装箱用于服装商品的装载运输。

③其他类型。常见的有活体牲畜集装箱、柱式集装箱、抽屉式集装箱等类型。

2. 按材质分类

（1）铝合金集装箱。此类集装箱以铝合金为主体部位的加工材料进行铆接成型，优点在于外形美观、重量小和良好的耐腐蚀性能。

（2）钢质集装箱。此类集装箱箱体的建造用材为钢材、不锈钢，通过焊接工艺加工成型。其优点在于结构稳定、强度优秀、水密封性突出；而耐腐蚀性差是其最主要的缺点。若采用不锈钢作为加工材料则能够有效克服耐腐蚀差的缺陷并得到更好的外观美化效果，但也会形成更多的成本费用。

（3）玻璃钢质集装箱。此类集装箱的加工制造材料选择玻璃纤维与树脂，根据需要添加一定量的增强塑料改善其结构特性，与胶合板进行胶合得到完整的箱体。优点在于优秀的刚性与强度及良好的隔热、耐腐蚀性能；而塑料材质老化、自重大则是其主要缺陷。

（三）集装箱的结构

集装箱一般为六面体结构，由六面箱体构成完整的集装箱，基本结构详见图3-8。下面我们对各结构部分的情况进行说明：

（1）框架。主要分前端部、后端部及两侧框架。作为集装箱的承力构建，框架应保证充分的结构强度，确保在集装箱载物起吊过程中不会出现永久变形的问题。

（2）箱壁。通常位于箱体前端部。包含端壁板、端柱等部件。端壁一般固定于前端部框架上，发挥其密封作用。

（3）箱门。通常位于箱体后端部，一般设计成对开式双门结构。门体通过铰链连接于后角柱上，并由门锁进行闭合固定确保箱体良好的防风、防雨性能。

（4）侧板。一般包括侧板、侧柱等部件。前者须具备良好的强度实现防水功能；后者则基于特定的间距，固定安装于侧墙板上以提升侧壁结构的稳定性。

（5）顶板。位于箱体上部，起到封闭、防水的作用。通常选择整张板材作为箱顶的加工材料避免出现漏水问题。

（6）箱底。位于箱体底部，需要通过填料对结合缝进行密封，确保箱体的密封性与防水性。下横梁是箱底的重要部件之一，能够进一步提升箱底的结构强度。

（7）角件。集装箱共包含八个箱角，每个箱角上都存在一个三面孔式金属构件，该构件就是角件。在集装箱装卸作业过程中，所有载荷都由角件进行承担或传递。此外，角件还可作为不同集装箱之间、集装箱与船舱、甲板等设施的连接部位。位于箱体最外缘的角件还能发挥一定的保护作用降低其他部件的受损风险。

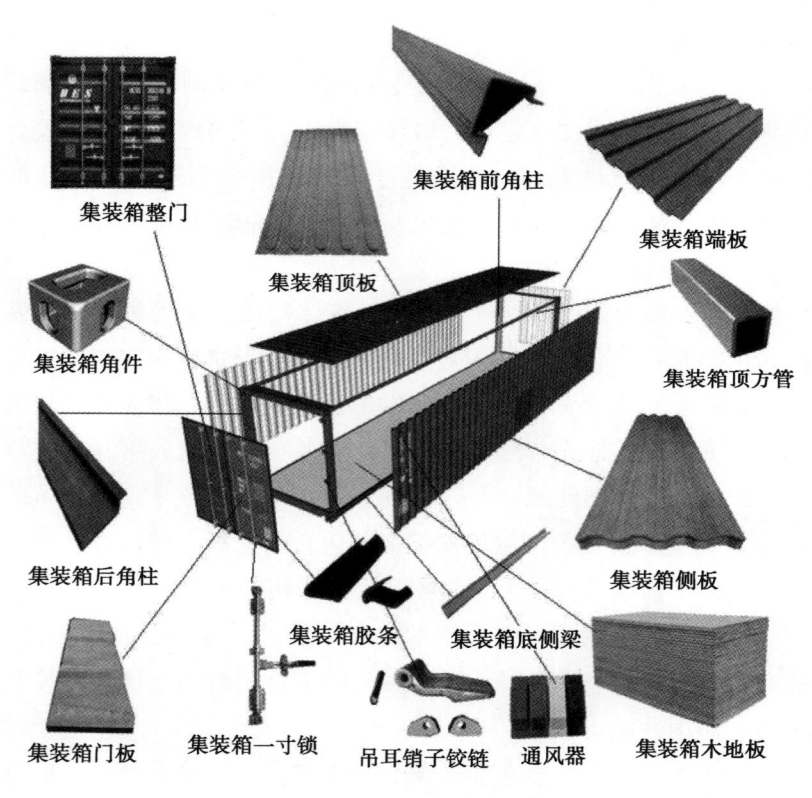

图 3-8 集装箱结构分解

二 托盘

（一）定义

托盘"是在运输、搬运和储存过程中，将物品规整为货物单元时，作为承载面并包括承载面上辅助结构件的装置"（GB/T18354—

2006）。托盘的功能作用与集装箱比较接近，都能对零散物资进行整合，形成一种更大规格的完整物件，为装卸运输创造便利条件。

在物流作业过程中，托盘同时具备装卸、储存、运输等功能作用，目前已经普遍成为企业、场站、港口、船舶等不同物流领域的基本设施之一。此外，部分联运水平较高的国家还能将托盘作为一种有效的货物销售工具。这种多元化的用途使托盘成为产品生产流通全过程重要的一项物流工具，能够极大地提升物流各环节的作业效率和工作质量（Wang，2012）。

（二）托盘的分类

1. 按操作分类

（1）双向通路托盘。此类托盘允许叉车从前后两个不同的方向进出托盘完成货物的装卸作业［见图3-9（a）］。具体又有单面用托盘、双面用托盘等类型之分。

（2）四向通路托盘。此类托盘允许叉车根据需要从托盘前方、后方、左右两侧四个方向完成货物装卸作业［见图3-9（b）］。同样包含单面用托盘与双面用托盘两种不同类型。

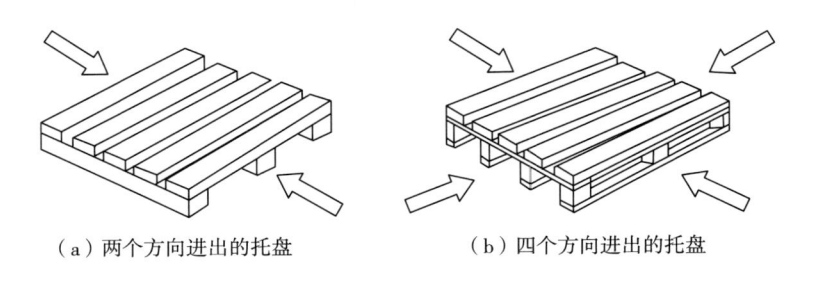

（a）两个方向进出的托盘　　　　（b）四个方向进出的托盘

图3-9　托盘分类

2. 按托盘的材质分类

基于托盘加工材质的差异，可将其细分为木托盘、纸托盘、铝托盘、钢托盘等不同类型。

（三）托盘的码放

在通过托盘对货物进行装卸处理时，可根据需要将其堆放成不同的形式。常见形式如下：

（1）正反交错式。此类码放形式的上下交错使得货垛各部位之间的关联性更加紧密因而显著提升了货垛结构的稳定性。但是四角不对应的问题会导致托盘承载能力下降，其结构详见图3-10（a）。

（2）旋转交错式。此类码放形式将每两层货物码放为交叉形式使得垛形整体表现为正方形以提高货垛稳定性。但是货垛中间的空穴结构会导致托盘利用率降低的问题，其结构详见图3-10（b）。

（3）纵横交错式。此类码放形式类似于重叠式，垛形一般为正方形，能够通过相互交错的码放形式增加货物之间的相互摩擦力从而提高货垛的稳定性与可靠性，其基本结构详见图3-10（c）。

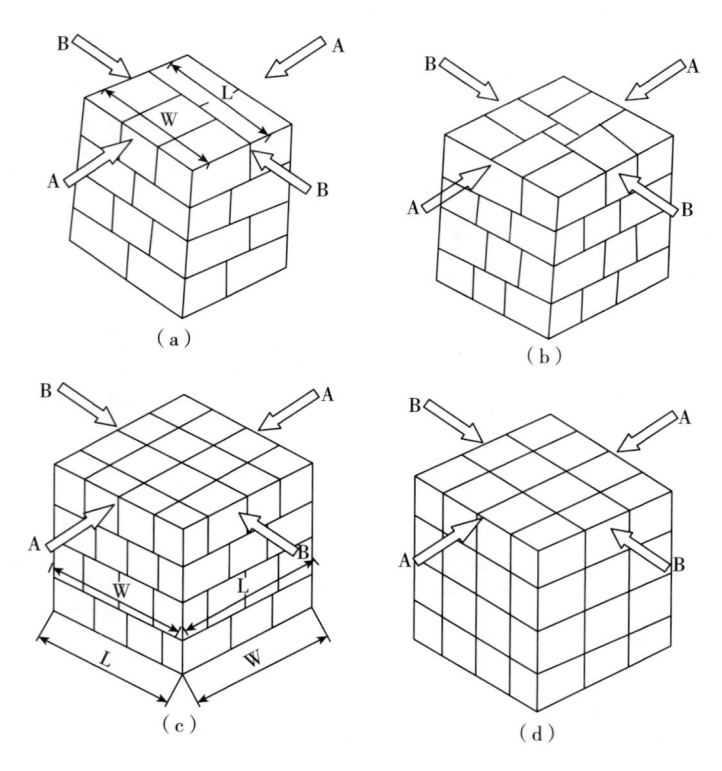

图3-10 托盘码放的方式

（4）重叠式。此类码放形式能够确保货物四个角的彼此对应和均衡，因此实现了最大的承载能力。但是存在货物件联系不紧密、货垛缺乏稳定性的缺陷，其基本结构详见图 3-10（d）。

三 其他形式的集装化

作为物流集装化的最基本构成，集装箱、托盘的设计制造质量将直接影响物流集装化的发展水平。其他常见的集装形式具体如下：

（一）集装袋

集装袋是一种包装容器，一般选择可折叠的柔性材料制造而成。此类集装形式能够满足绝大多数粉状、颗粒状物品的集装运输需求。集装袋的操作过程如下：

（1）装料。通常以人工方式通过袋口将物料灌装至集装袋内。

（2）运输。以集装袋类型、用途为依据选择恰当的装卸及运输方式。

（3）卸料。吊运集装袋并完成物料的卸除作业。

（4）回收。对具备重复使用性能的集装袋进行回收处理。

（二）框架

框架在物流集装化中的地位同样十分重要。该方式根据物资外形设计框架工具结构完成具体的集装作业，能满足不同外形物资的集装运输需求。梯形框架的基本结构详见图 3-11（a），而且可以根据实际情况选择如图 3-11（b）所示的门字形框架方式。

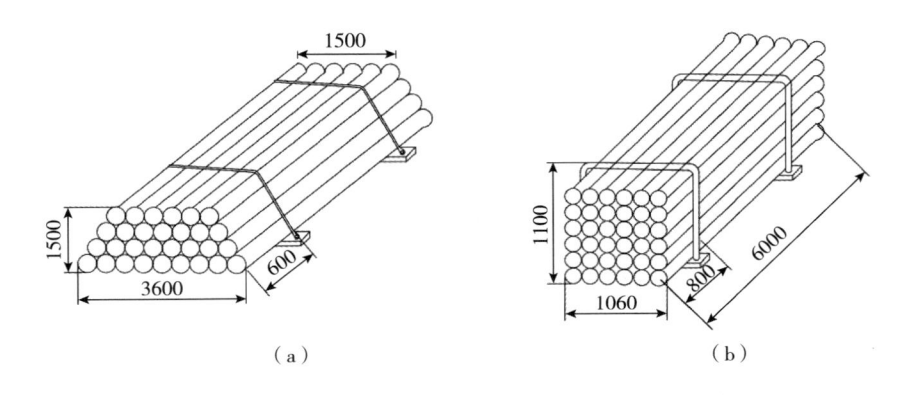

图 3-11 框架的形式

（三）货捆

作为集装化的另一种方式，货捆借助不同材料的绳索采取不同的方式完成捆扎处理，提高货物的整体性，便于其装卸运输。如图3-12所示的长形圆钢捆扎方式的货捆。

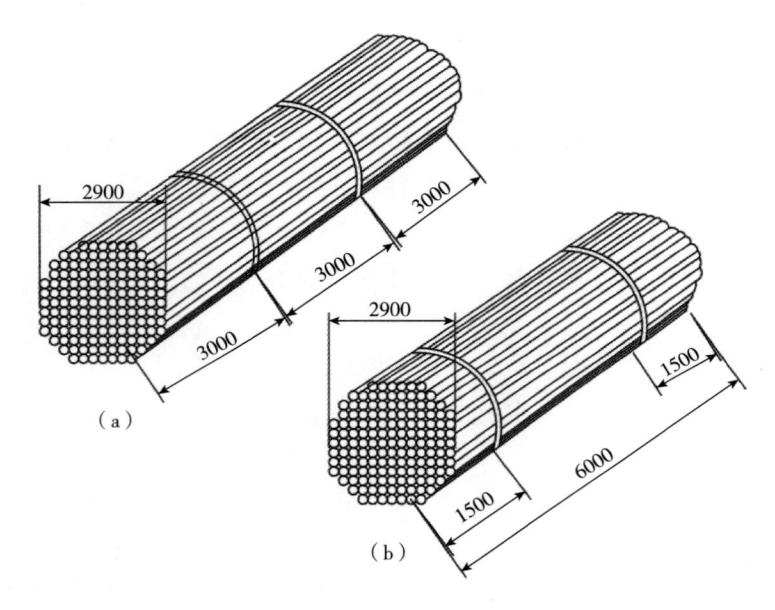

图3-12 货捆的形式

第四节 现代物流的包装问题和解决措施

一 国际工程物资的运输包装

国际工程，指的是某工程项目参与人并非来自相同国家，而是以多国参与的形式，执行国际通用工程项目管理模式，完成建设目标的工程。中国古话有云："兵马未动，粮草先行。"现代工程必备"粮草"即为物资，国际工程距离参与人的国家都很远，后勤补给难度大，如果所在国物资生产能力不足，则工程受到设备、物资运输效率影响非常大，甚至会直接影响工程开工时间、工期、成本等（蒋兴宇，2016；李金鸣，2018），物资能否安全运输，受到运输包装影响很明显。

(一) 国际工程物资运输包装管理的存在问题

1. 国际工程物资运输货损率较高

调查发现，国际工程物资因为包装不当造成货损率提高到23%，货损金额增长10%上下。

2. 国际工程物资包装规范存在不足

现代国际工程项目承包商，基本是根据经验来设计物资包装，或者直接从生产商处购进包装，实际上并未建立起规范化包装管理理念，这就是导致专业包装规范欠缺，对供应商的必要提醒及约定等更无从谈起，具体表现在现有的合同中罕见标明包装样式和强度的相关条款。

3. 物资交付包装缺乏重视

项目管理过程中，比较重视的环节还是集中在采购成本控制、货物交接时间、进场质量管理等，对物资到场安全包装管理并不重视。很多工程承包商采办部门，会积极协调物资设备出厂时间，尤其重视出厂检验（FAT），可是物资设备交付包装问题，没有得到他们的重视和管理。

(二) 国际工程物资运输包装存在问题的原因分析

1. 采购管理部门对物资包装缺乏重视

物资包装得到强化，主要会造成成本增加，在包装环节增加新的采购成本，对项目管理人来说，经常将其视为不必要的浪费，这种错误认知正是导致包装管理缺失的根源。

2. 专业性包装规范缺乏

国际工程承包市场各类企业采办管理部门，当前执行的采购物资包装管理并不规范（Micheli et al., 2012），基本都是将该环节交付给包装生产商处理。一般来说，国际工程物资运输路途比较遥远，且路况比较复杂，国内包装生产商制造强度要有所提升，因为实际国际工程项目中，为降低包装成本，多数会选择国内厂商，在技术、强度、规范等方面标准不足。

3. 物资查验造成的包装受损

海关是检查进口物资的机构，很多工程物资出现在第三世界概率并不高，海关对这类物资重视程度很高，这就导致高查验率，很多免税进口工程物资都在海关过关时，被要求开箱查验。这种行为需要把包装全部开封，必然会造成包装保护强度的降低，货损率也会因为掏箱而提升。

4. 物流过程装卸过多，装卸设备不符合要求

国际工程项目整个过程的货物运输，从出厂一直到施工现场，基本装卸频次在6—10次，而且装卸工具标准较低，设备吊装能力差，有部分现场直接用挖掘机、铲车等来充当吊装设备，这都是导致货物及包装损坏的根源。

5. 国外欠发达地区物流基础设施落后

中国工程承包商主要承包的是第三世界国家项目，很多地区基础设施建设程度很低，公路运输里程则可能超出上千千米。在考虑货物包装时，必须将恶劣路况、天气等带来的压力考虑其中。比如，中亚、非洲中西部等地，承包能源工程公路运输里程很少有低于1000千米的情况，且实际运输公路状况繁多，柏油路破损失修、土路路面粗糙飞尘，长时间颠簸一定会对商品包装造成破坏，物资安全性无法维持。

（三）国际工程物资运输包装的优化对策

1. 完善采购部门的包装管理职能

可以将采购管理人员组织起来，到国际工程中实地查看，能了解相关物资产品，能有效提高其认知物资包装水平。分析物资包装实际情况时，要将项目管理人、物资采办负责人等作为培训主体，直接让他们看到物资是如何运输到施工现场，分析货损率降低方法，找出项目按时完成方案。通过项目采办部门负责制，联合采办相关的执行人、供应商、物流企业等，实现多方共同参与到包装监管项目中，从管理层开始重视物资包装重要性。

2. 制定并落实新的包装规范

国际工程项目本身需要大量物资来供给，各类物资总量高、种类多，从专业划分标准来看，包装层次有裸装、轻度包装、坚固包装、集装箱包装、精密包装等。物资种类不同，可选择防护标准、规范等各不相同。

一般来说，物资产品出厂以前，产品包装就由生产商完成，采购合同基本就是采用当前公认模板，要将包装规范知悉落实执行，应该采用合同附件来说明，这是将包装规范整合其中。需要买方对卖方包装工作进行监督，验收包装是"两步法"：第一步，在国内交货时对包装外观的验收；第二步，到达工程国施工现场时，根据合同检验包装是否达标。

3. 对物资使用标准化的集装运输

铁路、海运等多采用集装箱运输，优势是总量大、成本低，且对箱内物资有很好的保护作用，一般运输大宗易碎品或阀门类产品时，这些密度高、单体重量大的物资，独立木箱包装是必需的，且集装箱还要实施二次包装处理。

4. 使用现代化的装卸工具和方法

于施工现场对物资进行装卸，需要确保叉车正常运行，吊车、行吊吨位等都要符合装卸标准。如果不具备专业设备，可利用挖掘机、铲车等作为替代设备，并留有至少 1 倍吨位冗余，以卡扣来固定装备，避免出现物资脱落，实际装卸时，动作要轻柔缓慢，不可造成物资包装间碰撞。

5. 合理规划运输线路，严格监督运输过程

对运输路线、各个路段运输速度等科学设计，如果地区条件允许，公路运输车辆可增加 GPS 监控，对车辆进行实时跟踪，监控不同路况、路段车辆运行速度，并完成调度，有利于避免车辆行路冲突，或速度过快，导致物资及包装受损。

二 电子产品的运输包装

对电子产品进行运输包装，目的是确保产品运输时不会因为机械、天气等因素造成损坏，并保证产品数量、质量不变，产品运输任

务才算完成（李琼，2016）。

（一）电子产品在生产过程中运用到的物理防护包装技术

一般电子产品从生产到进场，包装盒主要有如下几个类型：

1. 书型礼品盒的工艺流程

根据设计稿来制作样品，确认后再下单批量生产，调度相关材料，主要有：面纸、围子、内贴、底纸、纸板或密度板、内托材料等。需要进行包纸、内贴纸印刷，有些需要配备手提袋的，也要印刷，进入后工艺环节时，需要完成覆膜、压纹、过UV、烫金、压凸压凹、模切等，要按照生产形制来确定工艺技术类型。盒子开料、围纸、面板加工、内托加工等，都需要按流程标准完成；随后贴面纸，即在面板上包纸，需要注意表面刮平，包实边沿；盒子组装是最后一步，以材料性质来确定上胶法，组装完毕再擦盒、装箱。

2. 天地盖盒（也称为上下盖盒）的工艺流程

这种盒子上盖、下底分别独立，此时不考虑连体结构。盒盖材料为密度板，分别用白乳胶来固定上盖、下底，等待晾干后在装裱面纸，完毕后扣合组装完成。如果是连体结构时，需要用连接板来将两者连接，放入内托，再擦盒、装箱。

3. 异型盒的工艺流程

这种盒子是根据产品特征来制定，属于前两种的异形化变体，制作流程并没有不同，一般分为：多角盒、心形盒、圆形盒、锥形盒、抽屉盒、多层套盒等。

（二）电子产品在运输中运用到的物流包装技术

1. 对电子产品进行物流包装的原因分析

电子产品本身是一种技术密集型产品，随着技术进步升级，相关零部件精度越来越高，电路板线路节点更精密，这些都是电子产品外界运输标准更高的主要原因，可分为如下四点：①避免高温，运输途中温度过高时，电子产品外形受到损伤，甚至也有导致零部件功能失效的情况，高温对产品损坏非常严重；②避免潮湿，运输仓、储存仓等都要保持干燥，减少湿度对电子产品零部件的影响，以电路板为例，浸水后会出现电路板短路、金属接口节点氧化等现象；③避免静电，电子元件及其线路会受到静电影响而造成损坏；④避免碰撞，电子产品属于静谧设备，内部构造非常复杂，零部件很精密，外力冲击及碰撞都可能造成损坏（Lu et al.，2010）。

2. 电子产品的缓冲材料

运输过程中电子产品也会受到恶劣环境影响，所以包装方面要有明确合规的缓冲材料——衬垫，这是保护电子元器件不受外界冲击影响的重要工具，能将外来危害控制在最低程度（Mindlin，1945）。具体设计时，需要考虑到的是材料，既保证缓冲效果，又能降低经济成本，实现最低成本保护目标产品（Sek，2015）。

（1）外包装使用的缓冲材料。对电子产品来说，外包装是非常重要的保护装置，能保证外界压力有效减轻，一般采用的类型为瓦楞纸箱，或蜂窝纸板包装箱、木箱。常见木箱材料是木材、胶合板、纤维板、刨花板等，主要包装产品都是体积大、重量高、需要长途运输的类型，对于含水量较低产品有很好的保护作用。基于物品体积和环保包装材料等方面的考虑，现代化产品对木制包装的使用日趋降低。现今新材料的选用会按照流通运输环境可能受到的冲击、振动、静压力等，以较为精准的参数形式考虑外界条件、力学条件等，聚苯乙烯泡沫塑料成为人们青睐的缓冲材料，该材料的数值标为：密度（20—30）千克/立方米、压缩强度（压缩50%时）$\geqslant 2.0 \times 10^5$ 帕。决定包装箱抗压性能的一个问题，就是衬垫结构形式，特别是对产品凸出、脆弱的部分要重点保护。而且，外包装箱体应当满载，尽量减少空隙存在，这是避免产品晃动的重要方式，对防潮、防震等有很好的作用。

（2）内包装使用的缓冲材料。对电子产品来说，其内部包装的作用是缓冲内部产品受到的外界冲击，在运输途中要根据产品特质来选择适当内部包装形式、材质等。目前，发泡塑料作为常见材料，应用于各类产品的缓冲包装中，这类材料的优势是质量轻、保护性好、适用范围大，应用便捷度很高，基本可以根据产品形状来设计结构。当前中国电子产品正是采用这类包装材料，主要分为两种：

①EPE，是市场上最常见的材质，是国际通用环保材质，易碎品

包装应用效果很好，但问题在于成本较高。

②EPS，经过模塑即可成型，成本低廉，但缺点是可回收率很低。

气垫薄膜也是主要内部包装材质之一，两层塑料薄膜间以特殊方式灌注空气，确保其间气泡是连续且均匀的。常见结构有圆形、半圆形、钟罩形等。能很好地对轻型物品进行保护，属于软性缓冲材料，但受到外界温度影响非常明显，可能会出现膨胀、收缩等现象，如果膨胀则容易挤压外部包装箱，对内部货物也有损害，有锐角易碎品不适合使用。包装纸盒同样有很好的应用范围，瓦楞纸箱分为单芯/双芯瓦楞纸板、硬纸板等，优势在于牢固程度高、总质量更轻、运输成本更低、材料重复使用率很高等。

3. 增加抗氧化保护包装

以防静电铝箔薄袋作为产品包装材料，一般会选择氮气作为内部封口材料，有利于减少印制板面、元器件等被氧化的问题。

4. 增加防静电包装

备用件印制电路板实际仓储时间会很长，集成电路发展趋势是密度增加，特别是二氧化硅膜厚度处于变薄发展趋势中，对静电电压的承受力逐步降低，因此要为该类电子产品使用防静电包装。

5. 改进防潮、防尘材料包装

包装材料要采用更多物化性能稳定、机械强度高、透湿率低的材质，目前有有机塑料薄膜、有机塑料袋、发泡塑料纸、聚乙烯吹塑薄膜等。

6. 在包装上增加防尘袋封口

这是避免由于运输时因遭遇强烈天气变化造成产品不利影响的方式，包装材料也要具备一定防湿能力，硅胶类吸湿干燥剂在此类包装方式中也有应用，箱体可通过电镀、喷漆、化学涂覆等来实现防护目的，避免电子产品受到潮湿、盐雾等元素损坏。

（三）电子产品包装的绿色材料

产品包装以绿色生态材质为主，这有利于包装循环使用，一般定义下，绿色材料指的是原料、产品制造、产品使用、产品再利用、废弃物处理等都能保证与生态环境和谐共生，且不会对生物健康造成严重影响，净化、吸收、促进健康是其材质基本功能。这类绿色材料应用符合当前节能环保条件，轻质化的材质还能对包装重量成本有很好的降低作用，是实现运输成本可控的重要方式。对消费者来说，环保概念是很有吸引力的，这也是一种重要的营销手段，包装材料要么使用可再生、可回收材质，要么使用具有自我降解作用的材质，这样才不会对生态环境造成过大负担。

三　电子商务的物流包装

现代社会发展推进商品流通多元化，在现代电商物流推动下，包装物的复杂性、技术性都在提升，包装不再是简单的商品依附，同时也是物流起始贯穿的重要保护设备，能保证商品完好无损地送到消费者处。在设计物流包装时，要考虑到实际产品特征，并分析物流过程是否满足所需的各类参数条件，例如规格、材质等（周广亮，2019；Ewa，2010）。

（一）电子商务的物流包装的存在问题

全球化经济带动电商平台快速发展，商品流通不再是线下流通，更多的流通活动通过线上进行，这是电子商务持续发展的必然趋势，由此形成的大量物流包装需求量，造成的问题也比较严峻。当物流包装大批量的应用，在生产、运输过程中引发了一些问题：

1. 电子商务物流包装缺乏相应的标准

物流包装重要性对现代物流影响力不言而喻，很多高端行业已经将包装作为新属性进行研究，但市场上尚未建立起规范化的包装管理标准，大部分包装还是依附于产品，实际流通中产品包装，会根据商家设计、生产制作来实现。市场上各类产品规格、保护等级、宣传需求等，都是影响外包装大小、材质、印刷工艺等的重要因素，缺乏统一标准会导致后期重复利用、统一回收难度很大，也是造成环境污染的主要根源。

2. 电子商务物流包装使用不当导致环境污染

包装污染成为重要社会话题，原有污染源以白色塑料为主，这一问题尚未解决，新的非降解材料又成为社会治理污染的重要问题，填埋、焚烧的处理方式，仍然造成环境严重污染。最近几年，国家环保标准逐步提升，新兴环保材料得到人们的推崇，垃圾回收也开始实施分类处理。可是，电子商务物流发展速度很快，造成包装材料处理需求激增，以2018年为例，中国境内快递订单总量是507亿元，欠缺完善机制处理管制，已经造成大量包装废弃物的生成，对城市生态环境有严重影响，成为现代人生活污染的重要来源。

3. 电子商务物流包装的效益悖反

现代商品竞争非常激烈，品牌效应、消费偏好、价格调整等，都是影响商品竞争的重要因素，各个行业商家积极追求技术进步、成本降低，正是出于追求更大利益的原则。但电商时代商品流通同样引发物流包装成本增加。

商家对产品物流包装的设计，更多考虑了保护、美观、宣传等因素，并根据产品最终配给走向，结合不同区域消费者个体特征来制定具体的商品外包装模式。这也是造成商家物流包装回收难度很大的原因，基本上只能实现一次性使用。目前，我们可以确定的产品包装效果与成本间为完全正相关现象，如果不能改变这一现实，要同时实现降低成本和提高包装效果的目标是非常困难的，一般的解决办法是以企业运营作为切入点，在包装效果和成本投入之间探索出平衡收益和投入的临界点。

4. 物流包装行业缺乏高素质从业人员

当前物流包装市场提供方基本是商家，物流企业并没有意识到己方在其中的作用，也少有专业人员参与到外包装设计领域，所有的耗材、规格、成本控制，基本都是由商家自行处理。

（二）应对问题的措施

1. 推动电子商务物流包装的标准化进程

一般产品流通都要得到标准化规范约束，物流包装标准化是实现再利用的重要前提，对社会资源消耗有很好的减缓作用，同时也是商家成本下调的主要方式，通过对利润空间的拓展，可实现物流、生产双方各自效益提升。通过对市场已有产品属性的分析，遵照国家政策及标准，聘任包装生产企业资深人员、行业专家，对包装填充物进行产品类型的划分，不同产品可选用各自对应的规格、材质、防水防震等包装形式，由各个大型物流企业牵头落实新的包装标准，是物流包装实现标准化的重要过程。

2. 构建电子商务物流包装的回收机制

物流包装回收已初步实现规范化，部分物流网点率先展开外包装循环利用，但这些也仅限于某些区域，大规模回收制度尚未建立，主要是受到物流包装标准化进程落后的影响，包装标准化与包装回收制度本属于相辅相成的关系，确立标准物流包装规范，才能促使后续回收效益提升。因为产品流通终点是不同区域消费者个体，物流包装回收机制确立，仍需要得到各个大型物流企业终端的协助与支持。可以考虑通过有偿回收、公益回收等形式，鼓励消费者直接与物流点建立起回收包装的对接关系。

3. 实现电子商务物流包装材质的环保化

随着国家环保政策的推进，物流包装回收机制构建空间逐步放宽。有效物流包装回收机制，能降低电商发展造成的环境污染。其中包装材料成为切入重点，对物流包装环保性的实现有很好的保障作用。针对可循环利用的物流包装，可通过翻新、维修等来保证再利用过程的清洁、环保。

4. 培养物流包装专业人才

环保政策在各个城市陆续落实，垃圾分类成为实现包装回收制度的前提，材料学、食品管理学、包装设计等成为现代高校积极开设的物流包装新专业，这有利于培养行业需求的高端人才，是行业长期健康发展的重要保证。

第四章

现代物流的装卸与搬运问题研究

第一节 装卸搬运概述

一 装卸搬运活动的内涵

装卸（loading and unloading）主要通过垂直移动的运动形式在指定地点完成物品物流作业，是物流的核心环节之一。装卸实现了以垂直空间位移为基本特征的物资移动，使装卸前后的物资支承状态各不相同。

搬运（handling carrying）则主要通过水平移动的运动形式在特定场所范围内对物品的存在位置进行改变的物流活动。这种特定场所既可以是仓库，也可以是车站、码头，实现了物资在特定物流节点内的、水平维度的位置变化。

由其概念可知，装卸、搬运等物流作业均以特定的物流节点为作业空间，通过水平或垂直方向的运动实现物料空间位置及存放状态的变动，为其他物流活动创造便利条件及提供必要支持。从流通的维度来看，装卸搬运可直观理解为"物资装卸"；从生产的维度来看，装卸搬运则以"物料搬运"为主要活动。

美国物流领域学者在国际物流会议中对美国的生产流通体系进行了介绍。他们认为，对于美国今天的产品生产活动而言，加工制造环节所占用的时间仅在5%左右,以装卸搬运、储存为代表的物流作业所占用的时间则高达95%,这一结论充分表明了物流活动在生产领域的重要地位。据美国运输部门的统计调研数据,在美国当前的运输活动中,消耗在装卸搬运作业环节的时间已经达到了50%左右,同样占据了较大比重。对于生产企业物流活动而言,装卸搬运已成为不可或缺的重要环节之一,实现了生产物资在不同生产工序之间的流通运动,为产品生产流程的完整性与连贯性提供了重要保障。从原料采购供应开始直到产成品下线入库,都离不开装卸搬运工作。从物流运作这一宏观层面来看,物资在生产、流通、消费等不同领域都涉及装卸搬运活动,表明装卸搬运已经成为贯穿于生产、流通、消费等不同领域必不可少的重要环节。

发展至今,装卸搬运作业已经成为一种完整、复杂的作业系统,该系统的构成要素包括物资、劳动者、作业设备设施、相关信息及管理策略等(卢江等,2011)。该作业系统要求根据物资特性及物流组织目标选择恰当的作业设备、设施并制订科学的作业计划,从装卸作业自身目标出发,以装卸作业的特定场所为作业管理区域,对劳动力、机械设备的使用方法进行科学安排部署,使不同环节、要素形成一种相互关联、彼此协调、密切配合的完整系统,发挥其重要的联系纽带作用,在确保其任务目标实现的同时为其他物流环节的良好运行提供必要支持。可以说,装卸搬运环节与其他物流环节密切关联又相对独立。

二 装卸搬运的基本内容

(一)堆放拆垛

堆放具体以特定要求为依据,对货物状态进行控制使其到达指定位置的管理工作。与堆放相反,拆垛则是把妥善装入、放置在特定位置的货物进行卸除并满足后续作业需要的操作流程。

(二)分拣配货

分拣这一物流作业流程位于堆垛作业与配送作业之间,基于货物的具体种类、流向进行分拣处理,根据需要将其转移至特定地点。而配货是基于货物的种类、流向的地点,在货物堆放位置开展分类处理，为货物运输做好准备工作。

（三）搬运移动

搬运移动这一物流作业能够完成货物位置的短距离移动，以此满足装卸、分拣以及配送等物流作业的实际需要，实现了物品水平位置或者高度位置的变化。

三　装卸搬运作业的五要素

对于装卸搬运作业来说，最基本的构成要素如下：

（一）操作人

这是装卸搬运作业的实行主体。虽然在技术创新发展的推动下各类机械、设备的应用水平不断提升，但是并未从根本上取代工人的重要性。虽然出现了很多自动化、智能化的机械设备使物流业呈现出智能化、自动化的发展趋势，但离开了工人的操作、管理和维护，各类设备也无法保证持续稳定的运行状态。加之一些特殊的作业只能通过人工来完成，这就使装卸搬运作业离不开工作人员。

（二）装卸物

装卸搬运作业的对象就是各类货物，即各类装卸物。具体可以根据种类、性质、大小、重量、形状等为标准对货物的装卸搬运方式进行选择。通常情况下，普通计件货物可通过单件装卸、集装化装卸等方式完成装卸作业；而各类散装固体货物则通过散装固体装卸的方式进行处理；石油液化产品的装卸搬运需要采取针对散装液体物资的特殊方式进行处理。

（三）装卸搬运场所

装卸搬运具体作业的外部环境与实际地点就是装卸搬运的场所，常见的场所主要是码头、车站、机场、库房等货物集中、转运的区域。

（四）装卸搬运时间

根据作业持续性特征，可将装卸搬运细分为连续流动、间歇集中等不同的装卸形式。连续流动装卸搬运一般以输送带或其他输送机械为工具实现货物的持续流动，完成装卸作业任务；而间歇集中装卸搬运则一般以集装箱为载体工具对各货物同时完成装卸作业。不同作业方式所需时间、整体效率各有不同,需要根据实际需要进行选择。

(五) 装卸搬运手段

装卸作业所适用的各类工具(包含设备、机械、器具等)将构成装卸搬运的具体手段。可以根据不同手段在装卸作业中所占比重对其进行划分。如机械作业所占比重较大就属于机械装卸搬运;人工作业所占比重较大就可划归为人工装卸搬运。此外,还可以根据所需机械设备的具体类型和功能对作业形式进行划分。

四 装卸搬运的特点

(一) 伴生性和保障性

装卸搬运作业取决于其他物流环节的具体需求,并且会对其他物流环节的整体运行状况产生特定影响。相较于其他物流作业活动,装卸搬运作业呈现出显著的伴生性特征,与其他物流作业环节之间存在十分显著的关联性,贯穿于物流活动的全过程。

对于产品生产、流通过程的其他业务而言,装卸搬运将产生显著的影响作用。若不能保证装卸搬运作业工作的科学性和合理性,则必然影响物流系统的良好运行,导致物流服务质量下降。装卸搬运作业为生产、流通领域其他活动提供了必要支持。这种保障作用并不涉及实物产品的生产,而是一种劳务服务。

(二) 工作量大,安全性要求高

物流领域的物流量并非一种具体的、明确的量,而是基于货运量、货物周转量等指标进行计算和描述。在对物流量进行量化分析时通常不涉及装卸搬运作业量,原因在于该作业量本身在计量方面存在巨大困难,复杂的作业内容使得难以准确可靠地对装卸搬运作业量进行统计。当产品在同一地区进行生产、流通和消费时,其物资运输量可能有所下降,但是装卸搬运作业量却可能并不会随之减少。当产品供应与需求之间存在较大距离时,选择不同的产品运输方式、货物中转计划与集疏方案会对装卸搬运作业量产生显著影响,从而导致作业量发生变化。

为了完成装卸搬运作业任务,在作业过程中需要综合运用劳动力、机械设备、货物等要素,而庞大的作业量与复杂的作业环境将对装卸搬运作业过程产生巨大影响，造成各类安全风险。这种安全风险将直接对物资、人身的安全性产生不利影响。相较于其他物流环节，装卸搬运作业的安全风险更高，使安全生产在装卸搬运作业中的重要性相对更高。

（三）作业均衡性差，波动较大

在产品生产过程中，企业内部的物资装卸搬运属于生产计划的内容之一，因此在制订生产计划之后装卸搬运作业量也就相对稳定。但是在流通领域，处于运输流通过程中的物资会因供需状况及其他市场因素导致物流量存在比较显著的不确定性。作为物流的先决条件，商流所包含的货物流通也会因销售状况、运输距离、批量规模等因素的影响而使实物物流量存在显著差异。而物流体系中运输环节的各种限制性条件的变化也会导致装卸搬运量处于不断波动的状态。此外，受运量、运速等条件变化的影响，货物在仓库、车站、码头等物流节点的中转和调配也存在不稳定、不均衡的问题，从而对货物装卸搬运作业量产生显著影响。

（四）作业对象复杂

物流作业涉及多种多样的货物，不同货物往往呈现出不同的理化性质、形态、体积、重量及包装方法，即使对于同一类货物而言，也会因为选择不同的处理方法使装卸搬运作业发生变化。在货物流通运输的过程中，储存方式、运输方式的调整以及设备设施的选择都会对装卸搬运作业活动产生巨大影响，导致其作业方式发生变化。

五　装卸搬运的分类

（一）按照作业的场所进行分类

1. 铁路装卸搬运

此类装卸搬运具体以铁路车站为作业场所完成物资装卸搬运作业。主要形式为仓库、理货场的各类物流操作，车辆在车站、货场、站台等作业场所完成的装卸作业及其他辅助作业，包含场地清扫、设备转移、物资盘点、覆盖物揭盖等。

2. 港口装卸搬运

此类装卸搬运形式具体以港口为作业场所开展各类具体作业，主要分别为码头前沿作业、前沿与后方点对点的搬运作业、仓库装卸分拣作业、理货场中转作业、车辆装卸运输作业及各类辅助作业（如清扫货仓、数量统计、产品分装、抽样评估等）。

3. 场库装卸搬运

此类装卸搬运作业具体以货主所在地为作业地点，通过车辆完成产品在厂矿、物流仓库、理货场、配送中心等区域的作业操作。

（二）按照作业的内容进行分类

1. 堆垛拆垛作业

堆垛拆垛是对货物分别进行集中堆放和分散处置，分别实现了不同货物的集中存放以及分拣和分配运输准备工作。基于作业场地的差异，可将此类物流作业细分为理货场、船舱、库房、车厢等具体的作业形式。

2. 分拣配货作业

基于特定的分类标准对货物进行分类、装货使其具备配送条件的物流作业就是分拣配货作业。分拣配货作业的目的在于对相关货物进行科学分类，并根据货物的类型、流向对其进行集中管理和分配，为后续配送作业奠定基础。

3. 搬运移动作业

此类作业主要实现了货物水平位置或者垂直位置的移动和变化，其目的在于对货物的存在空间进行调整，提高堆垛拆垛、分拣配货等作业的便利性与效率性水平。

（三）按作业的对象进行分类

1. 单件作业法

对于人工装卸搬运作业而言，单件作业法是最为常见的一种工作方法。该方法在开展装卸搬运作业时采取单件、逐件的方法完成作业任务。即使在机械化作业比重不断增加甚至可能取代人工作业的情况下，单件作业法仍具备一定的应用空间。这种情况的意义表现在：一是部分物资特殊的性质更加适合通过单件作业法进行处理；二是部分作业场合并不具备装卸搬运机械的使用条件而只能选择单件作业的工作方法。

2. 集装作业法

集装作业法具体采取先集装处理再装卸搬运的工作策略。

（1）集装箱装卸搬运。该方法以集装箱作为物资集装的工具，包含垂直装卸与水平装卸等不同方法。前者通过"吊上吊下"的作业方法完成集装箱位置的移动，一般使用起重机、装卸桥等设备设施完成吊运作业；后者则通过"滚上滚下"的作业方法完成集装箱位置的移动作业，一般使用叉车、拖挂车为工具对集装箱进行水平移动。

（2）托盘装卸搬运。若托盘装卸搬运作业过程中大量使用叉车则属于叉车托盘化的具体表现；以辊式输送机、搬运车辆为主要作业工具则属于水平装卸搬运托盘；以载货电梯、升降机为主要作业机械的托盘作业就是垂直装卸。自动化仓储在存取、装卸货物时一般通过巷道堆垛机、桥式堆垛机等设备完成。

（3）其他集装件装卸搬运。除上述作业方法之外，根据实际情况和具体需要在装卸搬运作业环节还可选择货捆单元化、配套作业等不同的作业方法。

3. 散装装卸搬运

散装作业法通常用于煤炭、矿石、建材等大宗物资的装卸搬运。对于水泥、谷物、化肥等粉状、颗粒状物资而言，散装装卸在大规模作业过程中也呈现出更高的作业效率而得到了广泛应用。散装作业法又具体包含以下不同类型：

（1）重力装卸搬运。该方法基于货物位能实现装卸作业目标。在装卸作业过程中借助货物自身重力实现其空间位置的变动，通常遵循由上到下的运动规律，适用于各类卸车作业。

（2）倾翻装卸搬运。该作业方法通过运载工具自带的倾翻装置令货物卸出。常见运载工具有自卸汽车、铁路敞车等，前者以液压油缸为动力源完成卸载作业，后者则以翻车机、敞车为主要工具完成翻动、卸货作业。

（3）气力装卸搬运。该作业方法主要以风力为动力实现货物位置的变化。通过风机在设备管道内形成一种单向气流推动物资移动。

（4）机械装卸搬运。该作业方法以各类装卸搬运机械为作业工具，具体采取送、舀、抓、铲等工作方法开展装卸搬运作业活动完成任务。代表性机械包括挖掘机、带式输送机、抓斗机、链斗装车机等。

（四）按装卸设备作业的特点划分

1. 间歇作业法

装卸搬运作业分为重程、空程两种不同的作业情形。而间歇作业法则通过在两种作业情形之间开展空程准备活动实现装卸搬运作业目标，如门式起重机、桥式起重机的作业。

2. 连续作业法

该作业方法通过装卸搬运设备的持续运行实现货物持续不断的装卸搬运。常见设备有链斗装车机、带式输送机等。

第二节 常用的装卸搬运机械

在装卸搬运作业过程中所使用的各类具有水平搬移、垂直升降、装卸及短途运输功能的机械设备就是装卸搬运机械。此类机械能够实现货物、物资在仓库内部，仓库与车辆、船舶之间，以及车辆、船舶与地面之间的位置移动。

基于结构特征、用途的差异，可将装卸搬运机械具体划分为以下几种不同类型：

一 起重机械

起重机械具备垂直升降及水平移动等功能，能够根据需要完成货物装卸、转载等工作。

（一）机械分类

基于起重机械综合特征的差异可将其细分为不同的类型，常见类型详见图4-1。

（二）主要机械参数

性能参数用以对起重机械的设计元素、规格、性能等信息进行说明。该参数不仅能够明确机械设备的使用要求，还能为设备的具体使用提供科学指导，确保机械设备合理、高效的运用。

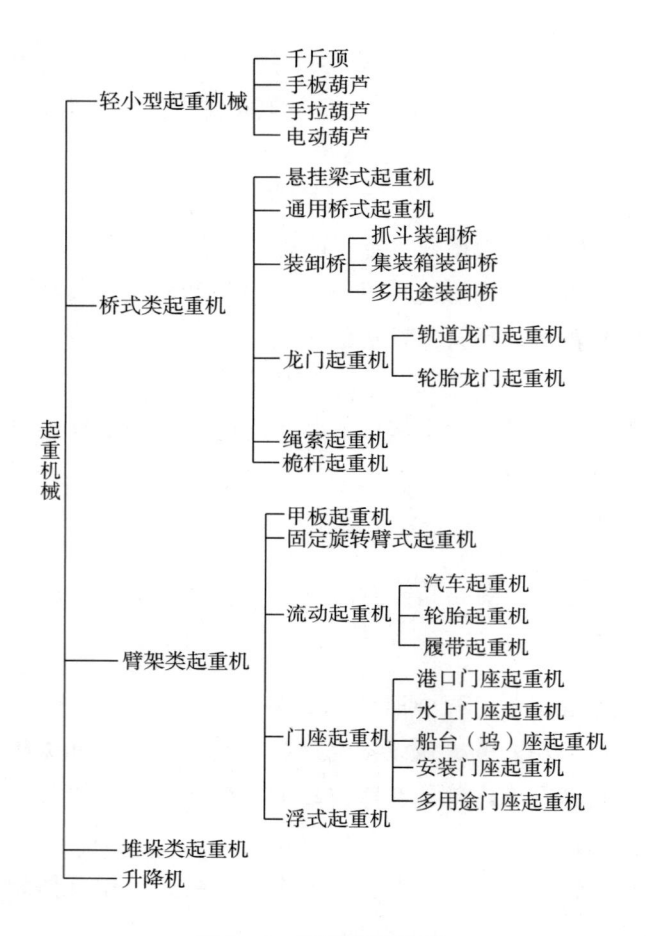

```
                    ┌─ 千斤顶
         ┌ 轻小型起重机械 ├─ 手板葫芦
         │          ├─ 手拉葫芦
         │          └─ 电动葫芦
         │
         │          ┌─ 悬挂梁式起重机
         │          ├─ 通用桥式起重机
         │          │         ┌─ 抓斗装卸桥
         │          ├─ 装卸桥 ─┼─ 集装箱装卸桥
         ├ 桥式类起重机│         └─ 多用途装卸桥
         │          │         ┌─ 轨道龙门起重机
起        │          ├─ 龙门起重机 ┤
重        │          │         └─ 轮胎龙门起重机
机 ───────┤          ├─ 绳索起重机
械        │          └─ 桅杆起重机
         │
         │          ┌─ 甲板起重机
         │          ├─ 固定旋转臂式起重机
         │          │         ┌─ 汽车起重机
         │          ├─ 流动起重机 ┼─ 轮胎起重机
         ├ 臂架类起重机│         └─ 履带起重机
         │          │         ┌─ 港口门座起重机
         │          │         ├─ 水上门座起重机
         │          ├─ 门座起重机 ┼─ 船台（坞）座起重机
         │          │         ├─ 安装门座起重机
         │          │         └─ 多用途门座起重机
         │          └─ 浮式起重机
         │
         ├ 堆垛类起重机
         └ 升降机
```

图 4-1 起重机械分类

1. 起重量

该参数明确了在不破坏设备稳定机械结构和固有特性的前提下，起重设备正常运行过程中的最大起重量，起重量由起升物资的额定载荷和取物装置（如吸盘、抓斗）共同构成，通常不考虑起重吊钩的重量。

2. 起升高度

该参数说明了起重设备在提升物品高度时所能够实现的最大有效高度。在具体起重作业过程中，作业要求与工作环境等因素共同决定起升高度。通常情况下，起升高度指吊钩中心从作业场地地面移动至最高位置所发生的位移量。在实际装卸作业过程中,受货物自身及外部环境的限制,物资提升高度通常小于额定起升高度。

3. 工作速度

提升、走行、旋转过程中所呈现出的速度就是装卸机械的工作速度。

(1) 提升速度。物资在垂直位移过程中所保持的平均移动速度,是移动距离与移动时间的比值。

(2) 走行速度。单位时间内起重机械设备在走行过程中的移动距离。重型起重机与轻型起重机又有所不同,对于门式、桥式起重机而言,走行速度等于车辆运行速度;对于起重机小车而言,走行速度等于单位时间内的走行距离。

(3) 旋转速度。旋转式起重机在作业过程中单位时间里起重臂的旋转次数就是旋转速度。其计量单位为转/分。而其他工作速度参数的计量单位为米/分。

4. 跨度和幅度

跨度参数体现了起重设备的工作范围。对于桥式、门式起重机而言,跨度具体表现为两根走行轨道中心线的间距,如图4-2所示。

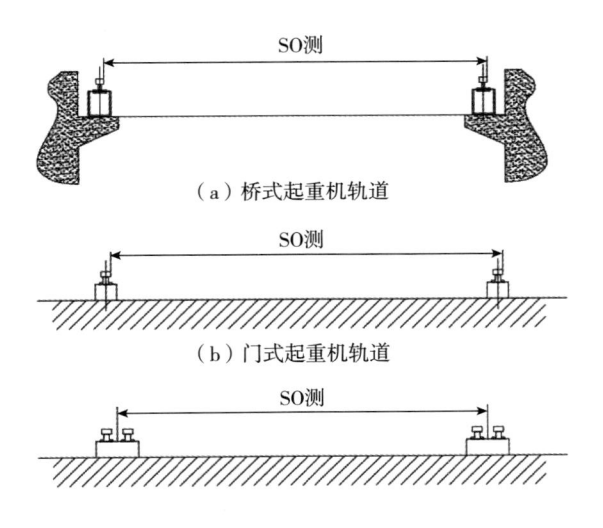

图4-2 跨度

幅度参数则体现了起重吊具的工作范围。对于旋转式起重机而言，幅度具体表现为吊钩垂直中心线与旋转轴中心线的水平间距，如图 4-3 所示。

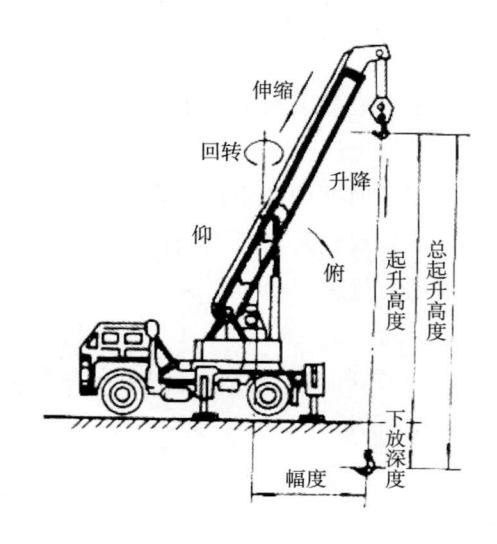

图 4-3 幅度

5. 外形尺寸

起重设备的设计长、宽、高等参数就是其外形尺寸。

6. 自重

空载状态下起重设备的自身重量就是自重，也可通过轮压进行说明，是机械设备每个走行轮所需承担的压力、重量。起重设备的自重具体由车体、吊索具、燃料、操作人员等必要元素的重量构成。

7. 工作制度

在装卸搬运作业过程中起重设备的工作时间、工作温度、暂停运行等条件共同构成其工作制度。基于工作制度的差异，起重机具体包含轻型、中型、重型、特重型等不同类型。

需要指出的是，对于一个完整的起重机械而言，其不同机构可属于不同的类型。在具体应用中，可根据使用需要对各机构进行调整。一般以起升机构的类型为依据对其工作类型进行划分。

二 装卸搬运车辆

该类车辆通过自身的运行能力与装卸机构完成货物的装卸作业、水平搬运作业与短途运输作业。此类设备的优点在于良好的机动性与实用性,能够有效满足不同场合的装卸搬运作业需求,是目前最受欢迎、应用最为广泛的一种输送设备。

(一) 装卸搬运车辆的分类

基于作业方式的差异可将装卸搬运车辆的类型进行划分,划分结果详见图 4-4。

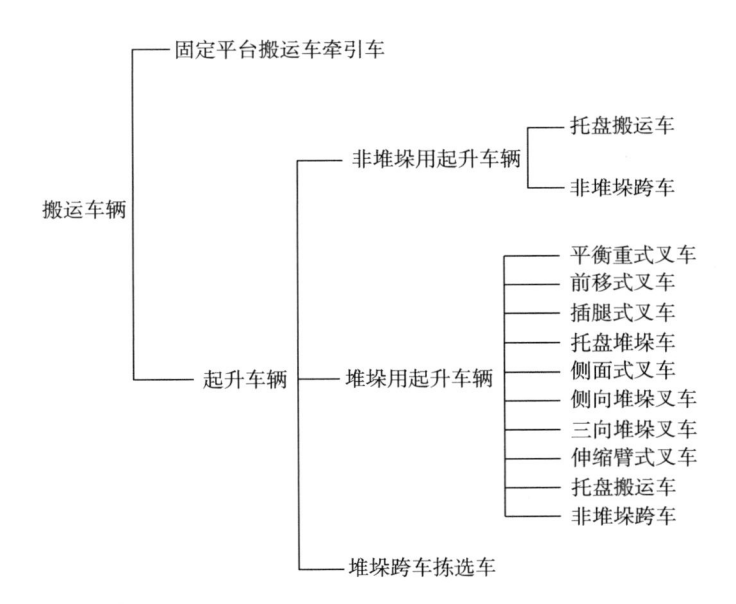

```
                                    ┌─ 固定平台搬运车牵引车
                                    │                      ┌─ 托盘搬运车
                                    ├─ 非堆垛用起升车辆 ─┤
                                    │                      └─ 非堆垛跨车
                                    │                      ┌─ 平衡重式叉车
                                    │                      ├─ 前移式叉车
                                    │                      ├─ 插腿式叉车
搬运车辆 ─┤                         │                      ├─ 托盘堆垛车
         └─ 起升车辆 ─────────────┤                      ├─ 侧面式叉车
                                    ├─ 堆垛用起升车辆 ─────┤
                                    │                      ├─ 侧向堆垛叉车
                                    │                      ├─ 三向堆垛叉车
                                    │                      ├─ 伸缩臂式叉车
                                    │                      ├─ 托盘搬运车
                                    │                      └─ 非堆垛跨车
                                    └─ 堆垛跨车拣选车
```

图 4-4 装卸搬运车辆分类

基于车辆动力差异,可将装卸搬运车辆细分为内燃式、电动式等不同类型。其中,内燃式车辆的动力元件为内燃机,优点在于较大的输出功率与较高的工作效率,能够适应不同的工作环境,但也存在污染大、结构复杂、维修难度大等缺点;而电动式车辆的动力元件为电动机,电力来源一般为蓄电池,优点在于绿色环保、结构简单,便于操作和维修,而缺点也比较明显,蓄电池容量有限、输出功率及工作效率相对较低，对作业环境的要求也相对较高。

（二）主要性能参数

1. 额定载重量

该参数体现了规定条件下，车辆在正常运行过程中所能够起升、搬运的最大重量，反映了车辆的承载性能。

2. 水平行驶速度

该参数体现了平直路面条件下，车辆行驶过程中能够实现的最大运行速度，与车辆作业效率直接关联。

3. 起升及下降速度

上述参数体现了基于特定载荷，车辆提升机构在上升或下降过程中能够达到的最大速度，受车辆自身性能、制造材料性能等因素的影响和制约。

4. 最小转弯半径

该参数具体说明了空载、低速运行过程中，将方向盘向某一方向打满使转向轮达到最大偏转角时车辆纵向中心线同转向中心的间距，反映了车辆作业过程中的灵活性水平。

5. 车辆的自重

该参数反映了空载状态下完整车辆的实际重量。

6. 搬运车辆的尺寸

该参数通常用车辆的长、宽、高等数据进行表述，明确车辆的实际尺寸。

三　连续运输设备

连续运输设备又叫作连续输送设备。是以连续的方式、遵循特定线路将货物持续不断地由装货点运输至卸货点的装卸设备。

（一）连续运输机械的分类

1. 基于安装方式分类

（1）固定式输送机。此类运输设备一般完整地固定于某一特定区域，无法根据需要对其位置进行调整。对于专用的码头、仓库、生产线而言，固定式输送机表现出巨大的工作性能，呈现出效率高、运量大等优势。

（2）移动式输送机。此类运输设备具备灵活运动的车轮，能够根据使用需要对设备的位置进行移动和调整，其优势在于灵活、便利、机动性强，能够及时满足不同作业需求并保证设备的利用率。

2. 基于机械结构特点分类

（1）挠性机械。此类机械包含挠性牵引构件并在牵引构件的功能作用下连续不断地将货物沿同一方向进行移动。以链式输送机、带式输送机、悬挂输送机、斗式提升机等机械为典型代表。

（2）非挠性机械。此类机械不包含挠性构件，而是通过设备的振动、旋转运动实现货物沿既定方向的移动。此类设备的工作构件无法往复循环运动，以振动输送机、气力输送机等为主要类型。

（二）主要性能参数

1. 生产率

该参数体现了单位时间里输送机械的货物运量，用吨/小时进行计量。作为输送机械工作性能的关键性参数之一，生产率能够直接表明机械设备的性能。该指标的决定性因素为承载构建上单位长度的物资承载力与作业速度。

2. 输送速度

该参数反映了沿输送方向的物料平均运行速度。具体有带速、链速、主轴速度等参数。带速反映了货物运输过程中运输带、牵引带等机构的前进速度；链速则反映了货物运输过程中牵引链沿运输方向的运行速度；主轴速度则反映了传动链轮轴、传动滚筒等机构的旋转速度。

3. 充填系数

该参数反映了输送设备承载机构在运行过程中被运输对象填满的程度。

4. 输送长度

该参数反映了输送设备展开状态下装载点与卸载点的间距。

5. 提升高度

该参数反映了物料输送过程中所发生的垂直位移。

第三节　物资装卸搬运的组织

一　装卸搬运机械的选择

（一）选择机械要注意的问题

应当基于特定的生产力水平和作业现场实际情况选择恰当的装卸运输机械，在满足运力需求的同时确保机械与作业现场的科学协调。若是无法实现上述协调状态则将导致一系列后果。若机械运力低于物流作业量要求，则会导致物流障碍、滞后等问题；若机械运力超出了物流需求则存在运力过剩的问题，导致机械资源的运力闲置影响综合效益（Jahr and Borrmann，2018；Mohsen，2010）。

在分析确定物流现场装卸作业量时，需要综合考虑以下问题：

1. 吞吐量

吞吐量是装卸作业量最基本、最核心的量化依据。对于仓库、车站、码头等作业现场而言，都必须首先考虑其吞吐量才能合理确定装卸作业量。

2. 作业量

现场装卸作业通常并不是一次作业就能完成所有的物流作业过程。一般情况下，物流现场需要具体负责货物的调配、保管、发运等作业，需根据实际情况和作业安排开展必要的搬运、堆码等工作。这就使搬运、堆码作业量成为装卸作业量的决定性影响因素之一，两者存在直观的正相关关系。在具体实践中，以搬运、堆码作业量最小化为目标。

3. 作业的高峰期

物资的动态流动状况将直接影响装卸作业量。当物资流动水平发生变化时，会造成装卸作业量的同步变动，可能出现装卸作业机械设备闲置浪费或过于繁忙等问题。为了确保装卸作业任务的顺利完成，必须保证装卸作业充分的能力，能够有效满足高峰期的装卸作业需求。

（二）选择机械的基本原则

1. 与作业量相匹配

在选择作业机械时，首先要综合考虑作业需要和机械性能，尽可能保证两者的一致性，避免出现机械运力性能低于作业量需要，发生物流不畅；或者因为机械作业性能高于作业量需要，发生设备闲置浪费的问题。若无法保证机械与作业量的科学匹配，则将不同程度影响物流作业的效率和效益水平。

2. 注重投入与产出相匹配

基于特定的作业量设计规划对机械设备的类型、型号、性能进行科学选择，综合考虑成本、费用、管理、效益等因素的相互关系，以性能好、成本低、能耗低、安全环保、稳定可靠等为选择原则，尽可能实现最佳均衡效果。

3. 与作业对象相匹配

若搬运的物资尺寸较大或者重量较大，可使用各类性能更加卓越的大型、重型起重机械。同理，小型机械设备一般适用于单体物资、重量或体积较小的物资。

4. 与作业场所相匹配

对于车站、码头、货栈等货物吞吐量相对较大、较集中的场所，一般倾向于使用运力更加优秀的大型装卸机械。而门式起重机一般适用于专用铁路车站，桥式起重机则适用于库房，叉车等机械设备更适用于其他灵活性的作业场所。

二 装卸搬运合理化

（一）防止装卸的无效作业

无效作业是与有效作业相对立的一个概念，具体含义是装卸作业活动中存在的不必要开展的作业，无效作业可以通过合理的规划减少甚至消除。尽量减少无效作业有利于减少装卸费用从而提高装卸作业的绩效水平。具体可通过以下措施减少无效作业，提高装卸作业效率和效益。

1. 减少装卸次数

物流过程中往往需要对物资进行多次装卸作业。如果能够制订最科学的装卸方案，就能够有效减少装卸作业的次数，提高装卸作业效率并降低装卸成本。

2. 提升物资纯度

物资纯度是指物流对象有用物资所占的比重。若能够尽量减少物资中水分、杂质、无用物资的比例，则间接提升了每次装卸作业的有效物资量，从而提升作业效率并减少无效作业。

3. 选择适宜的包装方式

科学有效的包装能够提升物流装卸的便利性从而提高装卸作业效率，降低无效作业的比重。

（二）设计合理的搬运作业路线

1. 设计原则

（1）以最短的作业路线为目标。

（2）以各类机械设备的畅通、稳定、高效运行为目标。

（3）尽量避免作业线路出现较显著的转向问题。

（4）统筹兼顾确保不同作业线路之间不存在交叉问题，使其运行方向保持一致。

（5）作业现场避免其他作业路线从中穿过造成相互干扰。

2. 设计类型

由图 4-5 可知，常见的搬运路线主要包括以下三种不同类型：

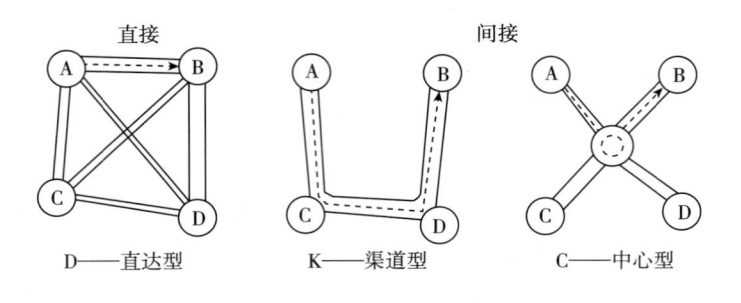

图 4-5 搬运作业路线

（1）直达型。此类搬运路线搬运起点与终点之间的最短距离。对于物流量较大、距离较小的搬运作业而言，直达型路线是最高效、最经济的一种方案。特别是对于部分需求紧迫、性能特殊的物资而言，直达型搬运路线的优势更加显著。

（2）渠道型。此类搬运路线具体将若干不同起点的物料按照特定的次序、通过特定的路线同时运送至同一终点。该类搬运路线适用于物流量中等及以下、距离中等及以上等作业环境。特别是对于一些起点分布零散、缺乏分布规律的多个地点的物资搬运而言更加适宜。

（3）中心型。此类搬运路线具体以某一固定起点为中转中心实现物资从某起点向某终点的运送。该模式比较适用于物流量不大、距离不近的物流现场，特别是对于部分近正方形结构的物流区域而言，此类路线表现出更显著的效率优势和成本优势。

由以上论述可知，物流量大且距离短、物流量小且距离长等不同情形分别适用于直达型、渠道型/中心型等不同的搬运路线。基于物料搬运路线的适用情形，对于部分物流量大、距离长的物流环境而言，不能简单地选择某一搬运路线，而是需要借助距离/物流量指示图这一工具进行研究分析以选择最佳方案。

（三）逐步实现装卸的机械化作业

在装卸作业过程中，机械化水平的提升伴随着机械费用的增加与人工费用的减少。而人工费用在其中所占的比重则取决于生产力条件。这就使不同生产力条件下，机械和人员在装卸作业环节存在某个最佳的配套关系，该最佳关系将随着生产力的发展进步特别是机械设备应用水平的提升而变化。

（四）利用重力实现装卸作业的省力化

尽量避免物资重力对装卸作业的负面干扰。在具体作业过程中，应当选择科学的作业方式，利用物资自重提高作业便利性和降低作业消耗。需要充分发挥机械设备的功能作用，提高装卸搬运作业效率并减少人力劳动，这是装卸省力化的主要目标。

重力式移动货架能够有效利用物资自身重力辅助装卸搬运作业，有效降低工作强度。该设备的主要特征为倾斜的货架层板，令托盘、货箱沿着倾斜的层板自行滑动并达到需要的搬运位置。为了充分发挥此类货架的优势，需要尽可能减小物资与层板之间的摩擦力，保持层板表面的光滑性。必要时可将滚轮安装在货架层板上，由滚动摩擦取代滑动摩擦，进一步减小运动阻力。

（五）提升物资的灵活性

灵活性具体可理解为物资装卸作业过程中各项作业活动的难易性和方便性，是货物堆放、装卸应优先考虑的问题。

基于现有的研究成果与实践经验，可将货物装卸搬运灵活性进行科学分级，得到如图4-6所示的结果。

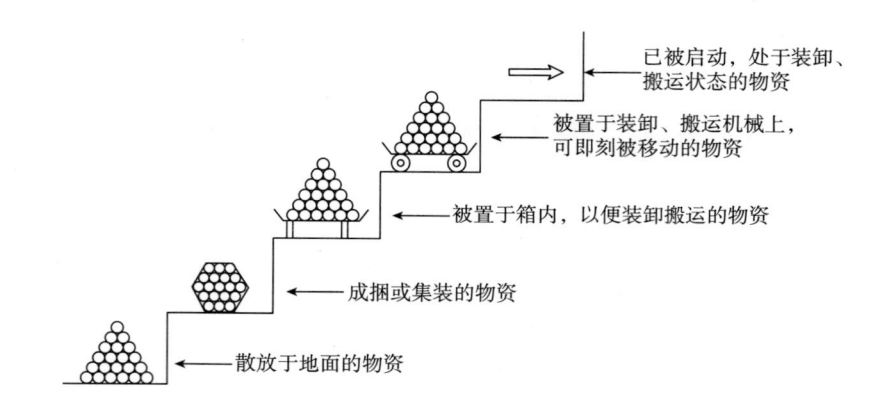

图4-6 装卸搬运活性指数

对于上述分级结果而言，各灵活性级别所对应的含义为：

0级：物资缺乏统一规划、杂乱无序地在地面堆放；

1级：物资经捆扎、装箱处理之后进行堆放；

2级：物资经捆扎、装箱处理之后堆放于衬垫、枕木或箱内，为机械设备的装卸作业创造便利条件；

3级：物资堆放在台车之上，便于起重机的吊运；

4级：物资保持启动待运状态，具备随时装卸、搬运的条件。

从理论层面来看，灵活性越高越有利于装卸搬运作业。但是在具体实践中，需要综合考虑经济效益及可行性问题。对于物资储存环节而言，由于大量物资无法全部存放于车辆、输送带等设备设施之上，因此物资装卸搬运很少选择灵活性级别3和4的方案。而是需要根据某一物资在物流过程不同环节所表现出来的平均灵活性,计算其平均活性指数为依据进行判断。该指数为δ,其取值大小将作为搬运方式调整变化的重要依据。一般可参考以下标准:

(1) δ<0.5,该取值结果表明搬运系统超过一半的要素表现出为0的活性指数,表明大多数物资采取散装的物流形式,需要借助推车、料箱等措施对其进行整理和集中堆存。

(2) 0.5<δ<1.3,该取值结果表明大多数的物资以集装的形式存在,可借助叉车、动力搬运车进行装卸处理。

(3) 1.3<δ<2.3,该取值结果表明大多数物资、作业均表现出良好的活性指数,适宜开展单元化、连续性的装运作业。

(4) δ>2.7,该取值结果表明大多数物资呈现出较高的活性指数,适宜采取拖挂的方式开展搬运作业。

通过活性指数的计算分析可为装卸搬运方式的选择提供科学依据。此外,还可通过活性分析图法对装卸作业的活性情况进行分析判断。该方法的优势在于过程和结果的直观性,便于理解和认知,能够为装卸搬运作业的优化改进提供可靠依据。活性分析图法一般包括三个阶段的研究:一是根据实际情况完成装卸搬运图的绘制工作;二是基于物资搬运作业顺序绘制相应的活性指数曲线并确定对应的活性指数;三是根据活性指数确定装卸搬运作业有待改进的环节并进行改进,最后计算出改进后的活性指数。

(六)探索组合化装卸

物资类型和特性的差异对装卸作业的具体方式提出了不同的要求。为了充分满足不同物资的装卸需求,组合化装卸模式出现并得到了快速发展,能够有效克服传统、单一装卸方式的缺陷和不足,更加便捷、高效、经济地完成装卸作业任务,确保物资的科学流动。

(七)缩短搬运距离

在产品生产过程中,通常需要将各类原料、半成品、产成品跟随生产流水线进行搬运,使其呈现出一定的水平位移特征。在配送过程中,货物在不同中转点进行保管、中转作业时也会根据需要移动其水平位置,这就对搬运作业提出了具体要求。出于经济性的考虑,搬运作业的距离应当以最短为目标，同时需要综合考虑作业场所的平面布局情况与作业管理状况进行协调，确定最佳作业方案。

1. 工厂、物流节点的平面布局对搬运距离的影响

对于统一设计规划的物流节点、理货场等场所，由于其表现出良好的空间设计与布局关系，因此能够有效保证搬运作业效率，有效缩短搬运距离。反之，则会出现作业距离长、工作量大、成本高等问题。

2. 作业组织工作水平对搬运距离的影响

基于特定的平面布局情况，影响搬运作业效率和效益的主要因素就是组织管理能力。如果能够保证搬运作业方案的科学性与合理性，则能尽可能减少搬运作业量，从而提升作业效率和综合效益。

三　集装箱的装卸搬运

由上文论述可知，集装箱这一装卸工具表现出特定的强度与规格，能够满足不同物资的装卸搬运需求，并且能够克服天气状况的不利影响实现全天候的装卸搬运作业。这种优势肯定了集装箱在现代物流体系的重要性，为高效、可靠的物流装卸作业提供了有力保障。

（一）集装箱装卸搬运的注意事项

1. 装卸前的一般注意事项

（1）必须遵守有关规则的规定。

现行的各类作业规定和工作制度是装卸搬运作业的前提条件和重要依据。所有作业活动应以不违背现有规则、规定为基本前提。

（2）集装箱及有关装卸机械应做好充分的准备。

充分准备的内涵是集装箱及其他搬运作业打好扎实的基础，为具体作业创造便利、经济的条件，以此保证装卸搬运作业工作水平和效益水平。重点是要保证工作人员到位且能力可靠，机械设备正常运行。

（3）要固定好集装箱的活动部件和附件。

对于部分活动式的零部件、配件、构件来说，必须进行严格检查并按照作业要求对其进行固定处理，确保在作业过程中不会发生位移、变形等问题，避免安全事故与质量风险发生。

（4）严格执行安全指示。

做好安全教育工作，确保操作人员充分了解安全事项，能够严格执行各项规定，保证作业过程的规范性与安全性。

2. 集装箱着地时的注意事项

在放置集装箱的过程中，必须做好以下几项工作：

（1）放下过程要保持匀速、稳定，避免突然落地导致的猛烈撞击，避免货物遭受过度冲击发生损毁。

（2）避免突然停止下行现象的问题，以免造成冲击损害。

（3）集装箱的箱底应当尽量同时、平稳地与地面接触并摆放。在客观存在倾斜落地情况时则需要做好保护工作，避免因受力不均导致的箱体与货物受损。

（4）集装箱吊装放置的过程应尽量保持较慢的速度，避免箱内货物与箱格、导柱发生碰撞造成损毁。

3. 在对集装箱进行搬运作业时，需要把握以下要点

（1）严禁拖拽集装箱使其滑动。

（2）尽量避免通过滚轮装置令集装箱发生移动。

（3）集装箱吊装、放置的过程中要保持箱体的稳定性，避免出现摇摆问题。

（4）非吊索下方区域不可通过摇动的方式令集装箱的位置发生变化。

（5）严禁将钢丝绳与底角件挂接对集装箱进行拖拽作业。

（二）集装箱装卸搬运方式

1. 吊装方式

通常将起重机械设备安装部署在集装箱专用码头的前沿区域，为集装箱在船舶、码头之间的装卸搬运创造便利条件。

为了确保集装箱吊装作业的顺利开展，通常根据需要配备固定吊具、伸缩吊具等辅助工具提高吊装作业质量。

根据作业现场所用机械设备的类型可将集装箱吊装方式具体细分为多种不同的形式，常见类型包括底盘车、跨车、轮胎式/轨道式龙门起重机。

2. 滚装方式

滚装方式具体通过牵引车、底盘车完成集装箱的装卸作业。也可通过叉车、牵引车将码放于船舱内的集装箱移动至码头。

3. 其他方式

（1）集装箱跨车。此类设备一般为专用的无轴车辆完成集装箱在堆场、码头前沿之间的移动。在搬运作业过程中需要与吊装设备配合，将集装箱逐层堆放在车辆上（堆码高度一般在2—3层）。跨车的优点在于良好的适用性与机动性，能够根据具体的作业量进行调整，但是也存在可靠性差、操作难度大、结构复杂等缺点。

（2）门式起重机。

①轮胎式门式起重机。此类设备一般专门在码头货场对货物进行堆码处理。具备直线行走与垂直转向的能力。其优点在于安全可靠、操作简单与高效灵活，能够高效、快捷地实现集装箱在不同堆场之间的搬运和移动。

②轨道式门式起重机。此类设备属堆场专用机械之一，具备装卸、搬运、堆码等功能作用，通过台车在固定轨道上的移动完成相应的装卸搬运作业。

（3）牵引车和挂车。此类设备具备良好的运输能力，能够实现集装箱在码头、货站与堆场之间的移动，为点对点的集装箱搬运提供了一种科学有效的解决方案。其优点在于能够综合发挥牵引车、挂车的功能和性能优势，快速、便利地完成搬运任务。

根据拖拉方式的差异，挂车具体有双拖挂、全拖挂、半拖挂等不同类型。其中，双拖挂形式由牵引车分别拖挂一辆半挂车与全挂车，能够同时完成两个规格为20英尺的集装箱的运输任务；全拖挂形式则用牵引杆架连接牵引车与挂车，在不影响牵引车独立运货能力的前提下由挂车承载集装箱；半拖挂式则由牵引车承接挂车及部分货物的重量，具有转向灵活、牵引能力强等优点。

（4）集装箱叉车。此类设备属于一类大型叉车，也是集装箱搬运的常用设备之一，能够满足吞吐量相对较小、综合性码头、堆场之间的集装箱搬运需求。该设备能够满足短程运输和集装箱堆码需求，但是对通道的宽度提出了较高要求而缺乏灵活性，同时也会对路面形成较大的压力。

（5）岸边集装箱装卸桥。此类装卸方式具体通过固定于岸边码头的专用起重机实现集装箱在码头和船舶之间的吊装、吊卸。专用起重机的结构相对复杂，能够根据集装箱的装卸需要对部分机构进行调整，必要时配备专用吊具、减摇装置等提高吊装作业效率。

四　其他物品的装卸搬运

（一）散装物品的装卸搬运

对于矿料、砂石、粮食等颗粒性固体物资来说，通常采取传送装卸搬运的作业方法。该方法以传送带等为主要工具，持续不断地将物料在不同的地点之间进行转移。在其他物流运输环节，为了保证此类物资的安全性，避免发生不必要的损耗，一般需要借助其他小型容器对其进行封闭包装，避免出现散落的现象。在集中装卸搬运作业中，有时颗粒性物资会与其他物资同时进行作业，则需要根据具体的作业方式分别采取辅助性、保障性措施，避免发生物料混合影响质量。

（二）大型笨重物品的装卸搬运

对于笨重、长大等类型的货物，在装卸过程中必须通过垫木、绳索等对其进行固定处理，避免装卸搬运过程中发生滑动导致安全事故。若货物的长度大于运输车辆的长度，则需要将坚固的方木垫放于后栏板处，使货物整体呈现出前低后高的状态避免滑落；以卷钢、轧辊为代表的圆柱状货物必须通过凹木、座架等进行加固处理。在运输长度超过车身的物资时，必须做好警示工作，通过日间插红旗、夜间挂红灯等方式提醒过往车辆避免发生意外。

（三）生鲜、冷藏物品的装卸搬运

生鲜、活体等特殊货物在物流运输的过程中必须保留合理的间隙，确保空气的良好流动避免货物受损、死亡等问题。未采取冷链运输的易变质货物则应当在堆放的过程中尽可能减小物品之间的间隔和空隙，降低空气流动，减缓货物损坏速度。其他活体动物的运输则应使用专门的工具进行装载，并保持运输过程的稳定性，降低活体动物受伤、死亡等风险。

（四）危险物品的装卸搬运

根据国家现行的危险品运输管理规定，必须做好相应的防护工作，针对爆炸品、易燃品、易腐蚀品、放射性物质等不同安全防护要求选择科学、安全的装卸搬运作业方案，尽可能降低安全风险。

第四节 现代物流的装卸搬运问题和解决措施

一 货运企业的装卸搬运

根据产品生产过程分析，加工制造所占时间比大约为5%，这就说明，另外95%的时间分别由装卸搬运、存储、运输等环节构成，再来看详细数据，现代物流作业环节有50%是装卸搬运，这一环节成本在总成本中占比为25%。对货运企业来说，物流作业全过程中装卸搬运频次远高于其余物流活动，其作业时间也相对较长，因此提高装卸搬运效率对于提升物流总效率来说非常重要。并且，由于装卸搬运需要得到人力、物力、财力上的全面支持，该环节成本占据总成本的比例较高，使其成为物流总成本的决定性因素，所以强调装卸搬运合理化的目的就是为实现整个物流成本降低。在货运企业的运输业务中，不同环节物流活动的连接点就是装卸搬运，占据了运输费用的25%，因此装卸搬运在生产及流通环节非常重要（李宁、刘铮，2017；Mohsen，2010）。

（一）货运企业装卸搬运中存在的问题

1. 装卸搬运过度依赖人力作业

大部分货场装卸和搬运，基本上都是以传统工人手抱肩扛的形式，主要原因是货场作业空间不大，这种狭窄范围内人通过速度最快，对小型物流企业来说，人工搬运装卸是最优选择。在具体的装车活动中，基本是分配7人同时作业，车厢里有2人，货场上5人，都是以人力来装车、摆放货物。实际装车时，由于货场内搬运的5人要多于车内负责摆放的2人，这种规则经常导致货物在车厢前堆积，一旦堆积到不能作业的状态，只能等待全部摆放完才能继续搬运，这就导致工作时间停顿，效率降低。货物卸车，以叉车与人力结合，也有纯人力处置的，并未将货物自重作为卸车利用元素考虑其中，人力作业压力很大。

2. 装卸搬运无效作业过多

这一概念指的是货物装卸搬运必须劳动以外的多余劳动行为。基本上各个货运公司都有这种情况发生。比如，条形码粘贴、搬运卸货时，主要无效作业现象可分为两个：第一，数字编号条码的粘贴，需要翻动各类货物，如果发货人比较多时，只能将货物全部卸载后堆在货场里，等待财务人员开发票，发货人拿到发票以后才能得到条码，然后全部发票都开完，再次核对具体信息数据，检查各类货品的数量、规格等，是否与条码内容一致，确定后才能将这些条码粘贴到货物包装上。这些货物都是堆积到一起的，财务人员粘贴条码经常要搬动货物，然后再把货物重新堆积摆放。这种装卸搬运就是无效活动之一。第二，因为装车后货物摆放位置并不固定，经常出现各类货物先后配载时，发现先摆放的货物不适合后摆放的要求，只能将车上货物重新卸载，二次装车全过程基本都属于无效装卸搬运行为，不仅效率降低，搬运时间也会增长。

3. 装卸搬运缺乏对重力的合理利用

对于货运企业来说，装卸搬运依靠的作业力量或是人力或是叉车，实际作业时叉车经常不够，搬运工人会将货物放到托盘，等待叉车将货物搬运到货场中。此时，工人只能等待叉车作业完毕，导致工作间断，且货物自重没有得到有效利用，人工反复付出，劳动力消耗非常严重，工作效率很低。实地考察 2 辆 12 米低平板半挂车，比对其装卸搬运作业情况，其中一辆需要滑梯、叉车，工人 5 人，另一辆使用叉车和工人 5 人，经过比对可以看出，发现使用滑梯的工作效率更高，比另一辆至少能提前一小时完成工作任务。所以，我们发现，使用叉车与人力结合的装卸搬运形式，不仅作业时间长，人工负荷大，且搬运工作中断现象经常发生。可是增加滑梯以后，不仅工作强度大大降低，装卸搬运时长也得到控制，对工人来说，工作压力更小，效率更高。

4. 装卸搬运过程存在暴力作业

我们分析货运企业工作状况后，发现存在暴力装卸现象。部分装卸货物属于耐压、耐撞击、质量轻，这些货物装卸搬运时基本以低空坠物方式卸车或以抛掷方式装车。很多运输车都是厢式货车，夏季工作时车厢内温度比较高，还会有粉尘、颗粒等弥散，而公司又很少给工人配备护具，装卸车时车厢内工作量很高，工人情绪得不到照顾，会有对重货进行摔扔的现象，货损也就由此而来。

（二）货运企业装卸搬运的合理化措施

1. 合理使用装卸搬运设备

对货运企业来说，叉车和其各类配件都是重要的成本支出，为了降低成本，经常是在人力作业不能完成装卸货要求时，才启动叉车，但在这种情况下，作业时间还是很长，耗费工人大量精力，成本也会增加。对于企业来说，可通过叉车、托盘数量的增加使机械作业比重有所提升，最终使装卸搬运作业效率得以提高，这有利于降低工人体力劳动量，并有效控制成本。

2. 预防装卸搬运的无效作业

根据当前货运企业运营实际情况分析，企业一般会按货物发送的目的地对货场进行区域设计。当发货人把货物送到企业时，会把货物直接搬运到货场中，但发货人对货物摆放位置比较随意，很少摆放到企业设计的摆放区域，只等待装卸搬运工人上班，再进行统一整理和调整摆放位置，其间造成的搬运也属于无效活动。面对这一问题，企业可在货场地面上做简单标注处理，使发货人可以根据货物的目的地在正确的货场区域内装卸货物，从而减少无效作业行为，可以降低因为随意摆放货物导致的重复搬运工作，有利于搬运工作强度减轻，实现物流作业效率的提升。

3. 合理利用货物自重完成装卸搬运

提倡在装卸搬运时将货物自重作为利用对象，降低卸车时的劳动力消耗。货物重力势能会直接转化成动能，卸车时也能降低因为货物重量导致的问题，有利于提升工作效率，减少工作时长，工人劳动强度能很好地降低。比如，滑梯这项工具就是非常重要的转化装置，能将重力势能直接转化成动能，对货运公司来说，装卸搬运时要将这类工具充分利用起来，如果货物重量较大，直接用滑梯向下输送即可，车厢里工人2人，可将货物放置到滑梯上，再由大货车下面2名工人将货物摆放到托盘上，1名工人操作叉车将货物转移到货场内。这种工作流程效率很高，相比于传统人工搬运方式，至少能节约40—60分钟，物流作业效率可以得到大大提升，也不会因为货物自重造成工人劳动消耗过大。

4. 加强从业人员的教育和培训

由于货运企业员工暴力装卸搬运造成的货物损坏，每年都是企业重要支出，这种情况下即便赔偿，也会让上下游企业对货运企业产生不良印象。要尽量减少这些问题的发生，货运企业要建立起内部培训制度，以定期培训学习的方式，让各部门员工重视货物装卸搬运问题。建议每年至少能做三次培训，定期工作总结，将货损、货差原因找出，并根据客户回访结果，来确定上下游客户对企业服务的意见等，将回访记录交给各部门员工共同分享，由此来调整工作模式。对于明确存在不到位的工作问题进行改进，结合员工特征安排作业流程。比如，有开车技术的员工专门操作叉车，有摆放经验的工人可指挥车厢和货场的摆放，能做到人与物的充分利用。以规范化作业流程来保障货物搬运装卸全过程，这对保护货物完整性来说意义重大，通过奖惩制度的建立，实现各方责任落实到具体岗位，如果有货损则要惩处责任人，对零货损人员给予一定物质和精神上的奖励。打造阶梯式员工工资制度，以"基本工资+提成+工龄工资"的形式，让员工能有积极工作的热情，一方面可以让员工找出适合自己的工作岗位，另一方面能让公司通过合理人事安排实现工作效率提升。再有，货运行业有淡旺季的区分，经常有旺季雇用临时工来协助作业的情况，但要注意避免临时工与普通工间的工作冲突，至少要做到岗前培训，要雇用符合公司运作标准的工人，降低因为不成熟工人导致的工作失误。

二 零售企业的装卸搬运

零售行业经营销售本身存在的问题就在于，仓储、运输环节很难做到精准清晰的规范化运行。与此同时，与零售行业配套的装卸搬运，就要面临其他行业不具备的更大挑战和工作压力。但是，这一问题并未得到重视，零售行业装卸搬运工作受重视程度不高，每次出现问题，商家也只能勉强解决一次问题，对行业整改来说没有任何帮助。通过对抽样数据的分析，装卸搬运成本在零售行业的物流相关费用中，占比达到20%。这一数据足以说明装卸搬运的重要性（李琳娜，2013）。实际上，装卸搬运能否顺利，甚至决定物流各个环节中的进展程度，对各环节质量、速度等都有直接影响。比如，装车不当时，可能导致运输损失；卸货不当时，会导致下行环节运转困难。要保证物流活动质量，必须能实现装卸搬运规范化、科学化，这是实现高质量物流管理的前提。

（一）零售行业装卸搬运环节出现的问题

1. 零售行业装卸搬运机械化、自动化程度不高

现代化装卸搬运应当遵守的原则是高效、安全。具体解释：①高效，指的是物资流转能为企业提供更有效率资金流，能让资金得到全方位解放，投入到更有价值的投资方向；②安全，强调装卸搬运过程应避免因为操作失误导致货损。中国零售商经营对象很多，各类产品种类更是繁杂多元，对装卸搬运的管理和成本控制重视程度有限，装卸搬运更青睐于采用人工操作方式，这主要是因为中国人工成本不高，零售商能通过劳动密集型工作方式，达到降低成本压力的目标，可是从实践结果来看，中国商贸企业、生产制造行业在物流作业方面的货损率基本是2%，相比于国外企业物流实际数据来看，数值上还是过高的。主要是因为装卸搬运机械化、自动化程度不高，人工装卸搬运很难控制货物的损坏、破碎、变形等问题。

2. 零售行业装卸搬运活动欠缺活性

在零售环节，零售商所选择的产品种类会很多，但每种产品数量却并不多，就容易出现商品摆放杂乱无章的问题，地面货物基本处于散堆乱放的状态，装卸前还要做包装，实际操作上只能采用每件分别处理的形式，不可能做到即时装卸，整个装卸搬运活动速度非常慢。

3. 零售行业装卸搬运环节设计不合理

根据零售商运营特征分析，该行业营业网点布局是随着人口及市场分布来设计的，一般都会选择消费者密集区设置销售点，这样虽然能带来较好的营销成果，但在人口密集区，零售商在库存、运输等方面将面临较大的运营压力，这会对装卸搬运环节提出更高的要求。比如，零售商在进货、铺货时，运输车辆需要通过较长距离才能达到运送地点，在时间、里程上都有很大跨度，这使货物到货后的装卸搬运工作难度增大，需通过提前设计和安排才能做到相对规范化，这是尽可能减少装卸次数、无效装卸行为的重要前提。

（二）零售业装卸搬运活动的优化

1. 提高装卸搬运的机械化、自动化程度

以机械作业来代替人工作业，是现代装卸搬运作业的发展趋势。为改进现代物流作业环境，必须通过机械化方式来彻底改变传统的劳动力密集型模式，实现工作效率提升。当然，机械利用程度如何，不仅受到技术因素影响，与物流成本承担能力也有直接关系。对各类机械的合理使用，不仅能实现人力与机械力的充分结合，还能采用简单配合形式，实现工作效率的快速提升。同时我们认为，机械化、自动化应保持适度发展，不应当被过分强调，需要根据零售商自身经济实力来选择。

2. 提升装卸搬运环节的货物活性

对装卸搬运环节而言，活性意味着将货物由静态转变为动态的难度。如果是非常简单就能实现由静态到动态的转化，则无须提前进行过多准备工作，说明装卸搬运货物具有很高活性；反之，转化难度大时，装卸搬运货物活性就很低。要将不同活性进行区分，可通过规划来实现活性目标，提出活性要求。确保每个装卸搬运环节都能符合要求标准，各类货物都能根据自身特质来完成活性标准的设定，即"活性指数"。从理论来看，这一指数高表示装卸搬运难度低，但同样要将零售商仓库布局状况考虑其中，在可控范围内实现货物活性提升。

3. 完善装卸搬运环节的设计

对于现代仓储运输来说，发展方向应当以合理化为目标，装卸搬运特征为附属性，表示其基本是包装、仓储、运输等环节的伴生行为，可通过频次减少的方式降低成本、保证货物安全。实际物流运转时，货损发生节点正在于装卸搬运过程，因为这一环节反复发生，相比于其他活动环节来说，频次很高，过多装卸搬运一定会造成货损发生。根据发生成本可知，单次装卸成本与数十千米运输成本基本是相等的，增加装卸作业必然会造成总物流成本的提升。由此可见，装卸方式不合理，会导致整个物流效率降低，对物流速度有直接影响。

三　铁路运输的装卸搬运

在铁路方面的装卸搬运，涉及各个短程运输活动，有装车、卸车、堆垛、入库、出库、连接等，所谓连接是指连接各项物流活动的短途搬运。这些都是运输、仓储的伴生活动。实际物流运输时，装卸搬运活动持续出现，出现频次很高，不仅花费时间长，而且对物流速度有决定性作用。另外，装卸搬运耗费人力很高，导致其成本也占据了总成本的较大比例。根据统计数据来看，铁路运输在起始点的装卸成本占总运费的20%，500千米是分界点，如果运输距离超出这个数值，在途时间会高于装卸时间；反之，装卸时间高于在途时间。再者，对物流全过程来说，装卸搬运环节是导致货物破损的重要原因，比如，袋装玉米如果有包装袋破损，则会直接导致玉米散失，同样的问题会发生在煤炭、玻璃等货物的装卸搬运过程（闫国礼，2014）。

（一）铁路运输装卸搬运的存在问题

根据实际情况可知，铁路运输在装卸搬运方面的问题，主要是随着运输而来，我们对铁路货物运输各环节分析后，主要有"装、卸、排"三大项。具体来说，"装""卸"是持续发生在运输生产环节中的。由此可见，作为现代铁路物流运输生产的重要环节，装卸搬运工作质量对其有直接影响，是影响铁路运输安全、效率、效益的重要环节。主要问题总结如下：

1. 装卸搬运设施无法满足现代物流的需求

各个分场站机械设备现代化程度低，甚至数十年没有更新，部分缺乏装卸大型集装箱的机械，场站操作依靠大量人力配合才能完成作业目标，不仅工作效率很低，对分场站机械化发展也有严重阻碍。同

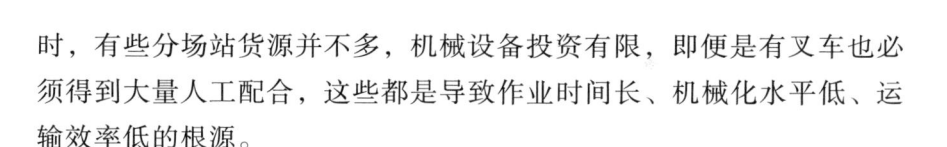

时，有些分场站货源并不多，机械设备投资有限，即便是有叉车也必须得到大量人工配合，这些都是导致作业时间长、机械化水平低、运输效率低的根源。

2. 装卸搬运服务质量无法满足客户需求

一般来说，铁路运输上的装卸搬运，主要服务对象是货主，服务质量优劣对铁路物流服务能力有直接影响，当装卸搬运导致货物破损、遗失、混装现象时，客户必然对铁路物流服务有负面印象。货主面对速度慢、效率低、服务能力差的铁路运输，很容易直接转向新的运输形式。

3. 装卸搬运专业人才缺乏

装卸市场发展水平始终不高，导致专业人才培养难度很大，相关从业人员数量降低的同时，从业者年龄也逐渐趋于老龄化，中青年人才稀缺是造成人员结构老化的重要原因。再者，委托社会劳力人员同样有老龄化的问题，再加上素质提升难、人员固定性差等问题，实际装卸时，委托人员对装卸任务欠缺认知和理解，并不能按照装载质量标准来进行作业，作业效率较低，这是影响铁路运输生产的重要负面因素。

（二）铁路装卸搬运适应现代物流发展对策建议

1. 推行装卸搬运的集装化作业

对铁路装卸机械作业标准化水平提升造成障碍的根源，主要表现在非集装化包装方面，铁路一般运输的是零散、袋装货物，实际装卸搬运时，会根据货物种类、重量、形状、性质等，确定具体运转模式。目前，主要有三种方法对物料进行装卸搬运：①分块处理法，对普通包装物料逐一处理；②散装处理法，针对颗粒状货物，采用非包装模式来处理；③集装化处理法，将集装箱、集装袋等作为运输工具，相互间可组合使用，其优势在于，能减少装卸搬运单位数量，作业效率很高，释放人工压力，而且在搬运特殊物料时也有较高灵活性。但是，通过对铁路运输包装作业问题的分析，我们发现包装设计、流通各环节的系统化包装都欠缺基本的实施标准，客户自身提供的运输包装质量无法满足铁路运输需求。因此，应提倡采用新的物流理念，形成客户联动，推进货物包装标准化流程建设，确保各类集装工具的落地应用，可在路程范围内实现篷布调拨，将路网优势充分发挥出来。

2. 优化配置和使用装卸搬运机械

现代社会客户对装卸搬运的要求已经转变，原有的"少品种、大批量、少批次、长周期"模式已经落伍，客户的要求基本是"多品种、小批量、多批次、短周期"。要做到装卸搬运设备有效协调，这是实现机械作业水平提升的重要方式。要保证装卸搬运设备的组织调运科学合理，需要实现如下三个标准：①固定时间内作业任务量明确后，应按照物流合同中规定的时间、次数、路程等，将作业现场内具体装卸搬运任务量计算出来，通过组织对接可实现对货物详细资料的确定，包括数量、质量、规格、种类、搬运距离等，都是必须详细罗列并进行规划的项目；②分析设备生产率、任务量等数值后，可保证装卸搬运设备所需数量、技术指标等得到确定，再通过分析进度内容，由此编制具体作业规划；③通过对装卸搬运现场操作情况的分析，出具进度规划详细列表，能正确安排劳动力、作业班次等。

3. 提升装卸搬运的信息化水平

近年来，物流领域正在快速普及应用信息化技术，特别是运输、仓储、采购等环节，信息化普及程度较高。铁路物流应加快推进现代物流管理制度落实，确保新技术、新制度能顺利应用到装卸搬运环节。根据铁路货运信息系统发展现状来看，货运信息化成为发展方向，货运信息化管理制度得到很好的推广，该系统对客户服务也有很好的提升效果，信息化平台的落实，有利于装卸搬运作业流程优化，这是实现物流组织效率提升的重要前提。根据客户对装卸服务的要求，通过计算机、通信、机电一体化、语音识别等技术的综合应用，可将人工方式转变为现代化技术为主的智能自动操作。根据计算机网络建设结构来看，装卸搬运相关规章制度、数据项目、动态模式、组织关系、机械装备等都是数据库中的重要内容，是数字化、信息化的重要基础。这是实现资源共享、实时监控的基本前提，对铁路物流组织管理现代化意义重大。

4. 加强装卸搬运从业人员的队伍建设工作

对于铁路装卸搬运发展模式来说，需要实现建设队伍的强化，包括：①将高校专业人才吸纳到装卸搬运行业中；②选送优质管理人员到高等院校中参与培训深造，打造现代化经营理念下的人才群体；③定期邀请物流管理行业人才到公司培训相关人员，有利于提升员工整体素质，通过经验丰富的专家学者，能对实际物流发展有具体的指导作用。

从实际作业过程来看，装卸作业人员培训要实现强化，可以选择全天工作起始节点前后，以现场培训的方式，将标准化操作流程进行全面讲解，通过对装载搬运的标准化作业知识、操作规程、加固方式等内容的说明，让员工认识到相关技术的重要性。以月度为规律，对从业人员进行一次理论考核，有利于提升装卸人员操作技能，强化作业规程和相关标准的执行，这是有利于降低操作随意性、盲目性的重要保证。

第五章

现代物流的仓储管理问题研究

第一节　仓库概述

一　仓库的定义

仓库是指物品存放、保管的外部环境,主要由特定场所、建筑设施等要素构成。对于物流体系而言,仓库的内涵可理解为各类货物进行存放的基础设施,其目的在于通过科学有效的保管活动确保货物数量、状态的稳定性,尽可能降低货物损失风险。其中的货物具体是指商品、工具、生产资料等实物财产(刘常宝,2010)。仓库的具体构成既包含以上要素,同时还包括与之相关的各类配套性设施和作业,例如地坪、搬运装置、照明设备、通风设备等。

二　仓库的分类

仓储是"利用仓库及相关设备进行物品的入库、存储、出库的活动"(GB/T 183—2006)。作为企业物资储存活动的场所,仓库也能够基于不同的分类标准对其类型进行划分,主要有以下几种分类:

(一)基于物资保管条件的差异

1. 普通仓库

主要负责储存无特殊保管要求的物资,属于通用性的仓库。

2. 保温仓库

配备必要的采暖设施、设备,为物资保管提供一种特定温度的储存环境。

3. 恒温恒湿仓库

配备必要的温度、湿度调控设施、设备，根据需要对环境温度、湿度进行调控以满足保管需求。

4. 冷藏仓库

配备所需的制冷设施、设备，形成一种低温环境满足保管需要。

5. 特种仓库

主要针对易燃、易爆、腐蚀性或毒性等危害性物资，配备相应的防范措施尽可能降低其安全风险。

（二）基于建筑类型的差异

1. 平库

多以砖木为建设材料建成平房作为仓库。

2. 楼库

通常将不低于两层的楼房建筑作为库存场所。

3. 筒仓库

将仓库设计建设为储罐类型式，满足液体、散装颗粒等类型物资的储存需求。

4. 高层货架仓库

以高层货架为主要建筑形式的仓储结构。

基于现行的《通用仓库等级》国家标准（GB/T21072—2007），现有的仓库可具体以设施条件、人员素质、功能用途、组织水平等为依据进行科学分类和分级，共得到了5个不同的等级，最低为一星，最高为五星。国内五星级仓库的数量在2018年年底达到了436个，一定程度上反映了我国仓储物流的发展水平。

三 仓库的设备

（一）计量设备

1. 常用计量设备

在物资检验过程中一般会涉及以下计量设备的使用问题：

（1）天平。该计量设备能够满足贵重金属等小范围、高精度的称量需要，其计量单位通常为"克"甚至是"毫克"这一更小的单位。

（2）案秤。包括等臂式、不等臂式等不同类型。前者将秤杆的支点设计在重点与力点的中间位置使两个力臂彼此相等，使秤砣的重量等于货物重量；后者则将秤杆的支点设计在重点、力点中间以外的区域，通常与重点的距离较短，基于短臂、长臂的等重力矩平衡对物资重量进行计量。该计量工具的优点在于结果的相对准确，但是其适用范围相对有限。

（3）台秤。该计量设备属于一类特殊的不等臂式衡器。其短臂与长臂的长度通常选择10、100、1000等整数比值，因此其类型有十比秤、百比秤、千比秤等具体区分。

（4）汽车衡。该计量设备属于一类地下磅秤，其台面安装于道路下方并与路面持平，能够在车辆通过的同时快速、便捷地完成称重处理。

（5）轨道衡。该计量设备属于大型、有轨式地下磅秤。通常安装在轨道上，对通行车辆的总重量进行称量，然后扣除车皮自重得到货物重量结果。

2. 自动计量设备

此类计量设备能够在物资装卸的过程中自动完成数量的计量并显示计量结果。该设备一般悬挂于起重机吊臂、起重货物等部位。在装卸作业过程中，根据作业情况对装卸作业的次数进行统计并结合物资的单位重量与数量对其重量进行自动计算和输出。该设备的优势在于无须专门进行称量，有效减少了工作量，降低作业成本并提高了作业效率。常见设备包括电子秤、液压秤、电子汽车衡。

（二）质量检验设备

专业的理化实验室是物资物理、化学特性试验和分析的场所。在具体工作中，需要根据检验对象的类型、价值、重要性选择相应的检验设备。常用设备主要包括：

（1）显微镜。用于金相组织的观察分析。

（2）试验设备，用于物资材料的力学试验分析。主要包括拉力、压力、弯曲、剪切、扭曲、冲击、硬度、疲劳、蠕变、磨耗等力学性能的试验设备。

（3）无损探伤仪，包括磁性探伤仪、超声波探伤仪，能够在不损害对象结构的前提下获得所需试验结果。

（4）电气仪表，对材料的电压、电流、电阻等电力参数进行试验测定。

（5）化学元素测量仪。以定量色谱分析仪为代表能够测定对象的化学元素组成情况。

（6）其他辅助设备，能够对上述指标之外的理化指标进行测定。

（三）货架设备

在目前的仓储管理中，货架已经成为必不可少的设备工具之一，应用于各个环节。在技术创新的推动下，货架的类型不断丰富，功能也日益完善，能够充分满足不同的应用需求。

1. 通用货架

此类货架能够满足多种不同物资的存放需求，因此表现出良好的应用水平。

（1）层架。作为目前应用范围最大的货架，层架的基本结构为框架、层板，优点在于结构简单、便于作业、广泛适用。

（2）层格架。该类货架以层架为基础，通过隔板对每层货架进行分隔使其成为多个格子，便于存放不同的物资。

（3）抽屉式和柜式货架。上述货架是封闭式货架的典型代表，拥有类似于层格架的结构特征，区别在于用柜门对层格进行封闭。良好的密封性使此类货架成为精密仪器等需要良好保管环境物资的存放管理工具。

（4）重物货架。以上几种类型的货架通常以小体积物资为对象。而对于金属、管材等体积相对较大、相对笨重的物资而言，则可根据具体情况选择以下货架工具：

①"U"形架。货架断面结构呈"U"形，上部开口进行装卸作业。

②栅架。该铁木结构货架属于特殊的上开式货架，根据使用方式分固定式、活动式等不同类型。

③悬臂架。此类货架属于一类边开式货架，包括单面悬臂架、双

面悬臂架等不同类型、前者采取一面靠墙、一面悬臂的安装形式，后者则采取双面悬臂的安装形式，都能满足中型、小型长规格金属材料的储存需求。

除通用货架外，在实际工作中还需要根据具体情况采用部分特殊的货架满足物资储存需求。常见的有轮胎架、钢筒架等，分别用于汽车轮胎、气体钢瓶等物资的储存管理。

2. 新式货架

（1）高层货架。此类货架通常与高层自动化仓库联合使用作为单元化物资的储存工具，具有存储能力大的优点。

（2）活动货架，又叫作移动式货架。具体将移动轮安装于货架底部，根据需要通过人力、电力等进行驱动，实现位置的变动。

（3）调节式货架。此类货架能够根据需要对货架的结构进行调节。根据具体调节部位的差异，可将其细分为单元调节货架、层架调节货架等不同类型。后者能在保留货架原有外形结构的前提下对层距进行调整从而满足不同外形、尺寸货物的储存需求。

（4）装配式货架，也叫作组合式货架，可根据标准配件（如联结板和立柱）和使用需要进行组合形成各种不同规格、用途的货架，用于储存不同的物资。

（5）转动式货架。此类货架的整体外观为圆筒状，由转动轴作为每层货架的转动中心。具体包含轨道、托盘、货架、驱动机构、控制机构等不同的构件。

（四）料棚（货棚）

《物流术语》（GB/T18354—2006）对料棚的定义是：供存储某些物品的简单建筑物，一般没有或者只有部分围墙。

料棚这一物流仓储设施一般设计为半封闭结构，具有建设成本低、施工便利、建设速度快等优势，能够充分满足部分特殊环境对物资临时存放条件的需要。

基于结构、工作方式等特点可对料棚进行科学分类，分类结果如下。

1. 固定式料棚

此类料棚属于半永久性的仓储建筑，一旦建成其立柱、棚顶等主体构件将不可移动，在货物进出的过程中，进出口一般开设在侧部区域。

2. 活动式料棚

此类料棚的最大特征是未建设固定的立柱框架结构，而是由棚顶、围护等结构合围成一个相对封闭的内部空间，并通过滑动或滚动装置对维护结构进行控制调节，使其能按照需要进行移动。在具体应用中，往往需要将若干个料棚进行联合使用，以此扩大其整体规模满足使用需求。在货物装卸搬运的过程中，可打开料棚便于进出，也可借助机械设备完成垂直搬运，整体呈现出灵活、高效的应用特征。

（五）线路和站台

在货物进出仓库的过程中，货场线路、站台等是不可逾越的环节，线路设计水平和站台建设水平将直接影响货物进出库作业的效率水平。

1. 线路

在设计线路时，必须以便捷、可靠为基本原则，尽量避免装卸搬运过程中出现拥堵的问题。常见线路如下：

铁道专用线：是铁路运输网络最核心的环节之一，是铁路系统与仓储系统的连接通道。

汽车线：连接于场站与公路干线，实现了货物向仓库的直达运输，甚至能够直接运输到仓库指定保管位置。

2. 站台

此类设施具体位于线路和仓库之间，是装卸搬运车辆重要的停靠场所，常见形式如下：

高站台：实现站台地面与车辆内底部的垂直高度相同，为人工装卸创造便利条件。

低站台：实现站台地面一定程度低于车辆内底部，能够提高散货卸车的便利性和效率水平。

（六）储存容器

1. 储仓

储仓也叫料仓，其主要功能是作为粮食、矿料、化肥、水泥等颗粒状、粉状及小块状散装物资的刚性存储容器。此类容器具备一定的密封性，能够充分保证物资的完好和质量。

2. 储罐

储罐通常是各类液体、气体物资的存放容器。此类容器具备良好的刚性特征和密封性特征，能够实现物资与外部环境的良好隔绝，因此能够充分保证物料安全，避免发生泄漏、污染等问题。

四　仓库作业的基本流程

对于完整的物流体系而言，仓库作业是最基础、最核心的作业环节，基本作业流程主要由货物的接收→保管→发送等作业环节构成。基于实际作业流程与工作内容，仓库作业主要包括物资接运、装卸、搬运、出入库、管理维护、包装、发运等具体的作业形式，不同作业按照既定内部规律共同构成完整的作业项目，从而构成一种稳定、可靠的仓库作业流程（罗松涛，2013）。如图5-1所示，比较直观地展示了仓库作业的基本内容与环节。

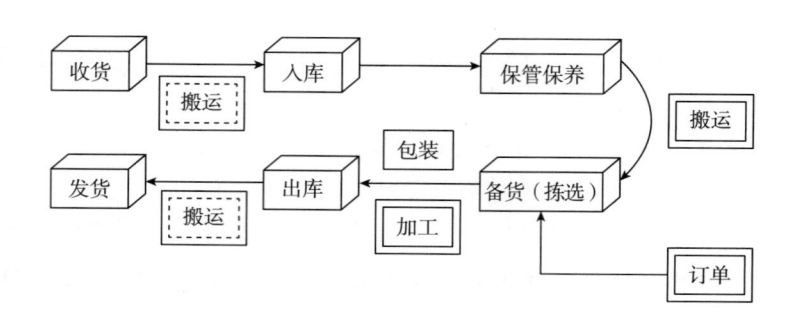

图5-1　仓库作业的流程

在科技创新发展的推动下，仓库作业的机械化、现代化水平不断提升，甚至呈现出自动化、智能化的发展趋势。这一创新发展不仅不断提升仓库作业的管理水平，同时也极大丰富了仓库作业的内涵，实现了更加强大、更加完善的功能，为物流业的科学发展做出了突出贡献。与此同时，物流服务需求的提升对仓库作业管理水平也提出了更高的要求，客观上推动了仓库作业管理模式的创新发展。

五 自建仓库与租赁仓库

（一）自建仓库仓储

1. 优势

（1）自建仓库能够充分保证企业的仓储控制能力。以自身所有权为基础，企业将以货主的形式对仓储开展更加全面、深入、有效的管理和控制，便于将仓储环节与企业其他生产、销售环节进行协调管理，确保产品生产、流通全过程的科学性。

（2）灵活的运营管理。企业能够从自身实际情况出发，根据需要对自建仓库进行建设和调整，以此保证仓储活动的专业化水平，为产品的保管、搬运提供最大限度的保障，这是租赁仓库所不具备的能力。

（3）对于部分长期性的仓储项目，自建仓库的平均运营管理成本相对较低。若是能够充分保证自建仓库的利用水平，则将有效减少仓储成本费用，提升企业的经济效益水平。

2. 缺陷

（1）自建仓库的适用性相对有限。为完成特定容量自建仓库的建设目标，企业需要为建设、管理消耗大量的资金和资源，这将转变为企业的一种长期成本。在完成建设之后自建仓库的容量就已确定，通常不会因为需求的变化而发生变化。这就使企业的实际仓储需求与仓储容量出现了不一致的问题：当自建仓库容量高于企业仓储需求时，必然会导致部分仓储容量处于闲置状态，引发资源浪费和不必要的成本；当自建仓库容量低于企业仓储需求时，则又会导致仓储能力不足的问题，影响企业正常生产经营（宁方华、胡春婷，2018）。除容量以外，自建仓库的位置、结构等要素也存在局限性问题。若企业仅通过自建仓库开展仓储活动，则将缺乏充分的灵活性和适应性，无法及时根据市场规模、市场位置、客户需求偏好的变化进行调整，造成商业机会浪费、错失等后果。

（2）相对较大的投资风险。较高的投资建设成本会对企业造成巨大的资金压力。这种高风险的长期投资活动也会因自建仓库的专业性而缺乏良好的流通变现能力，因此会严重影响企业资金的流动性与充裕性。

（二）租赁仓库仓储

租赁仓库仓储是与自建仓库仓储相对立的一种仓储形式，具体由营业性仓储服务组织为不同企业客户提供仓储服务，满足其物资存储需求。

1. 优势

（1）租赁仓库将免除企业的仓储投资。该仓储模式并不需要企业消耗资金开展仓储设施建设工作和设备采购运维工作，仅需支付远低于建设成本的租金就能满足其物资仓储活动需求，因此能够有效降低企业的投资风险和资金压力。

（2）更加灵活便利，能够满足企业不断变化的仓储需求。受季节性供需变化、销售活动等因素的影响，企业产品的供给和储存将不断变化，在不同时间需要不同的仓储服务。租赁仓库能够有效克服仓库容量的限制和制约，灵活便利地为企业提供所需仓储服务，有效地避免了闲时仓储资源浪费、忙时仓储资源不足的问题，为企业生产经营的高效、稳定提供了有力保障，也为企业成本管理和控制创造了便利条件。

（3）租赁仓储的应用还能够有效降低企业的管理难度。在使用租赁仓库的过程中，企业无须专门设立仓储管理部门和配备专业的管理人员，仅需支付一定租金就能获得租赁仓库服务供应商高水平、高质量的仓储服务，充分保证了仓储管理的科学水平。

（4）有效降低企业仓储管理成本。租赁仓库具备十分突出的规模效益优势，更大的仓储规模不仅能够满足许多客户的仓储服务需求，还能够通过运营管理确保仓储资源的利用水平。相较于自建仓库，租赁仓库的资源利用率优势能够显著降低仓储运营管理的平均成本，进而降低存货单位管理成本。专业的搬运设备和运营管理能够充分保证仓储服务质量，发挥其规模优势降低物资仓储、物流的单位成本。

（5）提高企业经营管理的灵活性。租赁仓库的出现能够有效解决企业自建仓储灵活性不足的问题，不会因市场环境、库存需求的变化发生资源闲置浪费问题，有效减轻了企业经营压力。在市场环境发生变化时，企业可根据实际情况更改租赁仓储的供应方和位置，从而充分保证产品供应效率。

2. 缺陷

（1）企业难以对租赁仓库进行控制。租赁仓储的变动会对企业造成巨大影响，这种变化和不可控性会无形中加大企业的经营风险甚至造成不可估计的损失。

（2）导致企业包装成本的上升。由于租赁仓库需要满足不同企业客户的物资存储服务需求。为了提高资源利用率，租赁仓库通常会将不同的物资存放于同一仓库内，使不同物资之间存在相互影响的可能（季百成，2018）。为了避免上述风险对产品造成不利影响，企业只能通过各种保护性包装对自身物资进行保护从而导致包装成本上升。

第二节 自动化仓库概述

自动化仓库，即自动化立体仓库或高层货架仓库（Automatic Storage & Retriever System，AS/RS）。此类仓库以现代物流技术和生产力条件为形成基础，基于货架—托盘系统和智能化管理系统对单元化的物资进行集中存储管理，部分自动仓库包含人工控制的设施，如巷道起重机。此类仓库的基本构造如图5-2所示。

一 自动化仓库产生的原因

在科技创新、生产力快速发展的过程中，仓库管理水平不断提升，逐渐呈现出自动化、智能化的发展趋势。社会生产的发展对仓库物流管理服务的质量水平提出了更高要求，若是仓库不能随之创新发展，仍然停留在传统的管理模式上，则必然无法满足社会需求，从而影响物流业的健康发展。现代生产关系要求仓库的功能更加丰富，不但需要具有基本的保管功能，还应具备相应的分拣、流通加工、配送

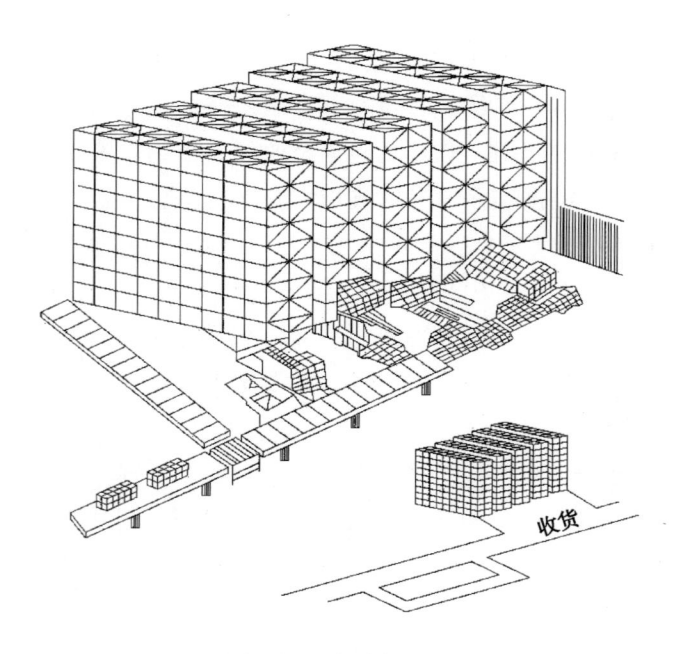

图 5-2　自动化仓库

等功能，充分保证物资流转的效率水平。这一要求加快了新仓库的建设发展速度和改造速度，也使一些相对老旧、难以改造的仓库逐渐退出物流体系，从而实现了仓库系统的新陈代谢，逐渐形成了一种更加高效、更加科学、更加完善的仓库管理体系。

仓库的大规模建设是物流发展的必然需要，也是社会经济发展的客观要求。仓库规模的扩大与数量的增加必然会提高其土地占用水平，从而加大了土地资源短缺的困境。土地资源短缺的现状使土地价格不断攀升，仓库的建设成本也因此不断上升，从而导致物流系统的运营成本不断上升，对物流业形成了巨大压力。若是无法保证仓库的设计建设水平和功能效用，则就无法确保良好的成本控制效果和综合效益，影响了物流的科学发展。因此，立体式仓库成为仓库的重要发展趋势，以此减少平面面积的占用水平，提高空间利用率，从而降低仓库的单位运营管理成本。

在立体式、高层仓库创新发展的过程中，巷道堆垛起重机发挥了重要作用，能够可靠地完成货物在仓库里垂直位置的移动，极大地提升了仓库空间利用率和存储能力（李美霞、李卫东，2010）。机械设备的创新发展与有效运用，将不断提升仓库的储存管理能力和吞吐能力（Atieh et al.，2016），使其成为一个高效、快捷、可靠的货物保管和中转工具，全面提升周转效率并降低单位周转成本，从而降低物流整体成本提高其综合效益。各类新型机械设备的出现和使用将取代人工操作，实现更加突出的作业效率和作业效果。

而基于电子技术、信息技术的现代智能化管理控制系统则为仓库自动化管理奠定了扎实的条件，极大地提升了仓库管理的科学水平，积极推动了仓库自动化、智能化的发展。

二 自动化仓库的特点

一是更小的占地面积和更高的机械化水平，能够有效降低用地成本和人工作业。依托电子计算机管理系统的优势功能以及巷道堆垛起重机的作业优势，自动化仓库表现出更加显著的生产效益，能够以更低的成本实现更高的综合收益。在仓库空间利用率科学提升、单位土地面积存储规模有效扩大的同时，自动化仓库的效益优势将进一步提升，实现了比传统仓库数倍甚至十数倍的综合效益。

二是更加准确、高效的出入库作业，能够极大地提升物流服务效率，提供高效、便捷、可靠的现代物流服务。在发挥电子控制技术与机械设备功能优势的基础上，自动化仓库的作业效率将极大提升，作业准确性也随之增强，从而创造了更加高水平的仓储管理体系，极大地提升了货物在仓库的周转效率。

三是实现了更加科学、高效的仓库管理。基于电子计算机、电子控制技术的自动化仓库将极大提升仓库管理的科学水平和效率水平，摆脱了人工管理效率低下对仓库发展的限制和制约，从而发挥了现代信息技术、电子技术的优势实现了仓库信息的高效管理，在极大提升仓库运营管理水平的同时也为物流决策提供了更加全面、可靠的信息依据，极大地提升了物流系统的整体管理与服务水平。

四是提高物资保管水平。自动化仓库能够科学安排不同类型物资的科学保管策略，同时兼顾了不同物资的保管需求并充分保证了仓库资源的利用水平，极大地提升了货物出入库、仓储管理的质量水平，有效降低了货物损坏风险，提高了仓库运行安全水平。

由以上优势可知，自动化仓库的快速发展将极大提升仓储管理的效率水平与效益水平，能够发挥现代科学技术的优势并提高仓库管理综合水平，从而为物流业的创新发展提供了积极助力。

三 自动化仓库的分类

基于不同的分类标准，自动化仓库能够分成多种不同的类型。

（1）根据建筑形式的差异可分为分离式、整体式等不同类型，其结构特征如图 5-3（a）和图 5-3（b）所示。

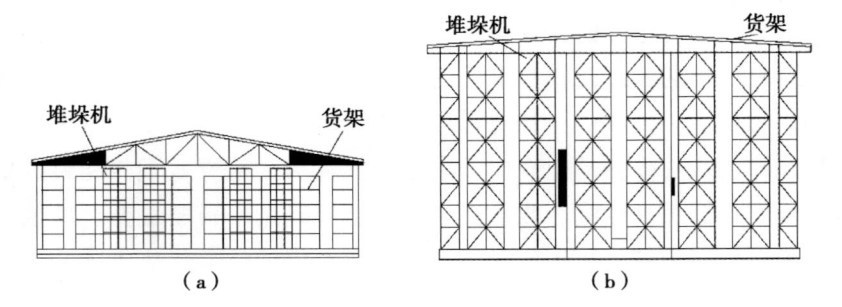

图 5-3 自动化仓库的建筑形式

（2）根据仓库的设计建设高度可分为高层、中层、低层等不同类型的自动化仓库，其设计高度分别为 12 米以上、5—12 米和 5 米以下。

（3）根据仓库的库存规模（容量）可分为小型、中型、大型自动化仓库，其设计托盘数量分别为 2000 个以下、2000—5000 个和 5000 个以上。

（4）根据控制方法的不同可将其细分为手动控制、电子控制等不同类型。

（5）根据货架形式的不同可将自动化仓库细分为固定货架式、重力货架式等不同类型。后者基于物资的重力实现其在货架上的移动装卸作业。

四　自动化仓库的运行

（一）电子计算机控制巷道堆垛机的运行

对于以托盘货架为主要构成的自动化仓库而言，巷道堆垛起重机是货物出入库作业最基本的机械设备。此类起重机设备大部分以智能化的电子计算机系统为控制核心，也有一些自动化仓库是由人工控制，根据实际需要可选择直接控制、间接控制等不同的控制策略。前者具备实时控制的功能，因此表现出更显著的控制效果；后者则通过卡片、键盘等输入工具将物资出入库信息输入计算机系统，由系统控制相关装卸机械设备完成货物存取作业，实现预期管理控制目标。

出入库信息具体分为出库信息与入库信息两大类，主要通过货格地址码进行管理。该地址码的基本信息为巷道序号、货架列数/层数、货格方位等。可通过键盘、读卡器等设备将货格地址码输入到计算机管理系统中。读卡器需要对包含地址码信息的穿孔卡片进行识别和读取。在货格管理中，空格与满格分别表示托盘无货和托盘有货，并分别在空格卡片盒与满格卡片盒中对两类卡片进行集中保管。根据出入库的具体指令由巷道堆垛起重机执行相应的出入库作业，并根据需要对作业状态进行调整确保作业质量。

（二）入库作业过程

1. 码盘

在物资完成入库作业以后，根据管理规定和流程需要完成相应的验收、理货、码盘等具体操作，在确保各项信息科学准确的前提下实现入库物资向单元化物资的科学转变，从而为后续托盘作业奠定良好的工作基础，充分保证其作业质量和效率。

2. 以托盘为工具完成货物由码盘向入库货台的转移

具体的转移方法有以下两种：第一种是通过叉车或者输送机完成货物的自动转移。这里所使用的输送机包含基于独立顺序控制器与基于计算机集中控制系统的两类控制方式的输送机。基于电子计算机控制系统的输送机在操作时首先将"入库"的作业指令输入到控制系统中，然后对应地将一张空格卡片由片盒转移至读卡器中形成货格地址，该货格地址也将作为控制指令的核心内容载体，控制输送机按照既定的路线将货物由托盘转移至入库货台。

3. 托盘上的货物通过巷道堆垛起重机完成叉取作业

当输送机在控制指令的控制下完成货物由托盘向入库货台的转移处理之后，电子计算机系统会接收相应的反馈信息并对信息内容进行检查核实，确认无误之后将控制指令发送给起重机，控制起重机完成相应的处理作业：入库货台中的货物将由起重机进行叉取，起重机的货叉向外延伸叉取货物，待入库货台位置上升后，起重机的货叉带着货物缩回，从而实现货物由入库货台向起重机载货台的转移（周旸，2012），起重机的基本结构及作业流程如图5-4所示。

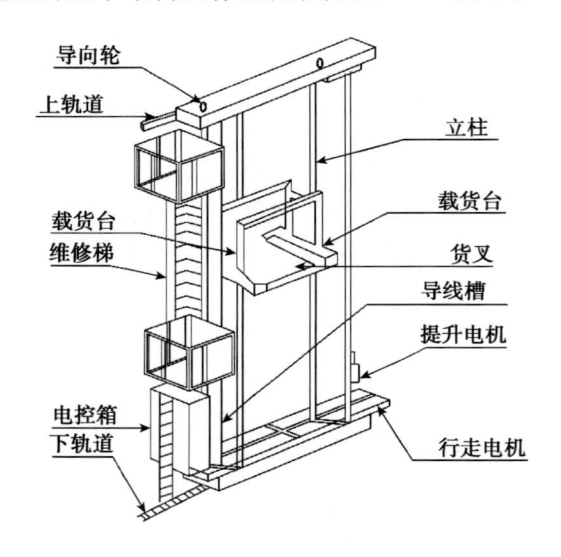

图5-4 巷道堆垛起重机结构及工作原理

4. 在叉取货物之后，起重机将以巷道为运行线路从入库货台位置向指定的货物存放位置运动

在水平运动的过程中，载货台同时在立柱的支撑下进行垂直起升运动，在水平与垂直运动的过程中，起重机将与控制系统反复进行信息的确认，并在信息交互的过程中发挥控制系统的运算功能对运动模式进行调整，确保在指令结束时起重机的货叉能够准确地停靠在货物所要存放的货架位置。

5. 将起重机载货台上的货物转移至仓库货格上

根据货物转移的需要，起重机的货叉将在控制系统的指令下向既定的方向伸出，在接近目标货格时，安装在货叉上的探测装置同时会对货架的使用情况进行探测和确认，在确认货架为空的前提下方进行卸货作业，即在货架上探测到已有货物的情况下，不会继续卸货作业，避免发生碰撞事故影响货物与货架安全。在探测结果不存在货物时，起重机货叉将按照指令向外延伸，同时载货台稍微向下运动，令货物由载货台托盘转移至货架后缩回货叉，从而实现货物由起重机载货台托盘向货架的转移（杨华玲，2018）。

6. 在完成卸货作业之后，起重机将基于特定指令返回初始出发位置，即巷道入库口

这种返回待命的作业形式能够为后续出入库作业创造有利条件，提高后续作业的准确性与效率性。

在具体设计中，仓库入库口、出库口可以分布在不同的区域和位置，允许出、入库口根据需要分布在巷道同一端或者分布两端。如处于同一端，那么起重机在完成入库作业并返回初始位置的过程中还可以同时完成出库货物的出库作业，以此实现更高的作业效率。入库作业的控制流程如图 5-5 所示。

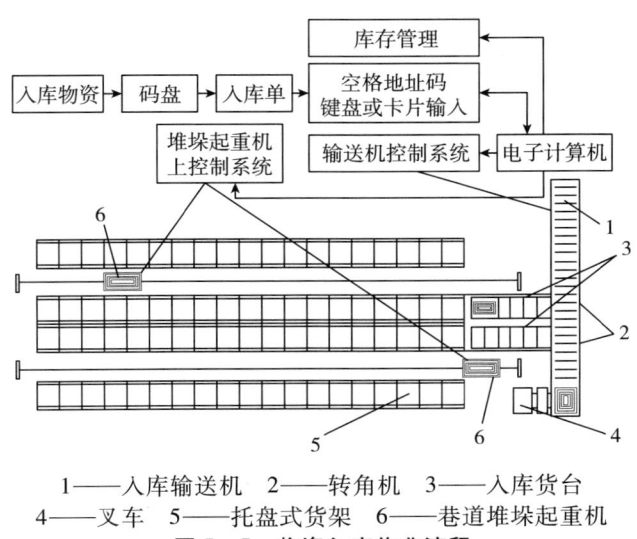

1——入库输送机　2——转角机　3——入库货台
4——叉车　5——托盘式货架　6——巷道堆垛起重机

图 5-5　物资入库作业流程

在自动化作业的过程中，控制系统能够同时实现机械设备的远程控制以及环境参数的采集功能，为自动消防安保系统的运行提供所需的环境数据。

（三）出库作业过程

一般通过同一个智能化控制系统对物资的出入库作业流程进行自动控制，然后根据出库、入库不同的作业流程控制相关机械设备完成具体的作业任务。

第三节 库存管理的内容和方法分析

一 库存的类型

库存是指"储存作为今后按预期的目的使用而处于闲置或非生产状态的物品。广义的库存还包括处于制造加工状态和运输状态的物品"（GB/T18354—2006）。

基于不同的分类标准，库存具体有如下不同的分类结果：

（一）基于不同生产过程的分类

1. 制造库存

制造库存，此类库存为产品生产制造提供所需资源，储备必要物资确保生产流程的连贯性与稳定性。基于物资用途的差异可将库存划分为原料、工具、半成品、产成品等不同类型。

2. 流通库存

流通库存，此类库存旨在为产品生产、消费等活动提供必要支持和物资储备，充分满足生产、消费过程中对相关物资资源的需求。流通库存又可以分成两类：第一，由批发、零售主体所创建的流通库存，即商品库存，能为产品供应、销售提供保障；第二，在码头、车站、港口等物流场所中处于中转运输或者正在运输的物资。

3. 国家储备

国家储备，作为流通储存的一种特殊形式，国家储备这种长期储备的目的在于为国家应对处理各类自然灾害、战争等突发性、意外事件提供必要的物资资源，能够为国家安全与国民经济的稳定运行提供有力保障，以粮食储备、石油储备等为典型代表。

（二）基于库存物资用途的分类

1. 原材料库存

原材料库存，此类库存以产品生产所需的原料物资为管理对象，通过采购、储存等具体活动满足产品生产的需要并保障生产流程的持续运行。具体可分为产品实体库存、非产品实体库存等不同类型，前者是产品的不可缺少构成要素（如产品零部件），后者是生产过程中的辅助支持性要素（如燃料、修理工具等）。

2. 在制品库存

在制品库存，此类库存所针对的对象是位于原材料和产成品之间的、尚未完成生产任务仍不具备销售条件、需要进一步生产加工的过渡型产品。产品生产过程中的时间消耗与间隔是在制品库存存在的前提基础。

3. 产成品库存

产成品库存，此类库存具体以完成生产、具备销售条件的产品为对象，是生产活动的最后一个环节，是装运、发货等活动的基础工作。

4. 维护/维修/作业用品库存

维护/维修/作业用品库存，此类库存具体是对各类以设备维护和维修为使用目的的材料、零部件进行的储存活动，用以保证各类设备的正常运行。

5. 包装物和低值易耗品库存

包装物和低值易耗品库存，此类库存是以非固定资产类的劳动资料为对象开展的储存活动。此类劳动资料通常表现出价值低、损耗大等特点，以各类包装、容器为主要代表。

（三）基于库存目的的分类

1. 周转库存

周转库存，此类库存也叫作经常库存，具体是企业基于正常经营环境，以满足日常需求为目的的库存，能够满足前一批物资运达但后一批物资尚未运达这一阶段的生产经营物资需求。

2. 保险库存

保险库存，此类库存也叫作安全库存，其目的在于应对到货期延误、订货期订单数量增加等风险事项，避免发生缺货问题影响供给质量。科学合理的保险库存能够有效防范和缓冲生产风险导致的产品供给不足问题，积极克服各类风险确保正常经营。

3. 战略库存

战略库存，此类库存是企业出于保障供应链系统运行的稳定性而制订的库存计划，通过维持淡季产能的方式确保供应商的技术水平和产能保持良性发展。虽然战略库存的存在会显著加大企业的库存压力，但是对于供应链的稳定运行是必不可少的，在提升供应链运营管理水平方面发挥出积极有效的作用。

二 库存布局规划

对于仓库这一特定场所而言，其内部区域通常由生产作业区域、辅助作业区域等区域构成。其中，生产作业区域是其核心要素，具体开展物资的储存、检验、装卸等业务，是物流活动直接开展的区域；而辅助作业区域则是提供仓储管理所需的辅助性、支持性活动的场所，表现为生产服务、生活服务及业务管理等方面的设施，确保生产作业活动的顺利开展（Huertas et al., 2007）。

（一）库存布局的规划方法

库存布局规划方法是基于库存物品的特性对其进行明确分类，然后综合考虑不同类型物资的库存管理计划，以及库存设施、设备的配备和使用情况制订相应的储存方案，满足物资储存需求并实现库房资源的科学利用。

1. 基于物资理化特性制订库存规划

根据物资理化特性的差异，可将仓库区域细分为金属区、冷藏区、化工区、危险品区等不同的管理区域实现差异性管理。

2. 基于物资使用方法或所有权制订库存规划

存放于仓库内的物品往往属于不同的所有者。即使对于同一类物品而言，其所有者也有可能不同。因此，需要根据所有权关系制订库存管理规划，为货物配送创造便利条件，提高物流效率。

3. 混合货位规划

上述两种库存规划方法各自表现出不同的优势和不足。因此，在具体应用中，通常需要综合考虑物资理化特性与所有者情况，采取混合货位规划方法对仓库使用规划进行科学分析和确定，实现最佳库存管理效果。该规划方法针对通用型物品与专用型物品等不同物资分别采取基于理化性质和使用方法的分类保管方案。

（二）货位布置方式

1. 垂直式、平行式布置

此类布置方式是最为传统、最为常见的一种仓库货位布置方式。其中又以横列式、纵列式、混合式等方法最为普及。横列式具体以主作业通道为基准，令货位或货架较长的一边与其保持垂直关系进行摆放；纵列式则以主作业通道为基准，令货位或货架较长的一边与其保持平行关系进行摆放，基本结构如图5-6所示；混合式则属于上述两种布置方式的一种综合运用，同时存在货位或货架长边与主作业通道的垂直与平行关系。

2. 倾斜式布置

此类布置方式是与垂直/平行布置方式相对立的一种形式。其特征是货位/货架的长边不与主作业通道形成平行或垂直的位置关系，优点是便于叉车装卸、搬运作业，基本结构如图5-6所示。

3. ABC 动态布置

ABC 动态布置是将物资的收发状态作为布置规划的主要依据。

与其他布局方法相比，该管理方法更加科学高效。其理论依据为：基于任何的复杂经济环境，构成要素均可分为关键少数、一般多数等两种情形。其中，关键少数将成为复杂经济系统的决定性因素，而一般多数则属于相对不重要的因素可排除。这就使关键少数要素成为系统研究和管理的主要对象。而把握关键要素忽略次要要素的管理效果相对更好。基于上述科学理念，ABC 动态布局法能够对复杂的库存管理环境进行科学分析，明确其重点要素并针对性地进行研究分析，获得一种最有利于重点要素的管理方案以实现最佳管理效果。

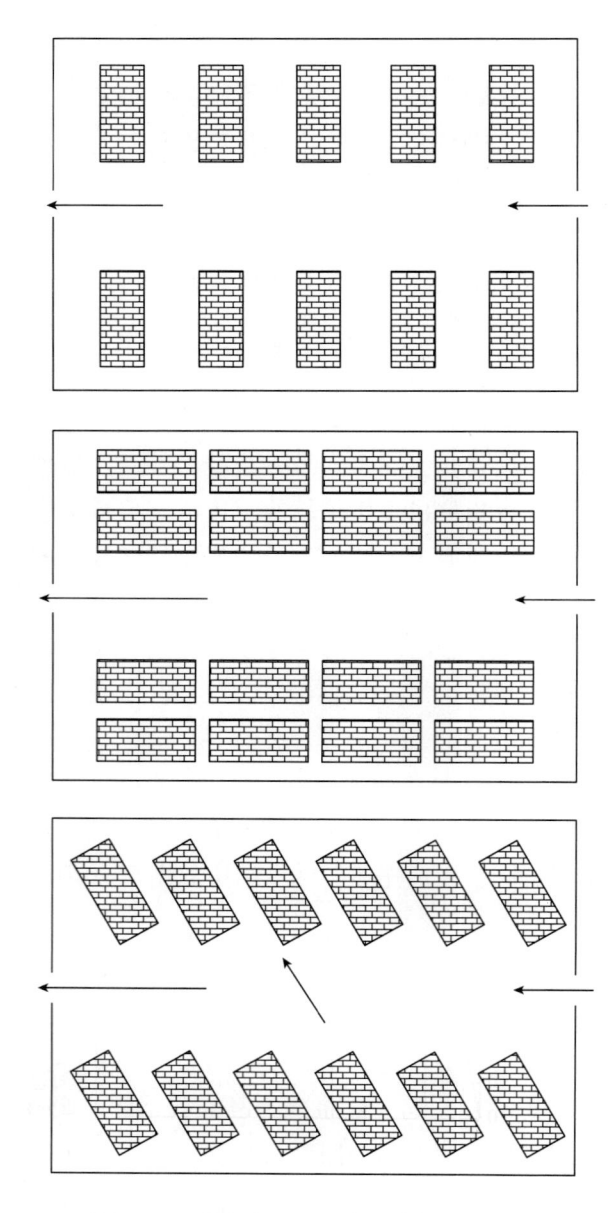

图 5-6 垂直式、平行式、倾斜式的布置

　　基于物资收发状态的布局管理是将物资出入仓库的频繁程度作为分析依据，结合 ABC 法对物资出入库特征进行研究分析，并将所得结果作为库存物资管理的依据制订相应的管理计划以实现最佳管理效果。

上述布局管理方法的具体实现过程为：

（1）数据收集和处理。以特定时间段为研究基础，对物资出入库周转量等数据进行收集把握其动态变化规律。初始数据往往呈现出杂乱无章的特征，为了便于研究分析需要对其进行整理，从而得到一种排序结果，并用统计表进行记录和说明。

（2）ABC 分类表的编制和 ABC 分类图的绘制。需要根据库存商品的具体类型、数量及价格等因素确定其对物流库存管理的重要程度。这种具体特征与性质差异也决定了库存品不同的库存管理成本，而这种管理成本的差异也将成为 ABC 分类法的具体划分依据。在 ABC 分类法中，A 类、B 类、C 类等库存品的年均管理成本在库存总额中的比重分别为 75%—80%、10%—15%、5%—10%，而其品种数在库存品总品种数中所占比重则依次为 15%—20%、20%—25%、60%—65%，具体情况如图 5-7 所示。

在该方法具体实现过程中，主要包含数据收集、统计分析、分析表设计、分类图绘制、管理方法选择确定等具体的工作环节。

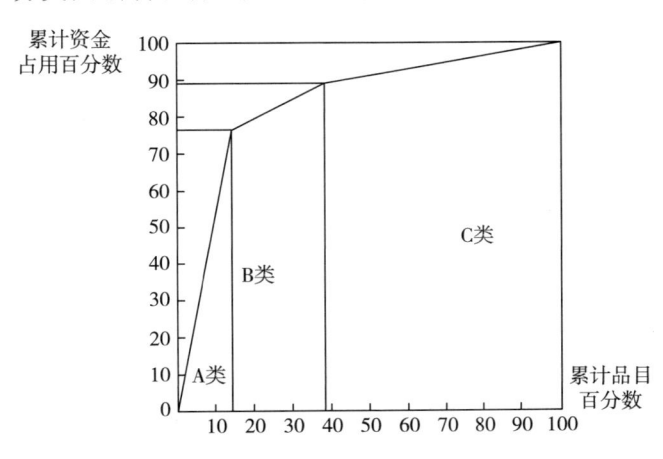

图 5-7　ABC 分类

（3）应用举例。案例说明：若某企业库存商品的类型总数为 3764 种，那么根据 ABC 法的具体标准和原则，可对各类库存品的年度销售情况进行计算分析，然后根据计算结果对其进行排序，由大到小的排序结果详见表 5-1。在该排序结果的基础上，可借助 ABC 分类法进行研究分析，对各类库存商品进行科学划分，从而确定相应的A类、B类和C类库存品，为库存品科学管理方法的制定提供科学准确的依据，从而为库存品提供一种科学有效的管理策略和方法。

表5-1　　　　　　　　　　商品明细

单个商品年销售额（m）	品种数（种）	销售额（元）
m>7	302	5300
6<m≤7	280	4800
5<m≤6	75	600
4<m≤5	64	260
3<m≤4	90	370
2<m≤3	165	400
1<m≤2	355	390
m≤1	2433	680

①确定分类：

a. 首先完成相关数据的收集和整理工作。在本书中，具体以上述例题相关数据为对象开展收集处理工作。

b. 对相关数据进行分析和处理，并对处理结果进行统计得到最终的数据结果，得到以下数据汇总表作为管理策略的制定依据。

表5-2　　　　　　　　　　汇总

单个商品年销售额（m）	品种数（种）	在全部品种中所占比例（%）	品种累计数量（种）	在全部品种中累计数量所占比例（%）	销售额（元）	在销售总额中所占比例（%）	累计销售额（元）	在销售总额中累计销售额所占比例（%）
m>7	302	8.02	302	8.02	5300	41.41	5300	41.41
6<m≤7	280	7.44	582	15.46	4800	37.50	10100	78.91
5<m≤6	75	1.99	657	17.45	600	4.69	10700	83.59
4<m≤5	64	1.70	721	19.16	260	2.03	10960	85.63
3<m≤4	90	2.39	811	21.55	370	2.89	11330	88.52

续表

单个商品年销售额（m）	品种数（种）	在全部品种中所占比例（%）	品种累计数量（种）	在全部品种中累计数量所占比例（%）	销售额（元）	在销售总额中所占比例（%）	累计销售额（元）	在销售总额中累计销售额所占比例（%）
2＜m≤3	165	4.38	976	25.93	400	3.13	11730	91.64
1＜m≤2	355	9.43	1331	35.36	390	3.05	12120	94.69
m≤1	2433	64.64	3764	100.00	680	5.31	12800	100.00

c. 根据 ABC 分类标准，制作 ABC 分类（见表 5-3）。

表 5-3　　　　　　　　ABC 分类

分类	品种数（种）	在全部品种中所占比例（%）	在全部品种中累计数量所占比例（%）	销售额（元）	在销售总额中所占比例（%）	在销售总额中累计销售额所占比例（%）
A	582	15.46	15.46	10100	78.91	78.91
B	394	10.47	25.93	1630	12.73	91.64
C	2788	74.07	100.00	1070	8.36	100.00

d. ABC 分类管理如图 5-8 所示。

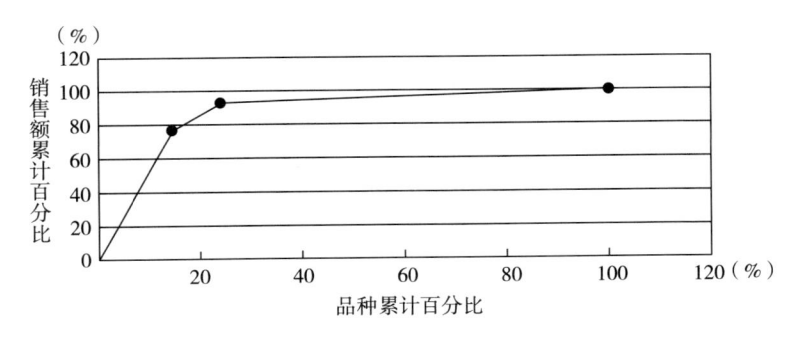

图 5-8　ABC 分类

②确定管理方法。

在本案例中，A 类商品适用于以下科学管理方法：

a. 明确每件商品的具体编号；

b. 基于历史数据对商品需求量进行科学预测；

c. 减小采购规模，在保证需求得到有效满足的基础上尽可能降低库存规模；

d. 与供应商形成良好合作关系，争取供应商的配合实现合理供货，在保证供应稳定的情况下制定灵活反应机制，根据需求变动合理调整供应量，从而降低库存压力实现良好周转；

e. 实现定期盘点与定期订货的科学结合，准确把握存货状况并对订货计划进行调整；

f. 严格落实盘点制度，定期对库存商品的实际存量进行盘点和整理，确保数据的准确性和账实一致；

g. 做好发货管理控制工作，确保交货工作的合理与可靠。

h. 货品放置于易于出入库的位置；

i. 实施货品包装外形标准化，增加出入库单位；

j. A类商品的采购需经高层主管审核。

对B类商品的管理方法是：

a. 兼顾部分季节性显著的物资需求，以定量订货为主要管理工具，结合定期订货形成混合订货管理机制；

b. 每2—3周盘点一次；

c. 中量采购；

d. 采购需经中级主管核准。

对C类商品的管理方法是：

a. 采用复合制或定量订货方式以求节省手续；

b. 大量采购，以便在价格上获得优惠；

c. 简化库存管理手段；

d. 安全库存须较大，以免发生库存短缺；

e. 可交现场保管使用；

f. 每月盘点一次；

g. 采购仅需基础主管核准。

（4）制订仓库布局规划。根据物资在仓库内的出入流向可将物资细分为"I"形、"L"形、"U"形三种不同类型（见图5-9）。然后以 ABC 分析为依据对物资进行分类，将其分别划归到 A 类、B 类、C 类等类别下，然后根据以库房出口、入口等作业区域为中心依次进行摆放以确保最佳收发效率，减少运输工作量，实现更好的经济效益。

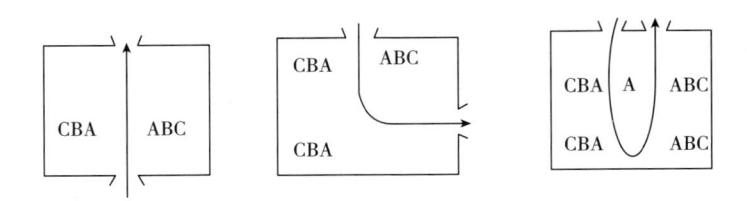

图 5-9 ABC 库存布局

(三) 货位编号

若仓库内的物资存在许多品种、很多数量和频繁地出入库操作，则必须确保仓储管理人员能够准确把握货物存储位置才能确保工作效率。此时就需要对货位进行集中编号，明确库房条件及货物类别，为货物保管区域的查询和定位提供科学依据并充分保证工作效率。

四号定位具体以库房、货架、层数、货位号四项数据为基准，根据特定规律对其进行编号以得到一个完整的编号系统，这将作为库存管理规划的重要依据。该方法能够充分保证实物物资与账面数据的一致性，为货物盘点、账目核查提供可靠依据，从而提升工作质量。对于货场、料棚等库存环境而言，四号定位的基本要素分别为货区号、点号、排号及位号。

三　库存物资的堆码与盘点

(一) 库存物资的堆码方式

根据物资的不同性质与外观，需要选择不同的堆码方式。常用堆码方式具体如下：

1. 重叠式堆码

该堆码方式由低到高、逐件逐层完成物资堆码作业。该方法的优点在于能够保证货垛各层在排列形式上的一致性。

2. 纵横交错式堆码

该堆码方式一般适用于规格一致的狭长物资或包装箱体。具体将相邻堆层的物资进行垂直摆放形成一种纵横交错的堆码结构，以方形跺为典型代表。

3. 仰伏相间式堆码

该堆码方式以仰放、伏放交替的形式逐层完成堆码作业，确保堆垛的稳定与牢固。此外，还可每隔若干层再更换堆放的形式，形成一种堆垛。

4. 衬垫式堆码

该堆码方式将木板等衬垫物放置在每层或者每两层物资中间，实现各层物资的牵连并令货垛横断面更加平整以此提升堆垛的牢固性。该堆码方法在规格齐整的裸体物资堆放中表现出更加显著的优势。

5. 压缝式堆码

此类堆码方式首先把跺底布置成所需的方形或环形结构，然后以脊背为基准进行压缝上码作业。

在具体作业中并非仅限于上述堆码方式。可根据物资特性与实际情况选择通风式等特殊的堆码方式为物资堆码保管创造良好的环境。

此外，一般将"五五"化作为物资堆码的基本原则。该原则以"五"这个数据作为基本的计量单位，在不考虑跺形的情况下将堆垛的数量人为调整至五的整数倍以便于管理。

（二）库存盘点和检查

1. 库存物资的保管损耗

基于自身特殊的性质与特定的外部自然环境，物资在储存保管的过程中会出现重量减少的现象，该现象就是自然损耗。保管损耗则可相应地理解为物资保管过程中，特定时间所发生的合理的自然损耗。该损耗情况通常称作"保管损耗率"。因自身理化性质、外部环境因素导致的物资挥发、风化、潮解、飞散以及装卸过程的合理减重都是保管损耗的构成要素。

2. 库存物资的盘点

盘点能够对物资的库存情况进行把握，为库存管理提供科学可靠的依据，避免库存货物出现积压、短缺等问题。物资盘点能够充分保证库存物资实际存量与账面存量的一致性。

在盘点过程中，主要对物资的规格、数量、质量、保管条件、保管期等指标进行测定，以此判断物资是否安全，是否存在过期、短缺、积压等问题。

以下为比较常用的物资盘点方法：

（1）动态盘点，也叫作永续盘点。具体由保管员根据盘点计划每天对目标物资开展盘点工作。该方法能够及时发现物资库存风险并进行处理，有效提高了物资收发作业的科学性与准确性；

（2）循环盘点，具体从保管物资的性质出发，在划分其重要性程度的基础上根据重要性水平按照从高到低的顺序每月开展盘点工作，根据盘点计划顺序完成不同物资的盘点任务；

（3）定期盘点，通常选择月末、季度末、年中或年末等时间节点开展全面清查工作，全面盘点物资的库存情况；

（4）重点盘点，基于季节性条件或特殊工作要求，在特定时间开展特殊的盘点活动就是重点盘点的工作内容。

3. 库存物资的检查

检查的目的在于检查和评价物资的保管条件、质量变化情况、安保措施的完善性与有效性、消防设备的可靠性与稳定性。

四 库存养护和温湿度控制

（一）库存物资的苫盖和衬垫

1. 库存物资的苫盖

苫盖是放置在物资堆垛上避免物资因雨淋、风雪、阳光而受损的遮挡性物料。

目前比较常用的苫盖物料主要包括芦席、油布、铁皮、油毡等。在进行苫盖作业时，必须保持顶部的平整性，避免雨水积蓄和渗漏危害物资安全；同时要将垫木、石墩等一同包覆于苫盖中，避免雨水渗入。此外，还要保持良好的通风，避免密闭环境下物资腐烂、变质。

活动料棚这一苫盖物料能方便快捷地完成苫盖处理，既便于机械作业又能保持良好的通风效果，因此在实际工作中得到了广泛应用。

2. 库存物资的衬垫

在具体的堆垛工作中，通常需要根据垛形的承载情况、尺寸结构等因素将必要的衬垫物垫放于跺底，发挥其衬垫的作用提高堆垛的整体稳定性与牢固性。此外，衬垫物还能改善堆垛的通风状况，避免物资直接与地面接触，有效降低了物资受潮风险。

常见的衬垫物主要有枕木、砼块、垫板、石墩等。在安装衬垫物时需要尽可能保持其与地面平行，对地坪提供必要的保护措施。若堆垛的基础为露天场地，则需要对地面进行夯实和整理，避免堆垛因地面下沉、变形出现倒塌问题。

（二）库房温度、湿度控制技术

不同理化特性的物资对储存环境的温度、湿度等因素呈现出不同的适用情况和需求情况。若环境温湿度与其适应温湿度不符，则会加大物资发生质量变化的风险。

1. 温度、湿度变化的观测

通常可借助干湿球温度计、电子湿度计、毛发湿度表等工具对环境的温湿度进行测量。

在具体测量工作中，一般需要综合考虑仓库空间大小、物资特性、气候特征等因素选择合适的测量方案，对测量工具的数量、部署计划进行科学分析。一般在每天的上午、下午分别开展一次测量工作并将测量结果的平均值作为观测结果，这将为仓库温湿度调控提供依据。

2. 仓库温度、湿度控制和调节方法

为了维持良好的物资储存环境，一般需根据实际情况对仓库的温度、湿度进行调节。常用的方法如下：

（1）通风。以空气流动规律为依据，制订科学的计划调整空气在仓库内外的交换速度，从而改变仓库内部的温度与湿度。该调节方法相对简单易行，既能够实现良好的调控效果，也有利于加快空气流通，改善仓库空气质量。

（2）吸潮。该方法主要以吸潮剂、吸潮设备为工具对空气所包含的水蒸气进行吸附，从而降低空气湿度，创造良好的储存环境。

（3）密封。该方法具体以密封性物料为工具对目标物资进行覆盖、包裹，将其与外部空气进行隔离从而改善储存环境。

五　库存管理的合理化措施

（一）变静态库存为动态库存

（1）提高管理水平，减少库存时间，提高周转速度。若能够充分保证周转速度，那么将提高企业资金的周转效率，有效避免资金占用和闲置问题，提高资本利用率并降低库存成本，提高货物周转速度将更好地满足企业流动性需求。

（2）将库存管理的科学理念应用于物流系统中，以此提升物流系统的整体管理水平和物流效率，发挥信息技术的优势作用，提高物流管理的科学性与效率性，从而逐步构建起动态物流管理机制，摆脱传统静态管理模式的不利影响。

（3）通过技术改造减弱静态管理模式的不利影响，逐步提升仓库管理的动态能力与科学水平，以此提升仓库管理的整体效益。

（二）实施重点管理

作为内容繁杂的经济活动，库存管理的难度相对较大，其管理水平也将直接影响企业的经营管理水平和效益水平。一个工业企业的物流管理往往涉及上万甚至更多类型商品和物资，这种复杂的管理内容和管理流程将对企业的管理水平提出极高的要求，使不同管理水平的企业在运转效率、经营绩效方面呈现出显著差异。虽然现代信息技术的创新和发展积极推动了管理方式的创新和变革，但是在成本费用等问题的约束和制约下，现代管理方法的实际效果难以得到充分保证，这就使现代管理理念和技术难以真正发挥其优势作用。因此，现代管理技术与重点管理方法的综合运用将成为一种相对科学合理的解决方案。

（三）追求经济规模，适度集中库存

在提高库存管理科学水平和合理水平的有效方案中，适度集中库存方案是优势相对突出的一种解决方案，该方案能够改进小规模、分散库存管理模式的缺陷和不足，构建起一种更加合理和有效的管理机制。

这一管理机制的实现过程需要重点解决以下问题：一是库存、运输等费用过于分散，难以统筹兼顾；二是库存管理不同环节都表现出不同的目标对象，并且缺乏协调的良好基础。集中库存机制的出现，将极大地提升库存管理的协调水平，实现库存规模的合理控制，从而降低库存压力。但是需要避免过度集中问题的发生，避免在库存规模减小的同时出现运输距离变大的问题，从而因运费的增加抵消了集中管理的部分优势甚至出现得不偿失的情形（Xi and Sha，2014）。由此可知，集中管理是一种相对集中，是在综合考虑各项因素影响作用之后得到的一种相对均衡的解决方案。

（四）先进先出，减少库存物资的储存时间

先进先出是现代库存管理的基本理念之一，具体表现为：

（1）贯通式货架系统。该管理模式打通了货架的每一层结构，构建起贯通的货物运动通道，分别将通道两端作为货物的入库口与出库口，然后按照货物入库的先后顺序完成出库作业，有效避免了越位、堵塞等问题的发生。

（2）"双仓法"库存。该管理方法将同一类物资分别保管于两个不同的仓位或者货位。然后在具体出库使用的过程中在两个保管区域轮流开展存取作业，同时规定保管区域内的物资必须取尽方可补充，这将形成货物周转的动态平衡。

（3）计算机存取系统。该管理方式将发挥计算机管理控制系统的功能和性能优势，以既定软件程序的形式、以时间为参数确定货物的输出顺序，然后以此指令为依据控制自动化设备完成对应的库存管理。这一管理模式既极大提升先进先出的实施水平，也能够根据货物周转速度制定科学合理的存放区域，充分保证了货物周转的效率水平，从而实现了更好的综合效益。

（五）提高库存密度和仓容利用率

以立体式仓库为代表的现代库存管理模式能有效降低仓库建设成本并提高空间利用率，从而实现更好的经济效益。常见方法如下：

（1）高垛模式。该模式能够显著提升仓库的高度，既能够减少仓库占地面积，又能够提升单位面积的库存能力。

（2）控制通道宽度。在充分满足机械设备通行宽度要求的前提下，尽可能缩小通道的宽度，能够有效降低空间浪费率，提高仓库的有效库存空间，从而提升仓库综合效益。在具体实践中，优先选择侧叉车、推拉式叉车等设备，发挥其转弯灵活性优势，减少转向宽度，有效缩小通道宽度，提高空间利用率。

（3）控制通道数量。同样在不影响库存管理效率水平的前提下合理减少通道的数量，以此提高仓库有效库存空间。比较有效的方法是密集型货架以及贯通式货架。

（六）引进库存定位系统

库存定位则反映库存物资的具体位置。若能够保证定位结果的科学性与有效性，发挥定位系统的积极作用，则将极大提升物资定位准确性，降低寻找定位的难度，并缩短作业时间，从而能够显著提升库存管理效率和准确性，提升库存管理综合水平。

发挥计算机技术的优势，设计专门的定位系统，将能够充分满足大型仓库管理复杂物品的需求，是现代大型仓库设计建设的基本条件之一。

（七）实施有效的监测清点方式

及时、准确的数量监测与质量评估不仅能够保证库存信息质量，同时也能够为库存管理提供充分有效的依据，从而提高库存管理水平。数据信息不准、账实不一致问题的存在将严重影响库存管理水平，因此必须发挥仓库监测清点机制的积极作用，充分保证数据信息质量，才能有效避免数据不准确导致的不利影响，提高库存管理科学水平。

常见方法具体如下：

（1）"五五"化堆码。该方法在我国手工仓库管理领域得到了广泛应用。具体以"五"为基数开展各项管理活动，即垛形以"五"的倍数的形式存在。在完成所有堆码作业之后，经验丰富的仓储管理人员能通过目测对堆码数进行评估，从而极大地提升了库存盘点效率且提高了准确性。虽然手工管理在仓库管理中所占比重逐渐下降，并被更加科学可靠的计算机管理系统所取代，但是客观存在的临时性管理活动仍然离不开手工管理这一重要方法,而且计算机管理系统的设计、使用和维护也需要专业人员的实施,因此从长远来看,以"五五"化堆码为代表的手工管理模式仍然表现出存在和发展的必要性与重要意义。

(2)光电识别系统。将光电识别装置安装于货架特定位置,通过扫描设备就可快捷、准确地了解货物的各项准确数据,能够方便、快捷、高效地完成库存盘点作业并充分保证盘点结果的准确性与可靠性。

(3)电子计算机监控系统。基于现代电子计算、信息技术和计算机技术的软件监控系统能够极大提升管理工作质量,有效避免人工行为对结果的干扰,从而保证了相关数据信息的准确性。在货物出库、入库过程中,计算机系统将自动对出库、入库信息进行识别和记录,并在管理系统中相应地完成数据处理,能够集中反映库存数据情况,极大地提升数据信息管理效率和质量。

(八)采用现代库存保养技术

该技术理念能够有效降低库存损失风险,提高库存管理的科学性与合理性水平。库存养护能够充分保证库存物资的存放质量,避免其使用价值因库存管理不当而发生损失。在科技创新发展的推动下,库存管理技术水平不断提升,而新产品、新材料的出现也导致库存保养难度不断上升,只有保持积极有效的学习和发展能力才能充分满足库存管理的需要。

第四节 现代物流的仓储管理问题和解决措施

一 化工企业的仓储管理

分析化工企业仓储管理时,应着手控制化学事故发生,这对危险化学品仓储管理非常重要,企业方面应当出台相应管理制度,并要求各部门严格执行(刘平平,2019;Khadidja and Shahin,2016)。

（一）化工企业仓储管理的存在问题

1. 仓储网点选址不合理

对危险化学品来说，其仓储网点在设置时，要符合国家及地方要求，特别是存量高、危险性极大的化学品，必须远离城乡人口日常生活、工作区域，这能确保化学事故发生时造成的损失降到最低。考察国内当前各类化工厂仓储模式，危险化学品的网点选择并不够合理，仓库选址并不能保证完全远离人群。这固然是因为城乡人口数量增加，居住地扩大，很多化工企业不愿到更远的地方寻找新的网点，这使人群与危险化学品的安全距离持续缩短，化学事故发生频次也有明显提高。分析南京某次爆炸事故可知，爆炸点就在城市繁华区周边，居民区、养老院等都受到影响，这就是因为选址不当导致的事故发生案例。

2. 化学品的出库和入库检验存在安全漏洞

仓储管理对象是危险化学品时，日常仓储管理不仅是货品清点、质量检测，更重要的管理环节还有出库、入库，即化学品仓储管理中的衔接工作。考察化工企业对危险化学品的管理方式，出入库过程会存在很多不规范的操作。比如，危险化学品入库时，货品包装检查欠缺，工作人员只会对收货清单进行检验对接，很少会对货品包装实施检验，这极易造成安全隐患。再者，实际装卸搬运时，暴力装卸是导致危险化学品事故发生的重要原因，化工企业对相关问题的管理重视程度不足会造成严重后果。

3. 危险化学品的仓储管理不规范

从中国经济发展情况来看，化工企业对社会发展有着非常重要的推动作用，生产过程会涉及大量化学品的仓储管理，经常能看到化工企业仓储管理不达标的现象，很多化学品并没有实现安全仓储，导致存放危险性很高。中国危险化学品的仓储管理方式很多，包括甲类商业仓储类型、乙类企业自身使用仓储类型等。前者存储的主要是危险性极高的化学品，不仅储量大、品种多，且要根据化学性质来分类管理，这也成为倒逼危险化学品的仓储管理水平需要进一步提升的主要原因。

4. 危险化学品普遍存在违规混合存储现象

日常工作时，由于仓储时间、标准等都有一定要求，危险化学品会有混合存储的情况。但是，这些危险化学品与其他储存物品相比，主要的区别就是灭火方式的差异，必须根据化学品本身特性来采取对应灭火措施。如果将多个种类危险化学品集中在一起储存，则仓储危险系数必然大大增加，事故发生率也会提升。比如，北京曾发生一起爆炸事故，调查具体原因时，发现是因为当时的化工企业在同个仓储网点综合管理柠檬酸、氢氧化钾等液体。而且，仓储管理人员专业知识不足，对出厂的化学品并未做到严格鉴定，对危险性极高的化学液体存放欠缺基本的科学标准，造成浓度、体积超标，这些超量存储的易燃易爆化学品是造成事故的重要原因。由此可见，企业在存储相关化学品时，必须要控制存储量、温湿度，要将潜在危险性降低，这有利于减少事故发生概率。

（二）化工企业仓储管理的应对措施

1. 合理规划和整合危险化学品仓储场地

对于化工企业来说，仓储网点尽可能减少自燃、爆炸等安全事故的出现频率，主要有以下方法：①整理危险化学品仓储场地时，要由专家对化学品成分、物理性质、化学性质、存储事项等详细罗列，仓库内部各类危险化学品储藏条件都要科学规划，能形成集中式、规模化的仓储环境，对管理人员来说，这是实现优质管理的重要前提，能有效控制危险化学品的出库、入库，避免出现破损、泄漏等现象。通过化学特性的划分，将危险化学品进行有效规划，以实现仓储安全合理化、规范化，是实现安全隐患源头上下降的重要方式。②选择适当场所来建立危险化学品仓储网点，对化工企业来说，要避开人群居住密集地、房屋密集地，任何危险化学品仓储网点都要有警示牌，要求人们远离该区域范围，同时管理人员必须实时在岗，能及时对仓储网点出现的问题进行预警，确保周围居民生命财产安全。③对仓储网点管理人员来说，可通过定时排查减少安全隐患，这是实现安全事故有效降低的方式。

2. 制定和落实化工企业危险化学品的出库和入库的操作规范

仓储管理最重要的是管理危险化学品出入库，对管理人员来说，在危险化学品入库时，必须将准备工作做好，对危险化学品出入库要有完整的记录，避免危险化学品入库出现偏差。具体来说，就是要安排好接货人员，并要把各项入库设备准备齐全。例如，杭州某化工集团有专门仓储区卡口设置，针对装载危险化学品车辆的出入进行严格管理，需要由专人完成严格管理和核查。该企业还通过成立巡查小组，实时监督卡口安全以及环保情况。另外，对化工企业来说，危险化学品出库操作必须严格规范，符合基本控制要求，管理人员发货时，其出库操作应当符合出库规章要求。实施准备时，工作人员需要先整理化学品外包装，发放工作时要核对货品单据，做好危险品的对接。

3. 加强危险化学品仓储从业人员安全意识和相关培训

对化工企业而言，仓储中各类产品基本都是危险性极高的化学品，相关仓储活动必须委托专业人士处理，这就要求对仓储管理人员的管理意识进行提高，这关系到从业人员日常的工作方式和工作态度。分析化学事故发生原因，基本都是因为对危险化学品仓储管理认知不到位导致的，工作人员的偏差不仅导致企业严重经济损失，还可能造成严重社会后果。由此可见，危险化学品仓储管理时，应当重视最基本的员工管理，即便是很小的差错也有可能引发严重化学灾难。所以，对化工企业来说，仓储人员的管理意识、知识水平等，都要提升到一定程度，对危险性极高的化学品，更要有严格的安保措施，一旦发生危险苗头，立即启动处理预警方案。这是保护仓储人员安全、社会稳定的重要方式。选择仓储人员时，除了进行必要的专业性考核以外，还要对其责任心、敏感度等进行考察，必须合格才能上岗。如果是搬运人员，要有定期专业教育和培训，能实时提高相关人员的警惕性，根据相关规定来完成具体操作，确保人员和仓储货物安全。

4. 制定并落实相关的仓储管理制度

现代社会经济发展速度越来越快，曾经将经济效益作为根本目标的经营模式已经不再适应行业发展，危险化学品仓储管理制度的发展方向，是科学化、规范化。对于现代化工企业来说，要严格执行国家及地方规定的管理标准，这是实现仓储管理能力稳定提升的基本前提，能实现仓储问题的快速解决。首先，应利用法律来强制执行危险化学品仓储管理标准，因为这些产品危险性极高，管理不当对社会造成的威胁极大，只有强有力的法律监管才能真正约束化工企业。其次，危险化学品仓储管理要得到上级部门和社会第三方专业机构的监督，每个管理环节都应该处于实时监察状态下，这是确保仓储管理隐患快速解决的基本方式。对于化工企业来说，可以通过专业管理人员的设置，实现危险化学品全面管理，采用定期巡查的形式，将异常问题扑灭在萌芽中，并把情况及时报告主管行政机构。

二 农产品电商企业的仓储管理

以 F2B 模式来管理农产品电商平台物资，主要问题在于货源复杂，由此导致仓储管理缺陷非常明显，用户反馈满意度低的问题集中在灵活性差、配送时间不保证等方面，这说明随着市场的发展对农产品电商仓储模式提出更高要求（黄金霞，2020；Dye and Ouyang, 2005；Padmanabhan and Vrat，1995；Teng and Chang，2005）。

（一）农产品电商企业仓储管理的存在问题

1. 入库区货物信息不匹配

当供应商将商品送到仓库时，卸货、码放到托盘上后，需要由仓储管理方进行入库检验，当出现商品订单不存在、错漏，或库存部、采购部间信息不相符等现象时，就会对入库流程作业带来影响，入库作业效率大大降低。

2. 蔬菜存储区存在的问题

（1）新鲜蔬菜异于普通货品，它的保质期很短，易变质腐烂。以夏季高温天气来说，仓库内各类青菜不能及时保鲜存储时，一定会出现大量腐败现象，必须及时报损并处理，避免造成更大浪费。冬季同样要做保温处理，避免新鲜蔬菜出现冻伤、腐烂，比如冬瓜一类的蔬菜，保温措施不到位可能造成空心问题，但外观上不可见，一旦被消费者购买后发现会导致消费者投诉，增加客户投诉率。

（2）生鲜类产品存储模式落后，导致场地占用面积过大。由于很多蔬菜本身不具有特定包装，码放时基本都是堆叠，很容易散乱滚动，而且这些蔬菜不适合高位货架存放，基本都选择地摊来当货位。但随着业务逐渐发展，对蔬菜订单量是持续增加的，仓储摆放模式不合理，就会影响蔬菜存储效果。

（3）保鲜库场地面积不足，无法存放所有需保鲜的蔬菜。部分蔬菜来不及送到保鲜库，存储条件不佳导致腐败、黄叶等，对拣选人员来说工作量增加，后期出库包装进度受到不利影响。

3. 标品存储区存在的问题

（1）干货调料商品较多，不易库存管理。业务量增加推动干货调料采购量的提高，不同商户下单需求要得到基本满足，导致干货区库存压力很大，相关调料商品本身就存在种类多、体积小、销售慢的问题，而且玻璃瓶包装较多，存储不当易碎、泄漏等也是必须考虑的问题。

（2）库位不足。饮料商品销售旺季就是夏季，基本上到7、8月，就会有大宗饮料入库，导致地堆库位非常紧张，爆仓现象时有发生。大量热销商品基本都是储存于高位货架，且基本置于货架二层以上位置，对分拣员来说工作量很大，储存于高位货架的货物必须利用高位叉车才能将货物搬到地面，经过分拣后再将剩余货物重新归置到高位货架上。这一过程严重浪费人力、机械力，分拣进度很慢，有时因为高位叉车数量很少，导致分拣任务根本不能完成，这种情况下分拣效率难以提升。

4. 发运区存在的问题

（1）发运区货位有效空间利用率低。实际分拣作业时，相关人员忙于生产，没有时间去规整货物，只能零散地堆放在发货区各个货位上，既不能及时完成分类，也很难做到有效货位空间利用，造成发货司机只能自己去发运区找货，这就是导致配货准确率低的原因。

（2）分拣人员未进行分拣核货。货物在进行批量分拣时，由于人员专业、经验不足，对大量货物核查时间有限，经常导致配送司机复核装车后，才发现信息系统显示的数量与实际货物数量并不匹配，只能将其作为异常单，重新由仓储端派专人跟进。

（二）农产品电商企业仓储管理的应对措施

1. 规范化入库作业流程

建立供应商送货预约平台。对供应商来说，送货前要跟企业预约，现在多数是网络平台预约，将时间、数量、规格等填写清楚，直接出单，这有利于降低到货时实物不符问题发生的概率。仓库直接就能在系统内查询到相关预约单据，能将接货时间合理安排，并将供应商采购订单内容提前核对。系统同样有提示作用，让仓库能按照收货数量为供应商提供充足托盘进行码货。根据收货数量，管理人员可对库存内零散商品进行重新规整，腾出部分储存区，方便新货上架，有利于入库效率的提升。

2. 优化蔬菜存储区的管理

（1）蔬菜利用笼车存储。一般生鲜蔬菜在存储时，与标品很难保持完全一致，主要是外形独特、包装形状不统一，托盘上很难整齐码放，且堆叠对蔬菜伤害很大。以笼车来存储蔬菜比较理想，使蔬菜通风透气，对菜品有很好的保鲜效果。

（2）地摊货位改善为高位货架，增加库容。原有保鲜库地摊货位，可建成小型高位货架，这是提高内部货位数的重要方式，能保存更多新鲜蔬菜。对于夏季保存蔬菜的仓库来说，应该由仓储人员对蔬菜定时进行洒水，基本上90分钟为间隔，目的是保证蔬菜湿度，可增加覆盖豆包布，减少水分流失。如果条件允许，笼车内增加冰瓶也是很好的降温方式，对保证菜品新鲜非常有效。冬季笼车内可采用纸制品来保持温度，避免蔬菜被冻伤，在蔬菜运输工具四周增加棉被或缠绕保鲜膜都是很好的御寒方法。

3. 优化标品存储区的管理

（1）改进地摊货位存储方式，增加库容量。一般仓库使用高位货架为4层，每个区域规格相同，大多为（2.5×1×10）米的货架，货位可有8个，原地摊货位面积条件下，新增库位6个，确保仓库内存储空间增加。根据这类高位货架结构，干货调料商品区可采用3层，每个区域规格均相同，（2.5×1×3.5）米即可，总共有货位6个，原有2个地摊货位面积可新增4个，实现存储区容积大大增加。货位增加后的移库作业可采用ABC分类法，提高移库作业效率。

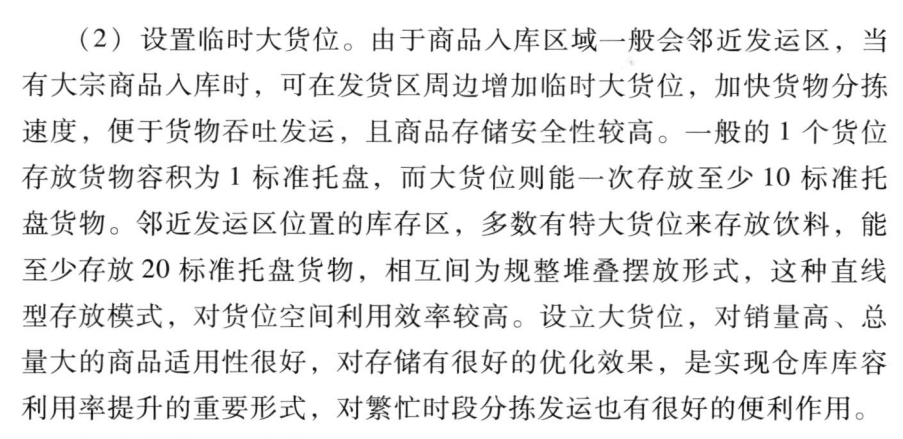

（2）设置临时大货位。由于商品入库区域一般会邻近发运区，当有大宗商品入库时，可在发货区周边增加临时大货位，加快货物分拣速度，便于货物吞吐发运，且商品存储安全性较高。一般的 1 个货位存放货物容积为 1 标准托盘，而大货位则能一次存放至少 10 标准托盘货物。邻近发运区位置的库存区，多数有特大货位来存放饮料，能至少存放 20 标准托盘货物，相互间为规整堆叠摆放形式，这种直线型存放模式，对货位空间利用效率较高。设立大货位，对销量高、总量大的商品适用性很好，对存储有很好的优化效果，是实现仓库库容利用率提升的重要形式，对繁忙时段分拣发运也有很好的便利作用。

4. 优化发运区的管理

（1）改善发运区空间利用方法。由于在发运区存放的都是分拣完毕的商品，与配送司机对接后可直接拉走运出。同个发运区货位商品较多时，摆放难度比较大，既要保证司机拉货方便，又要避免堆叠导致货物散落。培训发运区分拣人员时，要使从业人员根据商品的规格、尺寸来进行码放，装箱商品应采用重叠式摆放，由下到上逐件逐层码放整齐；小件物品可用特制周转筐，能随时拿取避免散乱，这对干货调料、餐厨用品等小件商品都有很好的应用效果。

（2）增设机动区。针对产能高线路发运区货位面积不足问题，这类货物应该得到新的机动区来填补面积空缺，可选用靠近装车的区域作为机动区，这是为司机装车提供便捷的处理办法，能灵活运用库区剩余面积，且不会影响发运区正常运转，对仓库整体运行效率都有很好的提升作用。

三 医药物流企业的仓储管理

医药物流各个环节中，仓储是非常重要的一个，是实现医药企业市场占有率提升的核心环节。传统医药仓储主要依靠经验管理和人工操作，但这已无法满足市场与行业发展所提出的新要求，要实现医药物流企业仓储管理升级改造，必须采取新的解决方案（许智科，2020）。

（一）传统医药物流企业仓储管理的存在问题

1. 医药仓储成本居高不下

关系到医药类产品的仓储，基本都是专用仓库。标准分区、复杂运作流程等因素是导致仓储运营成本居高不下的原因。同时，医药类产品专业性很强，仓储人员必须具有物流和医药双重知识背景的高水平管理人员，这就导致人力成本相较于一般仓库要更高。另外，部分仓储管理不够规范和科学，常因为操作失误、存货混乱，造成货物遗失、过期、发错货等问题，这也会导致仓储成本支出进一步上升。

2. 医药仓储信息化程度较低

医药物流可谓信息化建设积极性最强的领域，目前GSP认证的仓储管理系统（WSM）的普及度已经较高，结合溯源防伪系统、药品电子监管码等，为各个医药企业提供智能化水平较高的仓储物流空间。但是，对部分企业信息系统建设进行考察后，发现其仓储信息系统与相关设施、设备间缺乏互联，很多时候还是利用人工来记录数据，系统库存信息与实际库存信息不匹配问题较为常见，这导致定期盘点工作较为繁重。全自动立体仓是新的物流仓储建设方向，部分技术水平高、资金实力雄厚的企业已经初步建成，但无法有效对接原有信息系统，导致全自动立体仓库无法实现运行成本下降的优势，仓库的利用率不达标，先进的仓库沦为企业对外宣传的形象工程。

3. 医药仓储的药品源头查询尚未实现

医药商品质量安全关系着国民生命安全，对患者来说，更愿意选择口碑好、实力强的大品牌产品，随着人们医药知识的增加，越来越多的市场消费者对医药仓储、物流过程的安全性提出更高要求，仓储及物流运输过程是否符合安全标准，包装规格是否规范，药品生产商是否资质健全，这些都是消费者关注的重点。对药监部门来说，可通过药品电子监管系统对药品生产流通全过程进行跟踪监控，但是当前医药物流企业尚未做到与系统的全面对接，无论是客户还是终端消费者，都很难对药品源头进行自助查询，跟踪监控更是难上加难。

4. 医药仓储规划的柔性较低

早期的医药物流企业仓储规划，更多考虑当前的市场政策和市场需求，缺乏对政策和需求的长远考虑。医药仓储系统是一项长期使用的设施，一旦出现政策和客户需求变化，根据原有规划建设的仓储设备无法及时改造适应新形势，就会造成专用设备的浪费。仓储相关设备与设施的柔性低也是导致仓库可改造空间小的根源。比如，在"分级诊疗＋药品零加成"政策推动下，医药电商发展速度很快，医药销售渠道开始向扁平化方向发展，货物拆零出库方式对客户碎片化的订单有很好的响应作用，可满足不同药物品种的需求。传统医药仓储整箱出库方式被拆零出库方式取代，但已有的医药企业仓储系统对大量拆零要求难以支撑，希望转型但柔性很低，这是当前医药仓储升级面临的主要问题。

5. 医药物流专业人才匮乏

医药仓储属于新兴起的物流产业，是伴随新型物流技术发展而来的现代化仓储模式，需要的人才不仅仅是专业人才，更重要的是复合型人才，能对物流、医药都有很好的知识储备。国内当前配备的仓储管理人员，基本都是物流专业或医药专业的毕业生，两者兼有的综合性管理人才储量很少，这是医药物流行业面对快速发展时，必须解决的主要问题。

(二) 医药物流企业仓储管理的优化措施

1. 重组医药仓储相关业务流程降低成本

以传统业务流程、操作规范来看，新技术物流业务组织功能尚未得到完全释放。对医药仓储物流技术发展来说，通过流程重组，是能很好地降低人工参与度，对仓储资源优化配置意义重大。比如，自动化立体库，设计整件"货到人"拣选方式，有利于人工搬运工作量的大幅降低，作业流程实现快速"瘦身"；RFID 技术是非常有效的货物信息处理系统，能将医药仓储内各类货物进行定位、识别，在出入库移动时能跟踪记录各个停靠点；自动包装技术，对拆零发货量有很好的解决作用，仓储面积大大减少；搬运机器人技术，对不同批次、批号、品种货物有很好的搬运效果，能有效减少药品批号混乱的问题。这些都是典型的现代物流技术，对仓储资源利用率有很好的提升作用，响应订单时间更短，作业效率更好。

2. 实现医药仓储信息化、可视化、自动化、智能化、网络化

打造现代物流系统的目的，就是实现物联网、传感网、互联网综合一体，有利于物流系统决策分析、智能执行能力的快速提升，这是

物流仓储信息化、可视化、自动化、智能化、网络化的基础（Ting，2013）。对于现代医药物流企业来说，仓储信息系统需要对接的项目有自动化立体库、自动分拣系统、智能穿戴、电子监管码、电子标签等，要将各类设备进行无缝连接，这是创造智能管理的基石，能实现出入库、在库、库存等多方综合管理，在药品批号、有效期、溯源、性质监控等方面都有很好的应用。

3. 构建现代物流信息查询平台

现代物流系统建立，可将传统仓储管理与电子监管、防伪查询、货物数据等形成对接，打造一体化标准集成式的系统规范。由此衍生出物流信息查询平台，对用户来说，是可以随时追踪货物的重要工具，不仅能将药品源头信息从供应商、生产商追溯到原材料采购方，还能对运输途中各类标准化情境进行全方位覆盖，对消费者来说，这是增强消费信心的有效方式。

4. 规划高度柔性的医药仓储系统

规划医药物流企业仓储系统，必须考虑的问题就是市场发展动向、行业政策变化等因素，仓储系统应当向着高度柔性进展（Pavel and Burian，2012）。现代物流系统应具备高度柔性，其特征主要是：自主决策、离散控制、去中心化等。比如，仓储流程固定后，要通过协作机器人来对货物进行感应，将其尺寸、形制、重量等作为参考标准，自动改善夹爪力度、深度等，实现多种货物搬运和转移。仓储规模有增加需求时，现代物流模块能适度增加，这就是系统容量的优势。

5. 加强医药物流人才培养

现代物流技术发展速度很快，传统医药物流管理人员不再符合行业需求。对现代医药物流企业来说，可通过与地方高校、技术研发机构、物流咨询等，共同探索行业人才培养的方向。特别是现代物流新技术应用、系统规划等，都是考察新型人才的重要方面，对医药物流企业来说，实时参与高校行业人才培养非常重要，有利于共同培养行业所需复合型人才。

第六章

现代物流的运输管理问题研究

第一节 现代运输的形成与发展

一 现代运输方式的产生和发展

当资本主义处于初级发展阶段时,运输能力难以满足运输需求。为了解决这一问题,西方国家将大量资源投入公路、运河等运输设施的建设工作。自产业革命以来,流通领域商品的数量不断增加,远方市场这一全新的市场模式逐渐取代本地市场成为市场主流,产品生产与交换规模的扩大使产品运输的距离、总量随之增大,对产品运输速度也提出了更高要求,客观上推动了运输技术的创新发展和运输体系的不断完善。1807年,纽约哈德逊河诞生了全球首艘轮船"克莱蒙特号";1825年,首条蒸汽牵引铁路正式出现在英国,设计里程为32千米,连通了斯道克顿与达灵顿承接各类货运业务。随着科学技术的创新发展,运输工具的类型日益丰富,逐渐形成了以水运、陆运为核心的运输体系,为资本主义的快速发展提供了充分的运输保障(徐宪平,2012)。

作为社会生产力的核心构成要素,运输业不仅满足了社会产品流转需求,并且极大地提升了世界各国的物资交互能力,对各国政治、经济产生了巨大影响。整体来看,现代运输业的发展阶段大致如下:

1. 内陆水路运输阶段

原始的交通运输方式以水运、陆运等为主要代表。在古代文献和文学作品中，许多文章语句都对当时的运输方式进行了描述。在现代科技出现以前，基于马匹、船舶的陆运、水运就是最主要、最常见的运输方式。古代运输方式与现代运输存在显著区别，很少追求少而精的运输方式，更加侧重于大规模、集中化的运输方式，规模庞大的马帮驼队成为物资流通运输的主力军，跋山涉水地实现了物资在不同地域的流通。但是从运输能力和运输规模上看，水路运输在古代是运输系统的关键核心。综观华夏文明的农耕时代，物资流通以粮食为主，连通产粮区与京师之间的河渠水道就成为最佳运输工具，并且依托水路运输体系制定了相对完善的水路运输组织策略，在满足物资流通需求方面做出了突出贡献。在具体管理中，古代政府十分注重官方力量与民间力量的综合运用与科学协调，从政策制度的层面出发保证交通运输业的顺利发展，并在朝代更迭的过程中不断传承和发展，逐渐形成了日益科学、日益完善的运输管理机制。

2. 航海运输阶段

作为传统运输方式与现代运输方式的重要构成，水运拥有着漫长的发展历史。在资本主义早期发展阶段（18—19世纪），水运是最重要的物资运输方式，也使当时大多数工厂在选址建设时选择通航水道沿线。同时，由于海运技术的发展，第一次工业革命时资本主义国家的工业品主要通过海运的方式倾销到全球的殖民地以及缺乏工业基础的落后地区，其生产所需的原材料则通过海运到达工业发达国家。

3. 铁路运输阶段

自铁路运输方式诞生以来（19世纪初），其高效、快捷的运输优势得到了世界各国的普遍认可。铁路建设成为工业发达国家的重要工作。发展到现代，铁路运输已经发展成为最重要的货运方式，在物流系统中占据着重要地位。

4. 新型运输的发展阶段

自20世纪30年代以来，运输模式进一步创新发展，逐渐出现了公路运输、航空运输、管道运输等新型运输方式，在极大丰富运输方式的同时也极大提升了运输能力，成为现代运输体系必不可少的构成要素。

5. 综合运输阶段

20世纪50年代，综合运输理念出现并得到了快速发展。该运输理念的核心内容是对现有的铁路、公路、水运、航空运输、管道运输等运输方式进行科学规划和协调统一，使其成为一种高度关联、有效衔接、科学均衡的运输体系，实现最佳运输效果。

同时作为综合运输阶段的重要标志，集装箱运输这一新型运输模式于20世纪50年代中期出现并迅速发展，在海运、陆运等领域发挥了重要作用。20世纪80年代以来，集装箱运输进入了高速发展时期，并逐渐进入公路运输、铁路运输、水路运输、航空运输等不同领域，逐渐发展成为一种全球性、系统性的集装箱运输体系，在提升运输能力方面做出了巨大贡献。

二 运输的基本要素

（一）基础设施

运输线路和节点是交通运输设施的基本构成。

1. 运输线路

作为货物位置发生定向移动的通行渠道，运输线路将为运输工具的运动提供必要条件，是运输的前提基础，也是运输系统的核心构成要素之一。对于现代运输网络而言，其运输线路具体表现为铁路、公路、管道、航线等具体形式。前两项是陆运的核心内容，后两项则分别是管道运输、航空运输的存在基础。运输线路不仅连通了物流运输的起点和终点，同时也为运输工具的使用提供必要的环境条件，是各类运输工具运行的基础。这就使运输线路成为运输网络最重要的框架和骨干。

2. 运输节点

运输节点主要表现为不同类型运输方式的联结和中转枢纽，同时承担着重要的物资补给、货物集散、业务管理等职能作用。与此同时，运输节点也是物流节点的一种特殊表现和发展形势，其功能以物资中转服务为主。常见形式包括公路、铁路、水路及航空运输网络中的货运站、停车场、中间站、区段站、编组站、码头、港口、航空港、管道站等场所及设施。通常情况下,运输节点以货物的中转调度为主要职能,因此此类节点往往不会出现货物的长时间停滞现象,而是表现出快速通过的特征。

(二)运输工具

运输工具是指借助特定的设备、装置,基于特定的线路实现目标对象空间位置变化的工具,既包含各类具体的运输设备和工具,也包含了与运输作业有关的各项管理活动与工作方法。根据运输工具在具体运输活动中所表现出来的独立程度差异,可对其类型进行划分,具体包括:

(1)仅作为动力装置不承担承载功能的工具,以各类机车、牵引设备、拖拽设备等为主。

(2)仅作为承载工具不具备动力功能的工具,以各类挂车、车厢、驳船等为典型代表。

(3)同时具备动力功能和承载功能的工具,以各类整体式轮船、运货汽车、运载飞机为主要表现。

与其他运输形式相比,管道运输的特殊性表现出运输线路和运输工具的一体化以及动力、承载等设备的特殊组合形式。对于管道运输而言,动力设备一般为加压站或加热站,需要根据整体设计建设于固定的位置,无法自行实现自由移动,也无法脱离管道线路而独立存在和发挥功能作用,因此只能将其视为运输工具的构成要素之一。

(三)运输参与者

运输行业的各类从业人员是运输活动的实施主体,而各类货物则是运输活动的具体对象。货主/物主则是货物的所有人。只有物主、运输主体的共同参与才将为运输活动的形成提供前提条件。

1. 物主

即物流运输关系中的货物所有人,通常表现为收货人或委托人的身份。但是具体实践中两者并非完全统一,视具体情况判断。对于物主而言,无论其身份是否统一,其最根本的目的都是相同的,就是在预计的时间以最低的成本损耗、最便捷的服务和管理实现货物在指定地点之间的移动。

2. 承运人

即运输任务的实际完成者。按照运输合同的相关规定履行其货物运输义务的行为主体。在现代运输体系中，承运人的身份也十分多样化，各类货运公司、物流公司、仓储公司、个体从业人员等主体均存在成为承运人的条件和可能。在具体的运输事务中，承运人根据委托人的委托，综合考虑自身资源并发挥经营优势，对运输活动进行科学组织和安排，在自身成本费用最小的前提下按照规定的时间和质量完成货物运输业务，从而满足自身发展的效益需求和委托人的运输需求。

3. 货运代理人

此类主体属于一种特殊的中介主体，其作用是接受客户的委托，在现有的资源中寻找最合适的运输方案，通过自身高水平的代理服务满足委托人的运输需求并从中获得代理费用作为自身收益。代理人并非承运人，其主要功能作用是对分散、小批量的运输需求进行科学匹配，通过大批量集中运输的方式降低每位客户的运输成本，并提高物流运输效率水平，在货物完成运输到达客户指定地点之后再进行拆分处理，分别运输至目的地完成运输任务。该主体能够极大提升运输资源利用率，并且发挥集中运输的优势降低单位成本，从而提高委托人的综合效益并满足自身利益需求。

4. 运输经纪人

此类中间服务主体具体为委托人、承运人、收货人提供所需的各类服务，发挥其资源协调功能优势和专业管理优势，充分保证货物运输各个环节的质量水平和效益水平，尽量减少不必要的成本费用项目。运输经纪人自身也不是实际服务提供者。

三 运输的特征

（一）以流通过程为实现基础

运输的功能在于连通生产与流通过程，实现产品的持续流转。当工业、农业产品进入流通领域时就表明生产过程的结束，后续的社会化生产活动则属于流通领域的活动并以运输为主要内容，由经济部门取代生产部门成为新的经营主体。运输业的物资流通运输能力不仅能够完成市场交易活动，同时也能够为生产部门提供必要的物资，确保持续的产品生产从而实现其持续经营。可以说，运输业是生产领域与流通领域的重要构成要素，能够为资源周转和利用提供重要保障。

（二）以多种运输方式综合运用为实现手段

不同的运输方式呈现出各自不同的技术特性，使其运输质量、运输能力、运输效率、运输成本等方面呈现出显著差异。这就为委托人提供了丰富的选择，能够根据其实际情况和服务需求选择最适合自己的运输模式，必要时可采取联合运输的方式，实现最佳综合效益。

（三）运输不涉及新实物产品的生产活动

运输仅仅是对目标对象空间位置的改变，不会影响其固有的属性及形态。虽然运输是社会产品生产的重要环节之一，但是其具体业务不会增加社会产品总量，而是依托目标对象创造附加价值，如物流的空间价值。

（四）特殊的计量基础和方法

在对运输价值进行计算时，一般以运输量、运输距离为计算基础。仅仅计量其中一种要素无法正确反映运输工作量。而运输能力、运输费用将成为运量的决定性因素。

（五）经营方式存在实际运输和利用运输两种形式

实际运输是具体的运输形式，基于相应的运输工具、路线及方法具体实现物品空间位置的变化。而利用运输则并不开展具体的运输活动，而是以委托的形式将运输任务由实际运输主体完成，以各类代理人为主要代表。

（六）庞杂的运输对象

交通运输以各类货物为业务对象。与其他生产部门的产品相比，运输货物呈现出品种多、性质复杂等特征。在货物运输过程中，大多数货物的所有权并不发生变化，也不属于运输部门，运输部门也不具备选择、支配的权利。也就是说，运输部门并不能掌控劳动对象，而货物又作为运输部门的服务对象，这种双重属性使运输业将面对更加复杂的管理环境。

（七）运输服务业竞争激烈

运输业形成了充分的内部和外部竞争。这种竞争关系同时存在于同一运输体系内和不同的运输体系之间。整体来看，不同运输方式呈现出各自不同的优势和劣势，能够分别满足不同的运输服务需求，因此各自形成了相对稳定的生存与发展基础。客户资源的稀缺性和有限性成为运输业广泛竞争的根源所在。

第二节 现代运输方式的分类

经过长时间的发展，现代运输体系日益完善，逐渐形成了以铁路运输、公路运输、水路运输、航空运输、管道运输等为构成要素的运输系统。各类运输方式的具体内涵如下：

一 铁路运输

此类运输形式以铁路为运行基础，综合运用牵引设备和承载设备完成旅客、货物的运输作业，实现人、物空间位置的变动。

（一）铁路运输的设施和工具

为了保证铁路运输生产的顺利开展，必须配备相应的设施和技术手段。运输设备具体包含固定设备、活动设备两大类。前者以线路、站点、通信设备、检修设备、供电与给水设备为主要代表；后者则以各类铁路列车为主要代表。

1. 车站

在铁路运输系统中，车站是最重要的业务办理节点和组织管理节点，根据运输需要制订列车运行、运输计划并进行协调管理，确保运行计划顺利实现。根据业务性质的差异，车站具体有客运站、货运站、混合站、中间站、区段站、编组站等不同形式。

2. 线路

铁路列车的运行需要特殊的轨道线路，此类设施主要包括轨道、路基、桥隧等构成要素。

3. 机车

机车是为车辆运行提供牵引力或推送力的设备。该设备本身并不具备承载能力，需要与运载工具配合完成运输任务。典型代表设备包括蒸汽机车、内燃机车、电力机车等基于不同动力技术的机车。

4. 货车

对于铁路运输系统而言，货车是最基本的运载工具，主要包括敞车、棚车、平车、罐车、保温车等不同类型。

（二）铁路运输的组织方式

1. 整车运输

以一个车厢为运输单位的铁路运输组织方式就是整车运输。在具体作业中，需要以物资属性、数量等为依据确定恰当的整车运输计划以实现不同的运输目标。

2. 集装箱运输

以专用列车对集装箱进行载运的形式就是集装箱运输。该运输方式的优势在于运量大、速度快，并且能够根据需要同其他运输方式组成联运系统，实现更好的作业结果。

3. 零担运输

此类运输也叫小件货物运输，多用于解决运量少无法采取整车运输的问题。相较于整车运输，零担运输要付出更高的运输成本费用。

4. 混装运输

在小件货物运输领域，混装运输是比较常见的一种运输方式。该运输方式通过同一个货车完成若干目的地相同小件物资的集中装运。一个包含多类不同物资的集装箱也属于混装运输形式。

（三）铁路运输的特点

1. 技术特点

（1）运输速度较高。在目前的铁路运输系统中，不同类型的列车表现出不同的运行速度，从而能够实现不同的货物运送速度。大多数情况下，常规铁路列车的运行速度保持在60—80千米/小时，个别常规铁路列车的运行速度能够达到140—160千米/小时的水平，而高速铁路的运行速度则能保持在210—300千米/小时的水平。以沪宁城际、武广高铁为代表的部分高速铁路的运行速度甚至能够达到350千米/小时的程度。而我国现有的高铁最高运行速度为486.1千米/小时（运营实验数据），打破了全球铁路运营实验纪录。而铁路运行速度往往与技术水平、能耗水平正相关，因此片面追求运行速度并不能实现最佳经济效益，应综合考虑多项因素确定最佳运行速度。

（2）运输能力较大。作为一种最普及的运输方式，铁路运输能够满足大宗货物大批量的运输需求。具体可通过列车运力、运行批次等因素对铁路运力进行计算。与单线铁路相比，复线铁路因通行的列车更多表现出更高的运输能力。

（3）运输适应性强。在现代科学技术的支持下，铁路系统的应用范围不断扩大，能够在多种不同的环境中建设和运行，有效克服气候条件、地理条件的限制和制约，构建起更庞大的铁路运输网络，实现全天候、不间断的运输。与其他运输方式相比，铁路运输的优势在于可靠性与连续性，能够满足不同体积、不同重量、不同距离货物的双向运输需求。

（4）运输安全系数高。科技的创新与应用不仅极大提升了铁路运输能力，同时也不断提升了运输安全性。特别是在电子计算机、自动控制等技术出现之后，铁路运输的自动化水平和管理效率得到了显著提升，在降低事故风险方面发挥了积极有效的作用。相较于其他运输方式，同等运输量的铁路运输呈现出最低的安全风险。

（5）对环境造成的污染较少。随着社会经济的快速发展造成了严重的环境问题，破坏了人类社会与自然环境的平衡性。特别是以传统公路运输为代表的运输业，更是造成了严重的环境污染。相较而言，铁路运输的环境危害性相对较低，以电气化铁路为代表的新型铁路运输方式更是表现出更为显著的环保优势（Bauer et al., 2010）。

2. 经济特点

（1）运输能耗较小。从摩擦阻力来看，铁路列车车轮与铁轨的摩擦力要显著低于汽车与公路地面的摩擦力。基于同样的输出功率，铁路机车的牵引能力也显著高于汽车，这就使铁路运输的单位运量表现出更低的能耗水平，具有更显著的经济效益优势。

（2）运输成本较低。虽然铁路的建设成本相对较高且固定资产折旧费在运行成本中的比重相对较大，但综合考虑运输距离、运量等因素，铁路运输的成本则较低。通常情况下，铁路运输单位成本与运输距离、运量负相关，运输成本随着距离与运量的增加逐渐下降。铁路运输的单位运输成本要显著低于公路运输、航空运输，在部分情形甚至比内河水运的单位成本还要低。

（四）铁路运输的缺点

（1）建设成本高，资金压力大。单线与复线铁路的造价分别达到了 100 万—300 万元/千米和 400 万—500 万元/千米。

（2）较长的建设周期和投资回收期。通常情况下，铁路干线的建设时间要长达 5—10 年，并且在建设过程中需要协调许多矛盾冲突。在人口密集、土地资源短缺的区域，建设成本将更高且建设时间将更长。

上述发展特征决定了铁路运输一般用于满足大运量、短时间、中长距离的运输需求，能够充分保证运输效率和货物质量。运量需求较大的地区间更适合铁路运输模式的发展。

二 公路运输

在现代运输体系中，公路运输是较为重要的运输方式。

（一）公路运输的设施和工具

1. 公路及其分级制度

（1）高速公路。属于公路的一种特殊类型，专门用于汽车车辆的快速通行。该专用汽车通道主要包括分隔带、车道、出入口、立体交叉通道等要素，具体分为城市快速路、城际高速公路等类型。

（2）一级公路。通常用于连接政治中心、经济中心等重要城市的城际公路，基于特定的出入控制策略与立体交叉策略实行车辆分道行驶。

（3）二级公路。此类干线公路主要用于政治中心、经济中心或规模型工矿区域的城际公路，承担着繁忙的公路交通运输职责。

（4）三级公路。主要作为县级及以上规模城市的交通纽带。

（5）四级公路。该支线公路主要作为县以下行政区域（如乡镇、乡村）的运输通道。

2. 公路运输车辆的技术性能及其类型

（1）技术特征。

①技术性能是汽车质量及公路运输效率的主要评价指标。该指标体现了特定使用条件下车辆的环境适应情况和运输能力，主要包括容载量、速度、安全性、重量、费用以及利用系数等具体指标，利用系数体现了汽车有效载重量与自身重量的比值。②其他特殊性能。车厢、车台平板等是一般型载重汽车的物资承载工具。对于特殊的物资运输需求，需要对汽车结构进行特殊设计，从而获得具备不同装载容器的特殊汽车。

（2）常见运输车辆类型。

①集装箱运输汽车。此类汽车专门开展集装箱的运输作业。需要根据集装箱的规格设计制造车台的规格，并具备固定措施对集装箱进行固定，确保运输过程的安全性与稳定性。②冷藏冷冻汽车。此类车辆配置专门制冷设备，能够提供一种低温环境确保运输过程中运输对象的品质，该运输形式同时具备储存、运输等功能。③自动卸货汽车。此类汽车的车厢自带起升装置能够使车厢发生一定程度的倾斜创造一种便利的装卸条件，能够同时实现货物运输和装卸效果，极大提升了物流效率并且有效减少了资源损耗。在卸车过程中物资将在自重作用下自行滑落，因此不适用于易碎、不坚固散体物资的装卸，使得其应用范围相对有限。④混凝土搅拌汽车。此类汽车实现了混凝土建筑材料在加工场所向建筑现场的运输。在材料加工场所，根据现场施工需要按照特定比例对水泥、石子及其他物料进行混合后装入车辆搅拌罐内保持持续搅拌状态，由混凝土搅拌汽车运送至施工现场作为建材使用。该特殊载重汽车能够显著减少中间作业，提高混凝土加工、供应的效率，充分发挥现代物流优势，显著提升了建筑施工的效率水平。⑤粉粒运输汽车。此类专用汽车也是一类典型的散装运输形式。其车厢设计制造为一种封闭的箱体结构，在将粮食、水泥等粉粒状物料装载上车厢后关闭厢盖使其成为相对封闭的空间开展运输作业。⑥油罐汽车。专门用于各类油类物资的运输作业。此类车辆的车厢专

门设计为油罐，通过入油孔、出油孔实现油料物资的装卸作业。油罐汽车属于一种特殊的散装运输车辆。

（二）公路运输的组织方式

1. 多班运输

该货运方式以一天时间内运输车辆的作业时间高于一个工作班为典型特征。其优势在于能够延长车辆作业时间，提高车辆设备利用率和运输生产力，因此表现出更好的经济效益。

2. 定时运输

此类运输形式基于固定的运行时间计划开展运输作业，其行车时刻表是基本固定的，该表格明确了开车时间、装卸作业时间等基本信息，为运输作业提供必要依据。

3. 定点运输

此类运输形式具备相对固定的发货点，由若干车辆组成车队完成相应的运输任务。该运输方式的优点在于装货地点相对集中，对卸货地点的集中性并无明确的要求，能够满足多种不同情况的货运服务需求。

4. 直达联运

此类运输方式基于车站、港口及供需情况对各运输工具、关联部门的职能作用进行统一规划，确定一种"一条龙"式的运输服务方案，实现货物由生产端向消费端的转移。

5. 拖挂运输

此类运输方式通过牵引车和挂车组建运输工具，以载货汽车与全挂车为常见组合。拖挂运输也叫定挂运输，是牵引车、挂车一体化的运输形式；而牵引车、挂车独立设计，根据需要进行匹配的形式则属于甩挂运输，是一种更加灵活的运输方式，可根据运输需要更换挂车。

6. 零担货物集中运输

此类运输方式适用于单次托运量小于整车运力的情况，一般用于少量、零散货物，并且要求运输路线、运输地点相对固定，方便车辆能沿着固定点逐一把零散货物集中进行运输。

（三）公路运输的特点

1. 技术特点

（1）灵活、便捷，具备"点对点"服务能力。汽车这种灵活的运载工具能够独立完成货物的运输任务，在尽可能减少中间环节作业量的基础上实现货物直达运输。特别是对于不具备铁路、水路运输条件的地区而言，公路运输能够充分满足经济运距内各主体的运输服务需求。

（2）与长途运输相比更倾向于中短途运输。相较而言，公路运输更适合开展中短途运输。而在长途运输领域，公路运输却存在运输成本高、运输效率低的问题。主要原因在于：一是燃料耗用水平高；二是折旧成本高；三是人力成本高。

2. 经济特点

（1）资金投入小、周转快且便于技术改造。与列车、船舶、飞机等设备相比，汽车的购置成本显著较低，使得公路运输的资金投入相对较低，投资回收的时间也相对较短。以美国为例，公路货运企业的单位投入与收入的比值约为 0.72∶1，同水平铁路运输的单位投入与收入比则为 2.7∶1；对于公路运输而言，其资本周转速度能够达到 3 次/年的水平，而铁路运输的资金每周转 1 次则往往需要 3—4 年的时间。

（2）安全、可靠，有效降低货损货差风险。公路运输能够有效克服铁路、水路运输的局限性，及时、可靠地完成货物运输任务。在公路网络不断建设和完善的过程中，公路运输能力将得到进一步提升。而车辆制造技术的创新发展也将极大提升其运输能力和技术性能，有效降低运输过程发生的货损货差问题，从而提升运输质量。灵活的运输路线和高效的运输方式，使公路运输能够保证货物质量，从而提升了其时间价值。

（四）公路运输的缺点

（1）单次运量较低，车辆载重能力有限，因此每次运输的单位成本相对较高。

（2）成本高。从单位运输成本来看，公路运输的平均成本将分别达到铁路运输、海运、管道运输的 11.1—17.5 倍、27.7—43.6 倍和 13.7—21.5 倍，但是明显低于航空运输。

（3）能耗高，公路运输的单位能耗水平要显著高于铁路运输、水路运输和管道运输，但是显著低于航空运输。

（4）与铁路运输、水路运输等运输方式相比，公路运输的平均生产率相对较低，但是显著高于航空运输。

此外，公路运输还存在单次运力低、排放大、大件物资运输能力不足、长途运输能力较弱等缺陷和不足，加之公路线路的建设需要占用较多的土地资源，无疑会加大社会矛盾影响自身良性发展。

综合来看，公路运输通常在内陆短途运输、联合运输、偏远地区小规模运输等领域表现出一定的优势，能够有效弥补其他运输方式覆盖能力不足的缺陷。

三　水路运输

水路运输系统的基本构成要素为船舶、港口、航道等，是存在时间最长的运输方式之一。

（一）水路运输的设施和工具

1. 水路运输船舶的技术性能及其类型

（1）技术性能。

①航行性能。该指标是船舶设计质量和使用性能的主要指标。由于船舶的航行环境经常出现风浪、急流等恶劣因素，因此必须保证船舶的航行性能才能确保航行安全。具体的评价指标有操纵性、适航性、快速性、抗沉性、稳定性、浮性等。②装卸性能。该指标的影响因素为船舶结构、容积、装卸设备作业能力等，是船舶在港口停靠时间的决定性因素。③排水量及载重量。对于船舶而言，排水量由船舶自重和载重量决定，是船舶漂浮在水面时排开水体的重量；而载重量则是船舶最大装载重量。上述两项指标的计量单位均为吨。④货舱容积及登记吨位。对于船舶而言，货舱容积的计量单位为立方米或立方英尺，其含义为货舱容纳货物的具体空间大小；登记吨位则是基于特定的规定和原则对船舶容积进行计算获得对应的吨位结果，可作为船舶容积的衡量指标。

(2) 常见船舶类型。

①集装箱船。此类船舶以集装箱为主要运输对象，要求集装箱基于标准规格进行设计制造。②冷藏船。此类船舶配备有冷藏设备使货物运输过程能够保持所需的低温存储环境。通常用于生鲜等易变质货物的运输。③客货船。此类船舶以旅客为主要载运对象并兼顾一定货物载运能力。根据实际需要可设计不同的船舶结构与营运技术参数。④杂货船。此类船舶以各类杂货为主要载运对象，通常基于特定航线和运行计划定期开展运输作业。⑤内河货船。此类船舶具有独立的动力系统与载货系统，能够根据需要灵活、便捷地完成货物水运任务。但是存在成本高、载量小的缺点，故通常仅作为内河的一种经营性、服务性船舶开展运输业务。⑥油船。此类船舶是主要以散装石油及制品为运输对象的特殊船舶。⑦液化气船。此类专用船舶主要满足液化天然气、液化石油气等物料的运输需求。根据运输货物的不同，液化气船具体包括 LNG（液化天然气船）、LPG（液化石油气船）等不同类型。⑧滚装船。此类船舶的运输对象主要为载货车辆。在装船之前，货物已装载于载货车辆上，载货车辆通过船舶跳板上下船舶完成货物装卸作业。其优点在于较高的作业效率和作业速度，因此成为水路联运的核心环节之一，为门到门运输的实现提供了有力支持。⑨载驳船。此类船舶的运输对象主要为载货驳船。将标准规格的货驳作为货物装载工具，然后通过载货驳船装置货驳进行运输，在中转港口借助拖船或推船将货驳由载货驳船卸下并运送至目的地。⑩散装船。此类船舶以煤炭、矿砂、粮食等大宗、散装颗粒货物为主要运输对象。

2. 水路运输港口的技术性能及其类型

（1）技术性能。对于港口而言，通过能力是其生产效率的重要评价指标。该能力的具体含义是特定时期内港口所能装卸货物的总量，体现了港口的吞吐能力。港口的通过能力主要取决于以下因素：

①突出的深水港区与航道条件。深水港区能够满足大型船舶的通行需求并且保证其通行效率。因此，对于国际知名的大型港口而言，深水航道与深水港区都是必要的资源。②泊位的数量。港口的码头建设水平将直接决定泊位的数量，而港口的船舶停靠能力则受其码头岸

线长度的影响。为了确保良好的吞吐能力避免出现堵塞问题，必须确保港口具备较长的码头岸线与充足的泊位。③专业装卸设施、设备。必须保障装卸设施、设备的完善性和效率水平，为货物装卸提供高水平、多元化的装卸服务，充分保证货物装卸效率，满足高效率的物流服务要求。④畅通发达的集疏运系统。为了确保货物的集疏运效率，必须建设相应的仓储设施与交通设施。前者以各类仓库、货场、货棚为主要形式，后者则以水运、公路运输、铁路运输等设施、设备为具体构成。⑤其他设施。以各类辅助性、配套设施、设备为主要内容，确保港口的安全性和稳定性，并为船舶进出创造良好环境。

（2）港口的类型。

①基于国家具体政策，港口包含国内港、国际港、自由港等不同类型。具体情况为：一是国内港。以国内贸易为主要经营领域，专门满足本国船舶的出入需要。正常情况下，国内港不允许外国船舶任意进出。二是国际港，也叫开放港，根据国际贸易协定、条约或者法则设立的开放性港口。在按照规定办理相关手续并接受当地监督管理后，任何外籍船舶均可在此类港口进出，典型代表为我国的对外开放港口。三是自由港。此类港口具备完善的物流服务功能，能够为进出货物提供所需的储存、加工、装配等服务，并对转运至其他国家的货物免除关税以及对转入本国的货物按规定征收关税。②基于使用目的的差异，港口主要有以下三种类型：一是存储港。此类港口通常位于水运、陆运系统的枢纽位置，是工商业中心的重要构成要素，拥有相对完备的设施能够满足货物储存、转运的需要，以上海、纽约等港口城市为典型代表。二是转运港。此类港口通常位于水运、陆运交通系统的衔接区域，自身货物需求相对较少，能够实现货物在水运、陆运系统之间的中转，以香港、鹿特丹等为典型代表。三是经过港。此类港口一般位于航道的关键节点，是船舶航行过程中必须经过的地区，能够为船舶提供必要的短暂停留服务并满足其给养需求。③基于位置的差异，港口具体有海湾港、河口港、内河港等不同类型。一是海湾港。基于岛屿、岬角等天然环境条件的港口，以大连港为典型代表，允许多个港口同时存在于同一港湾。二是河口港。通常位于河流与海

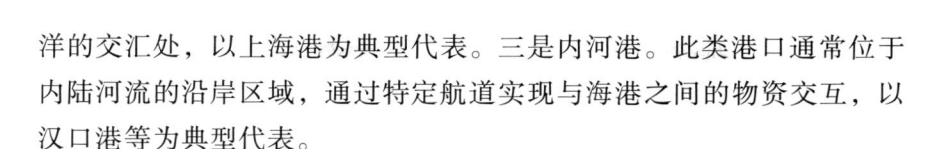

洋的交汇处，以上海港为典型代表。三是内河港。此类港口通常位于内陆河流的沿岸区域，通过特定航道实现与海港之间的物资交互，以汉口港等为典型代表。

(二) 水路运输的组织方式

1. 国际航运

此类航运的具体经营方式包括班轮运输、租船运输等不同类型，也可分为定期船运输、不定期船运输等不同形式。具体内容如下：

（1）班轮运输。即定期船运输。该经营方式基于固定的航线与船期表开展水路运输作业，满足客货运输服务需求。该经营方式的收费标准属于事先制定的形式，呈现出固定的航线、港口、船期、费率等特点。

（2）租船运输，即不定期船运输。此类经营方式并不事先制定明确具体的航线、船期表以及行经港口。而是根据客户的使用需要由船舶所有者将使用权出租给客户满足后者的货运服务需求。该运输方式一般针对粮食、煤炭等单位价值较低的大宗货物运输，通常采取整船装运的方式。在现有的国际海上货运业务中，租船运输所占比重高达80%左右。具体又可分为以下三种不同形式：

①定程租船，也叫作航次租船，是基于航程制定运输方案。根据租船合同的具体内容，由船方提供货运服务，承担货运过程中的船舶经营管理职责及相关费用，在完成合同义务之后从租船客户处获得相应的租金作为收益。

②定期租船。该经营方式基于特定的期限开展船舶租赁活动。在租赁期间，租船人负责船舶的管理和调度，并按月计算和支付船舶租金。

③光租船。该经营方式属于一种特殊的定期租船。特点是不使用船主的船员，因此存在较大风险，并不常见。

2. 航线营运方式

航线营运方式，即航线形式。具体是指以固定的若干港口为往来范围，制定科学的运营方案配备所需的船舶从而完成特定运输任务的航运方式。该航运方式是我国沿海、内河运输的主要方式，能够定期完成货物的发送作业，能够对货运任务进行科学管理，减少船舶在港口的作业和等待时间从而提升运输效率。航线形式是水陆联运的重要基础。

3. 航次运营方式

该运营方式并未事先确定出发和到达的港口，而是根据特定的运输任务需要对航行路线、停留方案进行制定，具有灵活机动的优点。

4. 多式联运

此类运营方式以集装箱为核心，实现了水路、铁路、公路、航空等不同运输方式的科学结合，是一种更加高效、更加系统的运输方案，提供了一种"一条龙"式的运输服务，充分保证了货物运输服务质量，并有效降低运输成本。

5. 客货船运营形式

该运营方式同步完成旅客与货物的运输作业，具有固定的发船期限和发船时间。

（三）水路运输的特点

1. 技术特点

（1）运输能力较大。水路运输表现出较高的运载能力。特别是海洋运输，船舶规模和运载能力尤为突出。目前，部分超巨型油船的运载能力已经达到了20万—30万吨左右，甚至达到了56万吨；而矿石船的额定载重量能够达到35万吨，部分集装箱船的运载能力则高达13.7万吨，具备13800个标准化集装箱的装载能力。基于天然海洋航道的海上运输将具备远高于内河运输的航道自由度，可根据需要和实际情况对航线进行调整实现最佳运输效果。这就使海上运输具备更好的通过能力和运输效率。

（2）运输航速较低。受自身体积大、水流阻力大等因素的影响，船舶的运行速度要低于其他运输工具。在低速航行状态下，船舶的航行阻力相对较小，因此能够减少燃料消耗；若保持高航速状态，则将面对巨大的水流阻力从而使燃料消耗水平直线上升。通常情况下，船舶的航行速度会控制在40千米/时以内，这一运行速度远低于列车和汽车，使水运所需时间远高于铁路运输和公路运输。

2. 经济特点

（1）投资小。在海上运输业务开展过程中，天然航道几乎不存在开发成本问题。即使内河运输需要对河道进行疏浚作业而形成了一定的成本费用，但是这种成本仍然远低于铁路建设成本。

（2）劳动生产率高。运载量优势使得水运的劳动生产率优势比较突出。以20万吨级的油船为例，仅需40名工作人员就足以完成运输任务，人均货物运力能够实现5000吨。而分节顶推船队运输模式也能够充分保证内河运输效率。

（3）运输成本低。更大的运载量、更远的运输距离和更低的运行费用使水运的综合成本与其他运输方式相比表现出显著优势。

（四）水路运输的缺点

（1）业务开展呈现典型的季节性变化特征，受冰期、枯水期等季节性因素影响较大，因此经营风险相对较高。

（2）通行速度慢，效率低下，会导致比较突出的资金占用压力。

整体来看，水路运输表现出比较显著的综合优势，能够满足大运量、远距离、时效性较低的大宗货物的运输需求，这也是水路运输最典型的优势所在。

四 航空运输

（一）航空运输的设施和工具

1. 航空港的技术性能及其类型

（1）航站始发载运比率。该指标反映了从某航站起飞的所有飞机的实际运载量和最大运载能力的比值。计算公式为：航站始发载运比率＝实际运载量/最大运载量×100%

（2）航空港的类型。航空港就是机场。作为航空运输的核心枢纽，机场能够提供航空运输所需的各项支持服务，确保飞机的安全飞行。

基于配套设备的差异，可将机场分为基本机场、中途机场等不同类型。基本机场具备完善系统的服务设备，满足货物运输及相关服务需求；而中途机场则一般作为飞机短暂停留的节点，仅具备基本的货物装卸、旅客上下服务功能。

基于飞行站距离的差异，航空港具体包含国际航空港、国内航空港、短途机场等不同类型。在对航线进行设计规划时，需要根据航线用途、飞机特征、沿线城市重要性水平确定不同航空港之间的距离。

而我国则以每天飞机起飞的次数为基准对航空港的等级进行划分。

2. 航空线的技术性能及其类型

（1）航线载运比率。

航线载运比率的公式为：

航线载运比率＝实际总周转量/最大周转量×100%

需要说明的是，上述公式中的实际最大周转量由飞机的最大运载量、航行距离所决定，等于两者的乘积结果，其含义为满载状态下，飞机能够完成的飞行距离，衡量单位为吨千米数。

（2）航空线的类型。作为飞机飞行过程所需遵照的具体线路，航空线的具体含义为基于特定方向的、连接不同城市开展航空运输业务的具体空中交通线路。航班飞行的常见形式为班期飞行、加班飞行、专机飞行等。根据其性质和作用，可将航空线具体划分为国际航线、国内航线、地方航线等不同类型。

①国际航线。此类航线实现了飞机在不同国家、地区之间的通行，基于相关国家或地区订立的民航协定开展航空运输业务，能够满足旅客、货物在不同国家或地区之间的运输需求。

②国内航空干线。此类航线以国家特殊的政治、经济服务目标为发展基础，综合运用多种不同的运输方式构建起国内不同城市、地区之间的运输通道，开展货物、旅客运转作业。

③国内地方航运线。此类航线通常仅限于部分较大省份或边疆地区，根据政治、经济联系的需要开展航空运输业务，能够满足其他交通运输形式不便、远距离的运输需求。

（二）航空运输的特点

1. 技术特点

（1）航空运输的高速度。相较于其他运输方式，航空运输最大的优势在于速度，这也是该运输方式的竞争力所在。

（2）航空运输的安全性。安全与稳定是航空运输的另一个优点，能够有效避免因震动、撞击造成的物资受损风险，确保物资安全。

（3）航空运输的灵活性。在机场、航空设施、设备的支持下，航空运输能够克服地形、地貌等地理环境的限制和制约，高效、可靠地完成运输任务。此外，普通航空运输需要遵循特定的航线，而直升机运输则更加机动灵活，能够及时到达目标地点完成运输任务，是救灾抢险、应急作业等工作的最佳选择。

（4）航空运输的国际性特征。随着全球一体化的深入发展，运输方式都将具备国际性的发展条件，能够满足货物在不同国家之间的流通需求。对于航空运输而言，其国际性特征更加突出。目前，国际上已经形成了相对完善、详细的国际性标准和规范，为不同国家之间的航空运输运营管理提供了科学依据，这为跨国航空运输创造了有利条件。

（5）航空运输的高科技特性。飞机是航空运输的最基本、最核心设备。因此，飞机设计和制造技术的先进性就决定了航空运输的高科技特征。现代高科技在航空运输的各个领域都发挥了重要作用，提供了必要的导航、管控及辅助服务支持。

2. 经济特点

相较于其他运输方式，航空运输的运量相对较小。较高的运输成本与较少的运量，使航空运输并不适合一般货物的运输，而仅限于某些价值较高、时限紧张货物的运输。

（三）航空运输的缺点

（1）飞机造价高，能耗大。

（2）飞机运输能力小，成本很高，技术复杂。

整体来看，航空运输侧重于高价值、小体积货物以及对时效性要求较高旅客的运输服务。

五 管道运输

（一）管道运输的设施和工具

对于大型输油管道而言，其基本构成为输油站、输油管线：

1. 输油管线

（1）大型输油管或干线输油管。此类管线以独立的输送系统开展油料物资的输送作业。该长途运输管道能够保持持续性的输送能力，应定期开展管线检修和维护工作。

（2）局部性输油管。此类短程运输管线实现了石油由矿场向石油生产基地或首输油站的转移。

（3）内部输油管式辅助输油管。作为炼油厂、石油生产基地的配套设施之一，此类管线将完成油料物资由生产端向运输载体的转移。

2. 输油站

在输油管道运输系统中，输油站是最基本、最核心的构成要素。其基本功能是加压功能，为油料运输提供必要的推动力，克服油料与管壁的摩擦阻力完成输送任务。根据设计位置的不同，输油站具体分为以下几种类型：

（1）首输油站。以矿场或工厂附近区域为建设地点，用于对原油、成品油等物料进行收集，为油品运输提供必要的接站、分类、计量等支持性服务。必要时需要配备加热设备确保输送作业顺利进行。

（2）中间输油站。主要负责管道输送过程中油料物资的中转业务，通过"承上启下"构建起完整的输送系统。

（3）终点基地。油料物资的输送目的地。根据需要配备收受、计量、储存设备对油料进行集中储存和分配，满足消费终端的使用需求或者联合其他运输工具开展后续运输作业。

（4）输油站配套设施。为了保证油料物资的顺利输送，高效、可靠地完成运输作业任务，需要为输油站配备相关的构筑物。常见的配套设施主要有泵房、油池、阀房等。具体来看，泵房实现压力制造，满足油料物资管道输送过程的驱动力需求；油池则专门负责油料物资的接收和发放作业。

（二）管道运输的组织方式

特殊的管道设施是管道运输的存在基础。因此，可以根据所运输物资的具体类型对管道运输形式进行划分。以原油、成品油、天然气等为运输对象的管道分别叫作原油管道、成品油管道、天然气管道。

1. 天然气管道

以天然气为对象的管道运输就是天然气管道运输。此类管道实现了天然气开采地/加工点与城市集中配气中心/用户端的连接。与煤气管道相比，天然气管道表现出较大的起输压力，并在气井压力的推动下完成天然气的远距离输送作业。

2. 原油管道

原油在开采出来之后经过必要的油气分离、脱水及滤渣、稳定处理之后将进入管道开展运输作业。在具体运输管理中，需要根据原油特性的差异选择恰当的运输工艺。常见的原油管道运输工艺主要包括加热输送、不加热输送等不同形式，分别适用于国内原油、中东原油等不同原油物资的运输。

3. 成品油管道

原油在炼油厂完成提炼加工之后将得到汽油、煤油、柴油等具体的燃料油产品，满足不同领域的使用需求。经原油炼制得到的成品油产品都将作为成品油管道运输的对象。

成品油管道属于等温运输形式，在运输过程中不存在加热的环节。与原油管道相比，成品油类型的多样性使其运输管理难度相对较高。在具体应用中，可以连通多个不同的炼油厂同时开展管道输送作业，为管道沿线各需求点提供所需的成品油产品。

4. 煤浆管道

作为固体料浆管道的一种特殊形式，煤浆管道输送的物资为煤浆。煤浆是煤块经捣碎处理后得到粉粒状煤渣，与一定量的液体进行混合得到一种浆体，然后注入管道结合增压技术开展远距离输送作业。全球首条煤浆管道出现在 1957 年美国俄亥俄州；目前最知名的煤浆管道则位于美国亚利桑那州与内华达州之间，实现了煤炭资源由露天煤矿向火力发电厂的直达输送。除煤浆以外，煤浆管道还具备石灰石、铝矾土、赤铁矿等物资的输送能力。

（三）管道运输的特点

1. 技术特点

（1）管道运输的机械化程度高。增压站将作为管道运输的动力来源，驱动流体货物在管道内形成流动进而完成运输任务。增压站的相关设备具有结构简单、便于安装维护、便于自动化管控等优点，具备无人值守的管理条件。

（2）管道运输建设工程成本较低。除泵站、末端节点等少部分设施以外，主体管道大多埋在地下，因此不会过多占用土地，表现出建设速度快、投资回收期短等优点。此外，深埋式的作业能够有效克服地形、地貌、外部环境的限制和制约，能够以最短的路线完成管道建设工作，有效降低了建设成本并提高了运输效率。

（3）管道运输有利于环境保护。该运输方式具有安全、稳定、环保的优势，能够克服不利环境因素和气候条件的影响，保证货物质量及运输过程的持续性与稳定性。

2. 经济特点

在完成管道建设工作后能够持续不断地开展运输业务。因此，连续性强、运输量大是管道运输的主要特征，而管道直径与运输能力正相关。正因为运输量大，建成后维护成本相对较低，导致管道运输的运行成本较低，经济效益大。

（四）管道运输的缺点

（1）显著的专用性。仅针对石油、燃气、固体料浆等物资的运输，并且在自身领域形成了比较稳定的市场和客户群体。

（2）需要其他运输方式辅助衔接消费端。相对稳定的运输能力，能够充分保证供应稳定性。但是在管道运输与消费端的衔接中，需要结合公路、铁路等其他运输方式才能确保管道运输的充分运输能力。

第三节 现代综合运输体系的形成与发展

现代综合运输体系以现有的运输方式为基础，根据科学规划确定不同运输方式之间的相互配合和协同机制，构建起的一种综合性、系统性的现代运输体系。现代运输属于一种综合性的运输体系，是铁路、公路、水路、航空、管道等不同运输方式的科学结合。根据所包含运输方式、运输工具的具体特征，现代运输方式呈现出不同的技术特点、适用范围和效益水平。

一　综合运输体系的内涵

1. 综合运输体系是在多种运输方式的基础上建立起来的

社会经济的发展与科技的进步不仅改变了我们的生活，同时也推动了运输体系的创新发展。多元化、个性化的运输服务需求对多样化的运输模式产生了巨大需求，客观上推动了运输体系的现代化转型并逐渐形成了一种涵盖多种运输方式的新型运输系统（李石松，2015）。可以说，综合运输体系体现了生产力的发展水平。

2. 综合运输体系是各种运输方式通过运输过程本身的要求联系起来的

经过长期协同发展，不同运输方式也逐渐形成了一定的协作与互补能力，能够提供更好的运输服务。与此同时，不同运输方式之间也存在特定的市场竞争问题。若是未能对其竞争关系进行科学协调，则必然会影响现代综合运输体系的运行效率和服务质量（汪鸣，2015）。因此，必须克服不同运输模式的竞争问题，构建起良好的协同机制才能保证运输体系的科学性。

3. 综合运输体系大致是由三个系统组成

（1）基于特定技术条件的综合运输系统。不同运输技术和设备所构成的综合运输系统为现代运输的出现和发展提供了必要支持。其综合性特征具体表现为技术设备的配套协调，构建起高效、可靠的运输网络。

（2）基于不同运输方式的联运系统。该联运体系能充分发挥不同运输方式的优势，构建起更高效、更高水平的运输服务体系。

（3）基于组织管理制度的协作系统。其优势在于能够提高宏观政策的实现质量，为综合运输体系的建设运行提供充分可靠的统筹管理。

二　实现综合运输的措施

（一）选择合理运输方式

由上文分析可知，不同的运输方式各自呈现出不同的优势和劣势，也表现出各自不同的优势领域和适用条件。因此，在具体制定运输方案时，必须综合考虑实际情况与运输差异，从中选择成本最小、风险最低、效率最高、效益最大的运输方案。

（二）选择合理运输工具

基于商品的性质、数量、特征及需求，选择与之匹配的运输方式。

（三）选择正确运输线路

在确定运输线路时，应当尽可能减少运输的环节，在确保运输效率的同时尽可能降低运输成本。必要时可采取联合运输、循环运输等特殊方式实现最佳效果。

（四）提高运输工具的实载率

实载率的科学实质为车船运输能力的评价指标，体现了运输工具单次运输实际载重量和运输距离乘积结果与设计载重量和行驶距离乘积的比值结果。在选择运输工具时，必须科学评估不同工具的实载率，才能确保运输方案的科学性与合理性。

（五）合理增加运输能力

运输投入，可分为能耗、基础设施建设，当运输设施固定时，能源动力投入应适当减少，这是实现运费成本可控的前提，单位货物运输成本得以降低，实现合理化目标。比如，铁路运输，当机车能力允许时，可增加挂车皮；内河运输，驳船编排成队，以机运船顶推为前行动力；公路运输，汽车以挂车运输方式，可实现运输能力增强。

（六）发展社会化的运输体系

运输社会化，本质是发展运输大生产优势，通过专业化分工将物流企业运输体系不统一现象打破。由于单个物流公司运量非常有限，车辆运力不足时无法自我调剂，空缺、不满载等问题频繁发生，浪费情况严重。当运输社会化实现后，运输工具得以统一安排，原有迂回、倒流、空驶，运力选择不当等现象得到很好的解决，既提高组织效益，又实现规模效益扩大，这是实现运输合理化的重要举措。

（七）充分应用公路运输

运输合理化主要表现在两个方面：其一，铁路运输紧张问题得以缓解，公路分流能增加区段运输通过能力；其二，公路运输具有"从门到门"优势，同时兼具运输途中速度快、机动灵活等特征，具备铁路运输难以企及的运输效果，因此公路运输大量应用于杂货、日用百货、煤炭等货运领域。一般公路运输的经济里程为200—500千米，近年来高速公路得到大力建设，随着高速公路网的构建，夯实了新型、特殊等多类型货车运输的基础，公路运输的经济里程甚至提高到1000千米。

（八）尽量发展直达运输

直达运输实现了货物由发货点向收货点的直接转移。其优势在于尽可能减少了中转环节，提高了运输效率并降低了运输成本。特别是在整单运输领域，直达运输的综合效益更加显著，将积极提升商品流通效率和综合价值。

自电子商务高速发展以来，直达运输在我国运输体系中的比重不断提升，以高效、便捷等优势得到了社会各界的广泛认可。但是直达运输的出现和发展对客户需求提出了较高要求，需要运输需求、批量达到一定程度才能形成规模效应。

（九）配载运输

配载运输能够充分保证运输工具运力的利用效率，对货物进行科学匹配和组合。此类运输方式能实现轻型、重型等货物的科学匹配，能够有效利用运输资源，避免不同区域、环节的运输能力出现浪费从而提高综合运输效益。例如在运输过程中，可将煤炭、矿产、粮食等重型货物放置在运输工具的下部区域，而上部区域则用木料、竹料等轻型物料进行充填，那么就能够在不增加运力负担的前提下提高每次运输效率，从而实现更好的综合效益。

（十）提高物资包装质量

商品质量将受到运输距离、中转次数的直接影响。为了避免在运输过程中对商品质量的负面影响，必须对物品进行有效的包装处理，发挥包装材质的性能优势，尽可能降低破损风险。对于部分特殊货物，在运输过程中可以适当调整装载方式，如高级服装采用垂挂的装载方式，实现一种更好的综合效益。

(十一) 提高技术装载量

运输合理化实现主要动力是科技进步。既能够实现运输工具载重吨位最大限度利用,又可以实现车船装载容量使用率提升。主要做法包括:以专业散装、罐车来降低粉状、液体货物运输损耗大的问题;将袋鼠式车皮、大型拖挂车用于大型设备整体运输;集装箱船容纳箱体功能更强,高速直达运输道路能有效提高运输速度。

三 国际多式联运

国际多式联运(international multimodal transport)是指根据一个多式联运合同,采用两种或两种以上的运输方式,由多式联运经营人把货物从一个国家境内发货地运至另一个国家境内指定的交货地点。对于前面介绍的水路、公路、铁路和航空等多种运输方式,在多式联运中均有涉及(Caris et al.,2008)。

(一) 国际多式联运的优势

1. 责任统一,手续简便

多式联运这一新型、国际性运输方式将打破国家界限,有效克服时间与空间的限制,在更短的时间内实现了更高效率、更高质量的物流运输服务。该运输模式能够发挥多种不同运输方式的优势功能,发挥经营者的专业优势和资源优势,仅需委托人与经营者之间签订一次服务委托合同并完成一次支付,就能够完成所有的运输手续,享受高效、便捷的运输服务(刘玲,2020)。这一运输模式极大地提升了运输服务质量,克服了传统运输方式责任主体众多、责任模糊不清的缺陷,因此呈现出巨大优势。

2. 减少中间环节,缩短货运时间,降低货损货差,提高货运质量

国际多式联运,属于集装箱媒介直达连贯运输模式,发货仓库把货物装箱、验关、铅封,直达收货仓库,中途没有拆箱倒载环节,即便是有换装过程也基本是机械装卸,箱内货物不受影响,这就有效减少货损、货差、偷窃、丢失等问题,对货物安全、货运质量都有保证(陈明非等,2020;张攀攀等,2020)。由于国际多式联运的连贯性,各环节运输工具都衔接紧密、配合密切,货物中转及时高效,在途停留时间大大减少,对货物安全保证效果很明显。

3. 降低运输成本，节省运杂费用，有利贸易开展

在国际多式联运中，属于"门到门"运输法。货方将货物装箱后，第一程运输工具开始运行，货方凭借联运单据即可结汇，实现结汇时间提前，卖主的资金周转速度明显提升，生产经营中的贷款利息支出大大降低。同时，因为以集装箱为运输载体，货物包装、保险等成本得以节约。另外，国际多式联运全程联运单据、运费等都是唯一的，制单、结算等环节大大简化，人力、物力大量节省，对货方来说，成本核算、运输路线规划等都能提前完成，贸易条件得到优化（刘松，2020）。多式联运的出现和发展为"门到门"运输理念的实现提供了一种更加积极有效的解决方案。

4. 实现"门到门"运输的有效途径

国际多式联运能够充分发挥不同运输方式的优势作用，在优势互补的基础上形成一种更加快捷、更加高效、更加可靠的运输体系，提供了一种"门到门"运输的最佳解决方案，表现出显著的经济效益与社会效益，能够极大提升货物运输的速度、效率和质量，构建起发货人与收货人之间的最短运输线路（Chang，2008），从而有效提高了物流运输的管理水平，为客户提供了更便捷、稳定的物流服务，有效满足了客户对高水平物流服务的需求。

（二）国际多式联运的组织形式

多式联运具体以两种甚至更多的运输方式作为基础，根据运输需要综合发挥不同运输方式的功能优势，构建起多种不同运输方式共同构成的、更高效率的新型运输体系。

（1）公铁联运。目前使用率最高的多式联运系统，以公铁联运或驮背式运输为主，具体实现方式为：卡车拖车或集装箱整体置于铁路平板车之上。间隔较远的城市间长途运输以铁路来完成，其余间隔较近的城市间运输以卡车为主，适合城市间货物配送，特别是配送中心或供应商位于距离较远城市时，能以一次性运输作业完成任务，无须中间环节。

（2）海陆联运。海陆联运属于国际间多式联运基本形式，多见于远东、欧洲国家间运输。目前，经营相关业务以班轮公会为主，包括

三联集团、北荷、冠航、丹麦马士基等,都是国际化水平很高的航运公司。以联运提单签发的方式,将航线两端内陆运输部门联合到一起,形成联运业务组织模式,是陆桥运输主要竞争方式。

(3) 陆桥运输。陆桥运输（Land Bridge Service）也是国际多式联运体系的核心构成要素。比较常见于远东/欧洲之间的货物运输。该运输方式通过专用列车、重型卡车完成集装箱的运输作业,通过欧亚大陆之间的铁路、公路等线路实现集装箱在两个大陆之间的运输,连接起海路运输、港口码头和陆路运输的各个节点。从本质来看,陆桥运输属于一类特殊的海陆联运方式,考虑到其在国际运输中的重要性,因此将其作为一种独立的运输方式进行分析和论述。现阶段最主要的陆桥运输线路包括亚欧大陆桥、北美大陆桥。

(4) 海空联运。海空联运也可称作空桥运输（Air Bridge Service）。该多式联运形式将充分发挥航空运输与陆桥运输的优势从而实现一种更加高效的运输服务。其与陆桥运输最大的区别在于：海空联运需在航空港对集装箱的类型进行更换,而陆桥运输则可通过同一集装箱完成所有的运输任务。其共同点在于相同的服务目标,即为客户提供更加可靠、更加快捷、更加经济的综合运输服务,更好地满足客户的服务需求。

(三) 国际多式集装箱联运的主要特点

1. 承运人全权负责运输任务

与单一承运人相比,多式联运承运人具有以下特点：

(1) 具备货物运输管理的充分能力和资源；(2) 独立的法人资格能承担相应的法律责任；(3) 多式联运承运人不一定拥有所有运输工具的所有权,可以部分或全部租赁他人运输工具参与运输。

2. 单一合同,全程负责

通过多式联运合同明确双方权利义务。对于承运人而言,货物运输过程中发生的责任将由其全部承担,允许其根据实际情况选择合理的运输方式。

3. "一站式"运输管理服务

"一站式"的管理服务极大地减轻了客户的业务压力,便利的交易手续更是降低了交易成本和难度，实现了发货与收货的一体化操作。如图6-1所示。

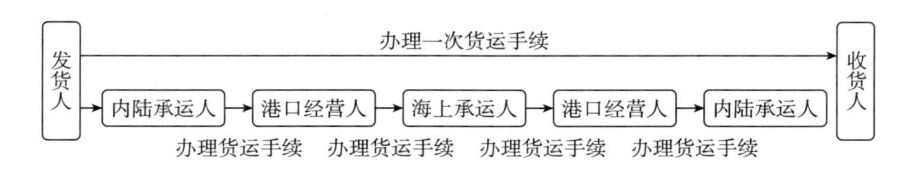

图6-1 国际多式联运流程

第四节 现代物流的运输管理问题和解决措施

一 花卉物流管理

（一）花卉物流的内涵

1. 花卉物流

花卉物流专指将花卉产品由生产地运送到消费者手中的实体及信息流动过程。其中包括运输、储存、装卸、搬运、包装、流通加工、配送、信息处理等。中国交通网络日益发达，冷链技术持续提升，花卉物流受地域影响的问题得到极大改善，全国花卉市场可谓迎来前所未有的"大流通"时代（杨思怡，2020）。

2. 花卉物流的特性

由于花卉本身特性决定其物流特质，具体归纳如下：

（1）运输时环境温湿度要求极高。因为花卉本身是非常脆弱易坏的植物产品，运输时很容易受到外部环境因素影响而受损，如压力、重力、温湿度、空气质量等，这些因素都会影响花卉产品的品质。

（2）需要拥有高质量的包装技术。花卉非常脆弱，对包装效果要求很高，花卉的包装需要既能够对抗压强，还能隔热保湿，最大限度地维护花卉产品新鲜。

（3）运输时间要求严格。花卉不能长时间缺水，运输路途太长时，花卉就会因为缺水导致枯萎。

（4）极易损毁。运输时如果出现物流管理的偏差，对花卉产品来说很可能造成无法挽回的损坏。

（二）花卉运输物流中存在的问题——以云南锦苑花卉企业为例

1. 花卉物流的运力利用率和运输时效性较差

花卉物流存在不同运输方式转换时间过长和空车回程等问题，不仅浪费运力，更不能降低成本。交通网络凌乱离散，运输时效性难以保证，通关环节效率低，花卉产品质量受到严重影响。

2. 花卉物流缺乏专门的通关服务

因为海关场地有限，并不能建立起独立的"绿色通道"，导致花卉产品只能等待长时间的检查，经常需要露天摆放和存储，每次开箱至少3次，这些都是直接造成花卉产品品质下降的原因。检验操作时间多数是白天，搬运鲜花时容易损坏枝叶，日光照射造成鲜花死亡数量增多；但夜晚检查也会出现水量多造成植物根茎腐烂的现象。由此可见，鲜花产品运输质量降低无法避免。而且还有安检门狭窄，造成箱包受挤压等问题。

3. 花卉物流缺乏航运专线

由于国际航班数量少，造成航线运力有限，且运输成本很高。以云南花卉市场为例，面对出口国是亚洲、东南亚地区的国家，昆明直飞各地航班很少，并不能满足国际市场对云南花卉的需求量，航班限制导致花卉出口周期很长，且品质难以保障。

4. 花卉物流的冷链运输技术相对落后

根据锦苑花卉流通（采摘、包装、运输、配送）全过程可知，市场对其认可度较好，但是其尚未建立起与专业花卉物流公司的合作，企业自建的冷链专线物流能力有限，无法真正满足市场供应。特别是新型保鲜技术，自营企业出于成本和专业性的考虑，学习引入难度比较大，远不能达到第三方专业物流公司的水平。花卉本身受到长途运输影响非常明显，品质无法保证就对市场价格缺乏话语权。例如，中国上海向日本运输玫瑰花，只要花费3天时长，哥伦比亚到日本路途则超过20天，但相比于中国玫瑰花价格，哥伦比亚的产品售价更高。

原因在于，两地鲜切花从采集到运输全程，国内各个花卉物流企业冷链技术并不发达，少有企业具有保证花卉新鲜的技术和能力，基本还是处于常温状态下进行运输。温度失衡导致运输途中花卉品质严重受损，国内玫瑰到达销售地以后的价格自然难以保证。

5. 花卉物流运作流程烦琐

当前花卉物流系统发展水平并不高，流程优化意识并未渗透整个行业，不仅海关手续办理时间长，检验、检疫、报关等各环节也耗时很长，这导致了鲜花保鲜处理成本增加、产品损耗率增大，都是造成鲜花出口品质降低的原因。

（三）花卉运输物流的优化措施

1. 采用"互联网+"物流模式提升运输效率

这种物流形式对运输全流程透明化非常有利，具体有两方面优势：一方面，车货匹配度提升，车源、货源、动态、交接等都能得到全方位兼顾；另一方面，无效物流率降低。利用互联网可将买卖双方聚拢到统一平台上，借助大数据来设计最优运输方案，并将运输流程各个环节注意事项进行总结，降低反复周转造成的无效行为（Joseph and Gary，2009）。比如，锦苑花卉企业凭借西双版纳磨憨口岸国际冷链物流中心优势，能利用花卉出口车辆在回程时往回运输水果，这是减少运输成本的重要方式，降低空车返程率是减少无效运输的关键方式。配送出口车辆通过设置于边境的冷链物流中心、配送中心牵线，直接与当地企业合作，鲜花运输出口后能直接拉回新的冷链货物，实现回程的有效运输目标。

2. 简化花卉出口通关手续

最近几年，中国成为全球非常重要的物资生产基地，进出口贸易种类快速增加，为实现物资流通速度加快，"大通关"模式在全国推行，这对于港口检验工作效率提升非常重要。花卉进出口时要考虑到产品本身的特性，能通过"绿色通道"的开放，降低通关等待时间，出台快速检验制度，减少花卉产品暴露在常温中的时间。借鉴发达国家模式，海关设置独立检验中心，专门为花卉办理出口手续。另外，花卉出口企业与海关达成协议，选择定时或不定时抽检的方式，给予花卉企业一定的检验便捷。这些都是确保花卉出口品质的重要形式。海关人员可提前进入花卉物流园区给报关花卉做检验，办理手续，托运时间也能更早，避免因为装卸等待浪费时间，这能有效保证花卉品质。

3. 与第三方物流加强合作

花卉产业构建国内外销售物流关系网时，可以联合第三方物流企业，打造符合现代市场经营需求的合作模式，对终端客户来说，支线配送业务非常重要。对专业物流公司来说，花卉专用冷库、专业人员运营管理，都是实现花卉智能化管理的主要方式，能将服务向下游环节延伸，在拍卖、出口报关等环节，都可以提供专业化服务。与第三方物流企业合作是花卉企业实现时间、经济双重成本节约的重要方式，使企业集中资源专攻核心价值的创造，对产品研发、品牌建设都有很好的推进作用。

4. 加强新型冷链运输技术在花卉物流中的应用

通过科研机构、地方高校的共同协作，花卉企业能获得更先进的技术，企业可把最新的市场动向和技术需求反馈给科研部门，为相关科研单位的研究指明方向，便于这些部门开发对市场具有针对性的新技术。花卉企业最重要的技术就是保鲜，可将国外先进理念借鉴过来，有效延长花卉保鲜期，是实现冷链运输的基本前提。全程冷链模式是现代保鲜技术的集中呈现，结合采用立式容器进行带水储藏运输，能实现冷链与保鲜技术相结合，确保采后花卉物流运输过程稳定。冷藏库不仅要有温湿度的调控标准，更要在机械化程度上，为花卉运输提供智能水平更高的运作保障。

5. 运用物联网技术对花卉物流进行过程监控

考察现代物联网的发展，可对花卉从采摘到上架全过程采用全程监控，温度传感器能严格监控花卉产品运输时的环境温湿度变化，这对于保证冷链运输过程的可控性非常重要，要实现保鲜系统完善、稳定，需要借助互联网的优势，将运输过程监控缺失问题有效解决，这是花卉物流品质及效率快速提升的重要形式。可以说，花卉运输时"生命体征"得到全面实时监控，能将车厢内温湿度变化定时记录，如果发现变化范围超出可控标准时，系统会将问题立即上报，启动预警应对机制，降低花卉品质受影响的可能性。

二 农产品的运输管理

农产品物流，指的是农资、农产品从运输、仓储、包装、装卸搬运，到流通加工、配送等全过程。可以将各个环节有效配置到一起，形成高度联结的组合关系，实现物流总功能的同时，将农产品物流总目标科学、有效地实现。以农产品运输链来说，这是实现农产品物流的基本载体，由农户采摘后到进入消费者手中的物流全过程，都是由运输链实现的（原朝阳、杨维霞，2016；Osvald and Strim，2008）。

（一）农产品运输管理的存在问题

1. 冷链运输设施存在不足

冷链运输，指的是利用低温环境对微生物繁殖及菌群活动进行抑制，实现农产品腐败变质的有效控制，并在运输途中减少产品损耗，维持较长农产品储存期，以满足市场对产品的供需变化。但是，中国农产品冷链运输体系建设仍有较大缺口，主要问题在于：①发达国家肉禽冷链流通率基本是100%，蔬菜、水果等也在95%以上，但国内农产品冷链运输占比在10%以下；②国内基础设施建设缓慢，关键物流节点甚至尚未建立起基本冷冻冷藏设施，很多区域性配送中心、大型批发市场等，冷链设备非常匮乏。

2. 农产品运输基础设施建设滞后

运输设施的建设还处于薄弱状态，主要表现在：一是农产品运输途中还是以公路运输为主，虽然农村地区乡镇公路、道路等普及度增加，但还有相当一部分村镇道路处于低等级水平，部分村镇主干道甚至是砂石路面。这种道路运输农产品会导致货损率较高。二是铁路运输建设速度无法赶上农产品运输需求的增长，较为典型的是铁路沿线缺乏农产品专用货场。三是物流信息设施建设落后，相关基础设备、网络等都不能满足市场需求，在硬件建设、网络运行、信息采集分布等方面投入资金量不足，光纤线路尚未在农村乡镇实现全面铺设，农村网络普及率很低。

3. 农产品运输成本较高

农产品运输成本相比于一般货物，至少要高出2倍。以蔬菜为例，造成这种现象的原因有：一是农村交通基础设施建设滞后，运输成本高；二是蔬菜比重低，单位成本更高；三是一旦发生道路拥堵、车辆损坏等，蔬菜会快速腐败，中国蔬菜运输货损率高达6%，流通成本居高不下；四是以冷藏车为运输主要工具时，货车规格为30吨时，每小时要耗费5—6公升油耗保持箱内制冷，即便是不用冷藏车，也要对蔬菜进行提前冷库预冷，再采用保温措施，确保远程运输途中不会过分腐败，这些也是造成运输成本增加的主要原因。

4. 农产品运输造成环境污染

主要表现在两个方面：一是农产品运输汽车运输占比逐渐提高，特别是汽车长途运输，会造成汽车尾气大量排放，且噪声过大也是严重的环境污染；二是农户非常分散，要保证运输路线合理，布局难度大，迂回运输问题时有发生，汽车燃油消耗量持续增加，导致更严重废气、噪声等污染问题。

（二）农产品运输管理的优化策略

1. 通过合理措施降低农产品运输的货损率

提高农产品包装标准。任何物流都必须有包装支撑，这是使货物在运输途中实现保值的有效方法，也是避免农产品腐败变质造成环境污染的主要方式。推进农产品包装国际化、标准化，需要通过包装相关的设施、工具、标准等方面的改进，将传统散装、裸装等模式彻底改变。新的包装应符合农产品的特性，这是包装标准化的重要前提。再者，通过冷冻保鲜包装技术的研发，保证农产品在运输全程的品质。

大力推广冷藏链运输。为了降低农产品运输损耗，保证农产品品质，应积极宣传推广冷藏链运输模式。首先，以铁路冷藏集装箱运输来说，既有利于环境污染的降低，也能够发挥铁路运输运量高、成本低的优势。其次，对农户采购冷藏运输车辆可给予适当政策倾斜，如类似于"汽车下乡"的鼓励政策，农户购买大型冷藏运输车能获得一定财政补贴。

2. 加强农产品运输基础设施的投入

政府应持续全面实施农产品运输绿色政策。一是道路管理上，政府应当对农产品运输采取保护性工作政策；二是主要蔬菜产地、枢纽地、消费地，应开通运输专列，在收获季节专门运输农产品。这些都是提高农产品物流运输效率的有效方式。

加强农产品物流的基础设施建设。农产品物流基础设施建设，主要由政府方面投入，增加公路建设拨款，这对于完善地方公路网络非常重要，有利于提升公路网通达能力和通达深度，能确保农产品运输顺利，在途时间也能有效减少，既可以减少路途损耗率，还能提升运输效率。再者，对农产品企业来说，可通过运输工具、设备生产开发强化的方式，将已经滞后的运输工具适时淘汰，确保运输工具技术水平，避免因为工具落后造成保温性、冷冻冷藏功能的欠缺。

3. 因地制宜灵活选用运输方式

（1）采用直达、直线、直拨运输。直达运输，指的是没有中间经营或运输工具转换，农产品是由产地直发到消费地的运输形式。这类运输方式可有效减少农产品在途时长，在途消耗能大大降低，对运输成本节约效果也很好。农产品基本特征是易腐易损，直达运输能很好地保证其品质。部分农产品虽然比较耐储运，例如粮食、棉花等，但其具有供销关系固定、产品种类单一、购销总量大等特征，直达运输也是实现成本支出节约的重要方式。农产品直达运输可结合"四就直拨"发运模式，即"就厂直拨，就车站、码头直拨，就库直拨，就车、船过载"，以提高经济效益。

（2）采用联运方式。对农产品采用联运方式，符合现今中国交通运输网络的现状，充分调动遍布全国的运输基础设施，能很好地实现点多面广优势发挥，把散布全国的农产品产地与销地连接起来。可是也要看到，这种联运方式复杂程度很高，农产品联运的前提是购销双方达成一致，并与交通运输部门密切协作，对联运的事前规划也有更高要求。联运模式必须签订合同，用法律的强制力确保合同的每个责任项目都有负责主体，这是联运效果提升的重要保证。农产品供应链、物流企业间要形成稳固的联运关系，相关知识的培训是必不可少的，这样可以确保联运衔接科学合理，真正发挥联运具有的优势。

4. 减少农产品运输造成的环境污染

选用合理的运输工具。首先，现阶段农产品运输还是以公路运输为主，可通过汽车发动机改进、新能源汽车开发等方式提高运输效率；其次，通过推进绿色方案来优化车辆管理效果，比如，以小排量汽车运输、夜间运输等方式，实现道路拥堵时间的减少，也是节能降耗的重要方式；最后，供应链信息管理系统升级，也是推进管理技术提升的关键。物流软件改进，要做到两个方面：一是物流管理软件与信息技术集成化、一体化，这是实现物流企业出具更优物流方案的重要前提，能以科学环保、节能降耗的管理方式，降低运输途中废气、噪声等污染现象，是农产品供应链可持续发展的保障。二是农户处于分散状态，强化信息系统整合作用，改善运输路线的同时，可降低燃油消耗量，对环境保护做出贡献。

三 危险货物的运输管理

危险货物，专指易燃易爆、有毒、有腐蚀性物品。这些商品的运输、装载、拆卸、存储都有可能因为操作不当导致对人及周围事物的损害，所以运输时一定要采用特殊防护措施，确保货物安全（马明金，2013；Mark et al., 1992；Planas et al., 2008；Saccomanno and Haastrup, 2002）。

（一）危险货物运输管理的存在问题

1. 无证经营等违规现象普遍存在

部分经营小型货车车主法律意识淡漠，甚至有无视法律故意违法运输危险货物的现象，主要原因就在于危险品生产销售企业漠视国家法律法规权威，非法向没有承运危险货物资质的运输公司经营者提供相关运输业务。《道路危险货物运输管理规定》对违法行为有明确规定，运管部门有权依法惩处，但监管部门无法提前预知违法违规行为，甚至事后缺乏有效证据的情况下也不能采取执法手段惩处托运方和承运人，基本采用的都是过路检查的方式，根据"超范围经营"条例来处理，罚金数额低，导致行业乱象层出不穷。

2. 小型企业挂靠经营现象严重

国家相关部门共同努力下实现整治力度的提升，原有大量个体经营散户基本被完全取缔，企业化经营走上正轨，但新的问题随之出现，很多企业虽然具有合法资质，为降低成本提高利润，还是与原来的个体经营户形成挂靠关系。这不仅造成管理难度增加，还会导致危险货物运输现象更隐蔽，部分企业为取得"危货运输资质"，随意采用挂靠形式凑数经营，并不能确保每辆车和驾驶人都符合危险品运输标准的要求。

3. 运输技术装备落后

运输车辆基本是普通车型，装备、安全设施等技术含量极低，完全人工装卸，装载罐桶大部分属于自制设备，预防泄露、爆炸的防护装置不足，设备安全维修不定期，甚至部分地区并未建立起危货运输车辆维修中心，现有的维修点，在专业性、定额标准上也不尽如人意。

4. 从业人员和行业管理人员专业素质低下

具备危货运输专业知识的运管人员数量有限，一般为专职运输管理人员，相对的现场稽查人员缺乏危货运输专业知识和相应培训，对危货运输相关问题的理解能力较低，由于专业运管人员不足，导致危货运输管理难以到位。

5. 企业安全管理能力及水平亟须加强

运输企业多数是小微型企业，规模小、人员少，管理能力有限，专业知识的普及和学习也有明显滞后性。特别是组织关系、制度升级等，经常发生因为安全管理不佳，造成措施制定后无法实施的现象。部分企业安全管理制度权威性不足，管理层不重视，所谓安全管理也不过是一纸空文。再者，原有许可制度影响深远，运输企业得到许可证后，就默认具备运输各类危险货物的资质，但企业又没有专业人员分辨复杂的危险货物，造成安全管理隐患很大。管理模式落后，教育、监管、奖惩间无法建立对接关系，很多企业只有事后处理的概念，事前教育、事中监督往往流于形式。

6. 跨部门监管未能形成合力

对危险货物道路运输的管理，涉及部门很多，包括安监、交通、公安、质监等，各部门间目前各自权责相对明确，但实际执法沟通难度依旧很大，市场监管有效合力难以形成，部门或地区以外执法检查权力很难得到认可。

（二）加强危险货物运输安全管理的主要对策

1. 以专业化和规范化为导向，全面整合经营主体

危货运输市场发展必须以专业化为基本方向，通过市场主体的全面整合，实现行业发展集约化、规模化经营和管理。根据交通部《道路危险货物运输管理规定》，将年度审验全面落实，这是实现大型专业运输公司市场占有率提升的重要形式，能让技术能力强、运输条件优越的企业脱颖而出，带领行业发展规范化，为危险货物运输经营提供新的模式。部分零散、个体经营的小型运输企业，对其资质进行检验后，如果存在依靠挂靠费为主要收入的经营现象，且没有固定生产企业、大宗货源等作为经营依托，自身经营监管能力较低的，应当通过市场手段进行整合、重组。如果明确安全资质不符合行业规定，必须进行彻底整改，整改后仍然不合格的，收回危险货物运输许可权。

2. 加大力度整治挂靠经营问题

要彻底解决该行业挂靠经营问题难度很大，但不能将这些"挂而不管"问题置之不理，利用"专类运输、分级管理"制度可以实现部分经营者重新单独经营，尚不能实现独立运营的，还需要出台更详细的规则来处理。当前主要拟执行办法有两种：第一，车辆入市要得到严格管控，新挂靠行为坚决杜绝，原有挂靠经营车辆自然淘汰，以股份制方式改革，引导车主把运输工具作为资本入股经营，确保车辆所有权、经营权合理分离，保证公司化经营成为未来发展趋势。第二，挂靠经营问题主要是因为货源被车主掌握，应当从货源控制角度来改善当前现状。

3. 在危险货物运输领域普及使用新装备、新技术

技术升级对危险货物运输道路安全管理影响很大，新装备、新技术成为重要的行业进步动力。最近几年落地应用的新技术主要有：

HAN阻隔防爆技术、BP系列无火花堵漏器材——车辆抢险救援堵漏技术、道路运输危险货物安全监控管理系统、罐式集装箱和气瓶直立式运输等。管理部门对新技术及装备应加强推广力度，要充分发挥政府部门的行政优势，提升危货运输安全保障水平。

4. 积极提高从业人员的素质

此处"人"指的是行业管理人、企业经管人。危货运输管理主要存在问题症结，就是从业人员素质难以提升，要获得更多高素质专业人员，直接从社会招聘高素质、高水平专业人才，能很好地快速提升行业整体素质，但用人成本必然上升，对于已经形成固定经营模式的各种危货运输企业来说，通过自主学习是很好的提升素质方式。

5. 加强监管，切实规范车辆技术档案

各类危货运输企业应当成立车辆技术档案管理制度，通过对每台车辆设置档案的方式，将其基本情况详细记录，特别是发生部件更换、维修管理、二级维护等情况时，要认真记录在案。主要档案内容还有技术等级评定、车辆变更、行驶里程、交通事故等。这种档案制度对危货运输车辆技术状况日常监督有很好的强化作用，促使运输企业主动将"定期维护，视情修理"作为日常技术管理标准原则，危货运输车辆日常查护得到强化，车辆安全技术指标能维持在良好等级。

6. 通过危货运输车辆强制安装电子定位系统，加强运输过程监管

第一，新技术宣传推广工作到位，确保各个部门都能认识到电子定位系统的行业优势。第二，遵照法律法规执行强制性要求，危货运输经营许可证的申请、换发等，都要强制要求在规定时间内安装电子定位系统，如不执行则吊销经营许可证，不能再从事危货运输。第三，通过整合省市交管运输部门，向下级安全管理部门释放更大职权，针对危货运输电子定位系统的推广，实现专项资金的帮扶与支持。第四，将区域内经营长途危货运输车辆清单详细整理得出，每辆车管理责任都要落实到个人，相关部门、科室、业务主管等是执行带头推广的重要主体，专管一个企业车辆或部分车辆，确保每辆车的电子定位系统得到落实。

第七章

现代物流中的流通加工问题研究

第一节 流通加工概述

流通加工是指"根据客户的需要,在流通过程中,对产品实施的简单加工作业活动(如包装、分割、计量、分拣、刷标志、拴标签、组装等)的总称"(GB/T18354—2006)。流通加工在现代物流体系中是非常主要的一个环节和作业,对物流的整体运作将表现出显著的影响作用。通常情况下,生产活动能够在改变事物的性质与存在形式的基础上实现产品价值、使用价值的创造,流通功能则是在不改变物的固有性质及存在形式的前提下对其所有权、空间位置等特征属性进行转变,产生空间位置变化、所有权人变动等结果。为了充分保证物资的科学利用与良好的物流速度,在流通过程中往往需要根据用户的需求对物资进行加工处理,从物理或者化学的层面出发使物品特性或者功能发生变化,从而实现保持产品质量、提升销售效果的目标(平海,2007)。以上即流通加工的具体内涵。

从整体发展情况来看,目前已有不少国家在开展物流业务时都同时开展所需的流通加工业务,以此保证物流质量和效率,流通加工因此成为仓库、物流中心重要的经营活动。特别是以美国、日本等为代表的物流业发展水平相对较高的国家,流通加工业务在物流体系中的重要性更高。以日本为例，在东京、名古屋、大阪等区域开展物流服务的数十家物流公司中，同时开展流通加工业务的公司比例超过了一半以上；而美国的物流企业则几乎全部将流通加工作为基本的经营内容之一，鲜有仅开展物资存储业务的企业。根据企业、零散用户的需要提供相应的流通加工服务已经成为物流企业的共同选择。

一 流通加工产生的原因

（一）流通加工是现代生产变革的必然结果

规模化与专业化是现代产业创新发展的最典型特征，也是物流业发展的必然趋势。这种科学发展模式能够实现对单一产品的大批量生产管理，以科学完善的生产技术与管理制度有效减少单件产品的平均成本，从而实现更好的综合效益。在规模化、专业化发展的推动下，生产模式呈现出集中化的发展趋势。随着规模化、专业化水平的提升，生产模式的集中性特征也更加明显。生产集中化则会进一步加大生产、需求的分离问题，使产品生产、消费等环节的空间偏离水平不断提升，表现出越来越大的空间距离；同时，也引发了日益突出的时间偏差，导致产品的生产与消费环节在时间维度也无法实现同步。而生产、消费活动的不同步问题也将打破生产消费这一产品流通过程的封闭性，构建起更加复杂的产品供需关系：某个或某些产品生产商所生产的产品可能将满足无数消费者的产品需求；而某个或某些消费者所购买的产品则又可能来自多个不同的产品生产商。而且在产品流通的过程中会产生更加显著的时间、空间相分离的特征，而各类产品运输、存储等作业则将作为克服产品供需分离问题的必要的、有效的措施。除时间、空间等维度的分离问题外，越来越多的学者认识到产品功能所导致的供需分离问题。社会化大生产表现出显著的品种单一、批量生产、专业流通等特征，而产品功能在设计时难以兼顾所有不同消费者的需求，导致产品功能必然无法与消费者的差异性需求保持充分统一，从而导致了不同程度的功能供需的分离问题。为了克服上述问题对产品流通的不利影响，就必须充分发挥流通加工的功能作用，这也是流通加工的价值所在，也是现代生产经营活动的一种客观需要。

（二）流通加工满足了消费者的个性化需求

在消费者产品和服务需求日益个性化的过程中，单一的产品生产加工活动往往无法满足这种需求，使得产品供需结构之间出现了不同程度的不匹配问题。例如，钢铁企业在产品生产过程中往往只制定统一的钢号、规格及型号，而对产品的具体宽度、长度等参数并无明确具体的规定；而消费者在购买产品时则往往会根据自身实际需要对产品的长度、宽度等具体的参数提出了明确要求，而且这种要求也表现出显著的个体差异，使钢铁生产企业无法充分有效地满足这种数不尽的个性化需求。这就导致了产品生产与消费之间出现了不一致的问题，导致产品供需结构失衡，生产者产品滞销与消费者需求无法满足等问题。

以上产品标准化生产与消费者个性化需求之间的矛盾冲突问题将进一步加剧产品供需分离的问题。从理论层面来看，仅需在生产端或消费端补充必要的处理工序就能针对性地实现所需的产品特性。但是在消费需求个性化问题越来越显著的过程中，这种补充性的加工工序也将面临日益突出的困难性、复杂性问题，无法保证相应加工工序的效率水平和效益水平，从而导致生产不经济的问题影响产业良性发展。以上问题也是流通加工存在的意义和价值所在，能够有效克服产品供需结构的不匹配问题。

（三）流通加工为消费者提供了便利

当流通加工这一作业环节并未成为产品流通过程中必要工序时，与产品供需有关的加工活动通常以使用部门为主体，这就导致使用部门的成本费用不断上升并加大其运营管理难度。为了克服产品供需不统一的问题，使用部门只能安排相应的工作计划，消耗特定的资源开展加工作业，导致生产时间增加、设备损耗加大、产品质量风险大等一系列问题，从而对企业经营绩效产生了不利影响。而通过加工流通这一特殊的作业工序将产品的加工处理作为一个独立的工序进行处理，能够有效减轻使用部门的成本压力，也减少其工作量，并且能发挥流通加工主体的作业优势与管理优势，以更经济的成本满足消费者个性化的使用需求。独立流通加工部门的出现将构建起产品供应部门与使用部门之间的服务平台，发挥其优势作用满足消费者的差异性需求。

（四）流通加工创造了新的价值

由于流通加工本属于生产部门的业务内容，因此当流通部门承担起流通加工责任的同时也对应地将其所包含的利润一同由生产部门转移至流通部门。这也表明了流通加工业务所产生的价值不可能超过生产部门创造的产品总价值，即流通部门的流通加工所产生的利润并不是单独的新增价值，其中很大一部分是来自生产部门的价值转移，而其所创造的新价值则能够为其提供更多的效益，这种额外效益将显著激励流通加工的生产积极性。

（五）流通加工是配送的重要影响因素

在物流系统中，物资的配送工作具体表现为物资的流通加工、整理、分类、挑拣、配货、运输等相关生产活动。物资配送作业通常以流通加工工序为起点，以末端配送为终点。因此，流通加工是配送活动的前提基础，具体通过各类加工设备、作业活动对物资进行个性化处理，这种处理作业将显著影响物资配送。在物流业快速发展、物资配送水平不断提升的过程中，流通加工也将获得更好的发展环境。

二 流通加工与生产加工的区别

相较于生产加工，流通加工在具体的组织形式、方式方法、管理机制等领域基本保持一致，但是在加工的对象、深度等环节表现出显著差异，具体差异情况如表7-1所示。

表7-1

类型	加工深度	加工对象	组织者	附加价值
流通加工	简单加工	流通中的商品	流通企业	完善使用价值、增值
生产加工	复杂加工	零配件、半成品	生产企业	创造价值和使用价值

（一）在加工深度上的区别

流通加工通常并不涉及复杂的加工作业，一般集中于浅层的作业环节，无论是加工深度还是复杂度都低于生产加工，具体为物资的分割、重新包装等作业内容。但是在消费个性化需求不断提升以及产业自身创新发展的推动下，流通加工的深度也将不断增强，能够对物资产生更显著的影响，并更好地满足消费需求。

（二）在加工对象上的区别

流通加工作业具体以流通过程中的产品为对象；生产加工则以各类原材料、半成品等为对象。前者实现了产品成品特征的调整和变动，而后者则完成产品成品的制造。

（三）在组织者上的区别

组织者具体的含义是生产活动的实现主体。对于流通加工而言，其组织者为流通作业人员，其生产活动的出发点为消费者的个性化需求；而对于生产加工而言，其组织者为生产加工领域的生产企业管理人员，其生产活动的出发点则是产品设计与生产工艺。

（四）在附加价值上的区别

基于价值要素，生产加工与流通加工对产品价值的影响也各有不同。前者具体实现了产品的价值与使用价值；而后者则很少显著改变加工对象的属性和特征，在尽可能弱化影响的前提下强化使用价值。

三　流通加工对经济发展的影响作用

（一）对经济发展的直接影响作用

1. 提高加工效率及设备利用率

对流通加工进行集中管理，发挥先进技术设备和工具的技术优势和效率优势，在充分保证设备技术利用率的基础上确保加工效率与质量，以此在最小加工成本费用的基础上实现最佳加工绩效。以钢板切割下料为例，使用部门通常选择气割的方式进行处理，导致加工余量的数量相对较大，出材率相对较低，也无法保证加工质量。而集中加工作业则能够发挥先进剪切设备的性能优势，有效克服以上问题，提高下料的效率和质量水平。

2. 提高原材料利用率

采取集中下料的方式开展流通加工作业，能够以使用部门的需要为出发点对生产部门标准化生产提供的单一规格的产品进行下料处理。这一加工处理方式能够充分保证使用部门需要与流通加工结果的一致性，从而实现产品供需的科学匹配，提高产品综合效益。该加工理念和方法的使用，能够显著提升材料利用率和综合效益。

3. 进行初级加工，方便用户

对于部分需求较低或临时性需求而言，生产部门初级加工的灵活性不足问题无法保证产品生产加工效率，更需要发挥流通加工的优势作用。该加工方法的使用能够有效降低产品初加工的成本费用水平，同时保证产品加工处理的灵活性与针对性，更好地满足用户个性化的产品需求。该加工模式的典型代表包括水泥制成混凝土原料、木材制成门窗、钢筋通过剪切扭曲制成各类型材、钢板打孔便于固定处理等。

4. 改变功能，提高收益

产品部分功能也可以通过流通加工进行改变从而更好地满足使用者需求。除以上功能作用外，流通加工还可以发挥积极有效地改善产品销售状况的功能作用，进而提升产品流通的综合效益。例如，许多国内出口的玩具、服装、工艺品等产品在深圳集散中心可完成一些相对简单、有效的美化性加工处理，通过优化产品外观的方式提高产品附加值，从而实现了超过20%的价格提升效果。这就充分肯定了流通加工在提升产品附加价值、更好地满足客户需求方面的积极作用，能够通过科学有效的加工服务提升物流产业的整体效益水平，能够实现更好的经营绩效。

5. 充分发挥各种输送手段的最高效率

物资流通过程中所发生的流通加工作业活动具体包含两个不同的阶段。从物资运输流通的特征来看，其在生产端与流通加工端之间所表现出来的距离显著大于流通端到消费端之间的距离。基于以上认知，可以把流通加工端作为分界线，将物资流通过程具体分解为流通加工端之前与流通加工端之后两个不同的阶段。前一阶段所涉及的生产端、流通加工端数量相对较少，物资运输的路线和收发点也比较明确，因此适合采取批量化的定点、直达运输方式，可发挥火车、船舶等大规模、集中化运输方式的成本与运量优势；而后一阶段所涉及的流通加工端与消费端表现出消费端目的不确定、消费需求不确定等特点，因此适合采取小批量、分散化、灵活性的运输方式，更加适合采取公路运输的方式，发挥汽车及其他小型车辆的灵活性优势，在尽可能降低成本费用的基础上保证运输效率。

（二）对经济发展的间接影响作用

（1）物流企业能够借助科学有效的流通加工服务提升自身综合经营效益。目前，流通加工已经成为物流业最重要的利润来源，能够为物流企业创造更多的经济效益，并且能够显著提升产品的附加价值。流通加工在成本、投入方面的优势将表现出较高的投资收益，既能满足企业对高利润的追求，也能够提升产品流通质量和效率，表现出更加显著的社会效益。

（2）流通加工能够对产品完成后续加工处理工作，满足消费者个性化、差异性需求，从而将生产者从复杂的加工处理作业中解脱出来，既提升其生产效率，也有利于其将精力集中于创造性的生产活动中，为社会创造更多的产品资源。

（3）流通加工还表现出显著的中介作用，从而显著提升社会化生产的分工水平与专业化水平。这一生产活动能实现更为科学的分工，提高生产企业生产的规模化水平，并且有效提升其生产效率，实现更高的综合效益。

（4）流通加工也能够充分满足生产、消费等主体的服务型需求，能够发挥其加工优势，在有效承接生产部门的部分加工业务的同时更好地满足消费部门的消费需求，从而降低产品生产流通的整体费用，提高产业综合绩效。

（5）流通加工在资源利用方面表现出显著优势，能够提高人力、物力等资源的综合利用水平，从而实现更好的经济效益，提升产业整体发展水平。

第二节　流通加工的分类与内容

一　流通加工的基本分类

（一）为实现配送进行的流通加工

配送中心是产品配送工作的重要环节，能够根据需要对产品进行处理和加工，为客户提供所需的产品形式及数量。常见的处理加工形式主要包括拆整化零、调整数量、调整规格等形式。在物流技术创新发展的过程中，物流生产管理技术水平不断提升，配送环节也承担起越来越多的流通加工责任。例如，混凝土搅拌车这一特殊工具就能够同步完成混凝土产品的运输和加工工作。基于客户的具体需求，流通中心能够按照特定比例将混凝土的各类原料进行混合并放置于混凝土搅拌车中进行运送，并在运送过程中完成充分搅拌和混合，在送达施工现场之后可以直接用于生产活动，从而有效减少了使用单位的生产加工工作量并提高了生产效率。在具体配送过程中，客户差异性、多样性的需求决定了流通加工的多样性和复杂性，难以一一进行详细介绍。

（二）为了消费方便、省力的流通加工

从产品供需关系来看，流通加工主要针对消费端的需要，因此消费端将成为其主要客户，其目的在于通过自身专业化、针对性的流通加工提高消费者消费过程的便利性和舒适性，以此获得消费者的认可。流通加工需要以消费者的需求为出发点，对相关产品进行科学合理的加工处理，使其更好地满足消费者的使用需求。比如，遵照生产需求定尺、定型钢材按需下料；木材直接制成可使用型材；粮食行业的面食流通加工；副食行业盘菜、半成品加工；商场首饰加工、服装加工等，都是为消费者提供便捷服务的流通加工方式。

（三）以保存产品为主要目的的流通加工

流通加工还能够有效保证产品质量，从而避免其在存储、运输的过程中发生使用价值下降甚至损坏的问题。特别是对于长距离的运输或长时间的存储情况而言，流通加工将在产品质量保障方面发挥更加积极有效的作用。基于加工对象的差异，可将流通加工细分为生产资料、生活消费品等不同形式的流通加工。具体来讲，生产资料流通加工虽然针对的对象表现出更好的存储性能，但是在缺乏充分有效管理和维护的情况下也容易发生各类质量风险，导致使用价值下降、产品质量受损等问题。这就需要通过流通加工，根据产品的实际情况选择相对科学合理的处理措施，如通过喷漆、除锈等方法避免金属生锈，对木材原料开展必要的防潮、防腐处理，对水泥开展有效的防潮、防湿处理等措施提高生产资料的运输、存储质量；而生活消费品则属于消费者直接使用的产品，因此对保存质量提出了更高要求，需要借助现代防腐技术工艺、保鲜工艺及冷冻加工工艺等方法确保食物品质，也需要对各类服装产品开展必要的防潮、防霉等处理措施。通常情况下，在对产品进行必要的流通加工以保证其保存质量时并不会影响物品原有的属性、性质和外形，并且需要根据物品的具体性质与保存需要选择不同的流通加工方式，从而使流通加工表现出不同的深度和水平。

（四）为满足用户多样化需要的流通加工

生产批量化、效率化的要求使生产企业倾向于选择标准化的产品生产模式，这一模式的结果往往无法与消费者个性化、差异性的消费需求保持高度一致。为了克服以上问题，实现产品供需结构的科学均衡，就必须在产品生产与使用之间的阶段对其进行加工处理。在流通加工环节出现之前，通常由用户完成产品的加工处理，以此满足自身实际需求。但是对于消费者而言，自身专业性不足、加工条件不足的问题将严重影响产品加工效果，并且会耗费用户大量的精力，难以保证消费者良好的消费体验。而流通加工的出现，为上述问题的解决提供了一种科学有效的解决方案，能够对生产部门所生产的标准化产品进行重新调整，确保其与消费者需求的匹配性，比如，钢材卷板舒展、剪切加工；平板玻璃以指定规格开片加工；木材改制枕木方材、板材等。对生产型用户而言是可以实现企业生产流程缩短的重要形式。

（五）为提高产品利用率的流通加工

流通加工能够实现产品在流通过程中的集中加工处理，因此能够显著提升加工处理的效率水平，实现更好的经济效益。这种集中加工机制能够充分发挥流通加工主体的资源、技术及管理优势，能够在尽可能减少原料损耗的基础上保证加工质量。比如，钢材集中下料，能实现合理下料、搭配套裁，使边角料总量减少，是提高原料利用率的重要方式。

（六）为提高物流效率、降低物流损失的流通加工

部分物资表现出独特的形状及其他属性特征，与常规的运输工具、物流作业之间存在较大的出入，这将严重影响物流作业的效率水平，引发比较突出的损失风险。为了避免上述问题对物资、产品的不利影响，

就需要发挥流通加工的积极作用,在不破坏物资、产品使用价值的前提下对其形状、规格进行二次加工处理,提高物流效率并降低损失风险,以此保证产品质量水平。以电动车运输销售为例,一般在运输过程中以零部件的形式成件进行运输,然后将装配环节转移至消费端,这就能有效避免运输过程中产品的受损风险,也能够有效利用运输空间提高运输综合效益;而对于液化石油气这一特殊产品来说,流通加工能够将其存在形态由气态转变为液态,既保证了物流效率也提高了运输便利性和安全性。

(七) 为衔接不同输送方式、使物流更加合理的流通加工

现代社会表现出日益显著的产品生产集中化与消费分散化的发展特征。这就使产品在流通过程中在生产端表现出显著的大批量、高效率特征并在消费端表现出小批量、多样化、多终端的特征,这就使产品生产、消费两个节点在产品供需方面表现出巨大的矛盾冲突。流通加工的出现将为上述矛盾的解决提供一种更加科学有效的方案,能够将产品流通过程以自身为分界线分成两个不同的阶段,并实现产品流通形式的科学转变,起到重要的承接与关联作用,为产品生产、消费提供一种更加便利的渠道和平台,从而充分满足生产者、消费者对产品流通管理的不同需求。

(八) 生产—流通一体化的流通加工

基于生产、流通企业的科学合作,或者不同企业向对方领域的业务延伸,能够构建起更加科学高效的产品流通体系,在科学分工的基础上充分发挥各自生产优势实现良好的优势互补,从而共同提升产品流通效率水平和效益水平,构建起生产—流通一体化发展模式。这种科学模式将有效发挥流通企业的优势作用,优化产业结构,显著提升产品流通的整体水平。

二 流通加工的具体内容

(一) 集中搅拌供应商品混凝土

在流通加工正式出现之前,水泥产品在流通过程中一般以粉末状的形式进行运输,在送达用户指定地点之后进行现场加工制作从而使其具备使用条件。这不仅会导致运输过程出现更加严重的质量问题与安全问

题，也会加大用户的使用成本和使用难度。而基于流通加工业务模式，能够将流通加工点作为粉状水泥产品接收与混凝土浆液的加工地点，在完成初加工之后再运输到用户指定地点直接使用。这一流通模式能够发挥加工主体的专业技术优势，并实现更好的社会效益与经济效益。上述优势的存在使流通加工表现出良好的发展势头。对于混凝土产品的集中加工供应而言，其优点具体表现在：

（1）以规模化集中加工方式取代过去的分散加工使用模式，能够发挥加工者的技术设备优势，充分保证加工质量从而提升产品利用水平，并有效降低加工损耗与其他损失。

集中搅拌能发挥加工主体的技术、工艺、设备和管理优势，能够根据用户的使用需求进行加工生产，根据需要添加必要的辅料，从而满足不同用户对不同性能混凝土产品的需求，在提升加工效率的同时极大提升用户的使用便利性，从而充分保证用户的综合效益。

（2）基于同等生产能力，集中搅拌表现出远高于分散搅拌加工的效益优势，能够有效降低生产加工过程的各类物料损耗，并且能发挥其工艺技术优势，有效减少混凝土加工制作对环境的危害性（如通过集中加工可以降低洗机废水的排放量，有条件的集中加工点还可以配置废水回收设备），从而表现出显著的经济效益与环保效益。经营位置相对固定的形式也能有效避免各类设备的移动和拆装，从而降低了设备损失风险，提高了综合效益。

（3）集中搅拌能够显著提升水泥产品物流管理的综合水平，为水泥产品的供应流通提供了一种相对固定、可靠的中转集散渠道，能够实现水泥产品的集中加工和配送，充分保证了产品的规模化、集中化流通加工能力，能够提高生产加工的综合效益并更好地满足用户需求。

在技术创新和应用环节，集中搅拌也表现出巨大优势，能够节省用户的使用成本并提高产品质量，实现更加显著的综合效益。

（二）输送水泥的熟料在使用地磨制水泥的流通加工

在水泥产品长距离运输供应的过程中，为了简化前期加工步骤和节省后续加工的时间，会把运送成品水泥转变为运送半成品的熟料。熟料能够在流通加工点进行粉碎处理，根据客户的需要混合其他加工材料和添加剂，最终制成不同型号、性能的混凝土产品并进行配送，这种方式能够表现出显著的技术优势和综合效益优势，因此在国内国外得到了广泛认可，表现出良好的应用发展势头。其优势具体表现在：

（1）提高运输便利性，显著降低运输成本与资源损耗。对于传统的粉状水泥产品流通模式而言，超过三成的损耗及成本发生在矿渣及相关添加物上。对于工业发展较快、水泥消耗量相对较高的地区而言，本身会形成比较充足的工业废渣，若能够将熟料运输到目的地之后进行粉碎处理并添加相应的废渣辅料满足其使用需求，则将显著减少废渣等辅料的运输成本，并提高废渣的综合利用率实现更好的综合效益。

（2）能够有效降低生产技术标准和成本费用，从当地实际情况出发完成所需水泥产品的针对性生产加工和供应，充分提升水泥工业的产能水平与生产效率。目前，我国水泥产品在标号方面存在比较突出的供需不一致问题，对于大中型水泥厂而言更加注重技术创新与产品品质，因此其所生产的水泥产品大多为高标号的优质水泥，但是在具体生产实践中，低标号水泥的需求量相对较大，在水泥产品总需求中所占比重也相对较高。这就使水泥产品在标号方面存在了供需不一致的问题，无形中加大了用户的使用成本。而熟料运输方式的出现和发展能在用户端完成加工处理，对其进行粉碎并根据需要添加辅料，从而获得所需的低标号水泥产品，降低用户成本并减小运输规模。

（3）大批量的运输方式能够以更低成本实现更高的运输效率。熟料运输能够充分发挥不同物流环节、不同主体的优势作用，能够提高相关设备的综合利用水平并降低综合运输成本，从而显著提升水泥产品运输流通的效益水平，为我国社会经济发展做出更大贡献。

（4）显著提升运输效率，减少运输损耗。与水泥成品相比，熟料在未经充分细磨处理前表现出更加良好的稳定性与抗湿性，能够有效避免运输过程中不必要的损耗。且熟料所表现出的颗粒状形态也能够有效降低散失风险，降低运输过程的环境危害性。

（5）构建起产品供需的良好中介渠道，提高产品销售水平并更好地满足用户需求。熟料运输能够构建起生产企业与熟料加工企业的良好合作关系，充分保证运输配送的稳定性与综合效益。同时发挥熟料加工配送企业的专业优势更好地满足用户多样性、个性化的产品需求。

（三）生鲜食品的流通加工

（1）冷冻加工。是指以鲜肉、鲜鱼为流通管理对象，以低温、冻结技术手段为工具进行加工处理确保各类产品在流通、装卸、搬运过程的良好质量。该流通加工方法也能满足部分药品、液态产品的运输需求。

（2）分选加工。是指针对农副产品比较突出的离散特征，借助人工或机械手段对产品进行分选和加工，从而使产品以特定的规格进行运输。这种方式广泛用于果类、瓜类、谷物、棉毛原料等。

（3）精制加工。精制加工一般以农产品为主要加工对象，将流通加工点部署在产地或销售地，通过清洗、切割、分装等处理去除农产品无价值的部分，保留其可售部分。该流通加工方式能够为消费购买创造便利条件，既提升产品品质也能够对余料进行科学处理。例如，鱼类产品精制加工所剩余的内脏具备药用价值的部分可用于制药，其他部分可制作饲料；鱼鳞可作为高级黏合剂的生产原料；蔬菜的余料则可作为饲料、肥料的加工原料。

（4）分装加工。分装加工主要针对部分规模较小、服务范围较小的零售网点，将部分大包装的产品进行分装处理，以更小的单位进行销售，提高销售便利性。通过这样的方法降低小规模零售商的成本压力和经营风险，并积极满足用户的消费需求，基本形式为用独立包装取代总包装、以小包装取代大包装或散装。

（四）机械产品及零配件的流通加工

（1）组装加工。对于电动车、机电设备等特殊的产品来说，在整装之后会导致较大的储运难度。在包装环节存在难度大、成本高、运输空间浪费、运量损失等问题。但是在科学设计生产的基础上能够实现相对简单的产品装配，也无须严格、复杂的检查调试即可使用。因此可通过组装加工的方法，在运输过程中采取零部件的形式提高运力使用率并降低成本，然后在消费环节完成组装作业。在电动车市场高速发展的推动下，我国物流体系逐渐形成了完善的组装加工机制。

（2）石棉橡胶板的开张成型加工。作为现代机械设备、热力设备等最基本、最重要的密封材料，石棉橡胶板的工厂生产加工多形成厚度3毫米左右、规格大小不等的板材。这就导致了较大的运输风险，容易出现折角的问题。而用户对石棉橡胶板的需求则具体表现为规格相对单一的垫塞圈，无须加工制成不同的尺寸规格，避免部分规格因缺乏需求而导致浪费。开张成型加工具体以用户需求为依据，对垫塞圈的大小规格进行裁剪加工，既提高运输效率也降低裁剪加工损失，提高运输、使用的综合效益水平。此类流通加工通常把加工环节设在用户端，具体加工过程由材料供应部门进行处理。

（五）钢板剪板及下料加工

较大的长度规格是各类钢材、板材的最大特征，其产品长度甚至能够达到7—12米，客观上会导致巨大的运输困难。而各类钢材、板材的主要需求客户为大中型企业，表现出消耗量大、生产需求多样化等特点，因此能够设置专门的加工设备完成特定规格的批量化剪裁处理。但是对于中小企业而言，其较小的需求量使设置专门加工设备难以避免显著的浪费问题，因此需要在流通部门设置专门服务中小企业的加工点，发挥大批量钢板剪板及下料加工的规模优势作用，满足中小企业客户的产品需求。

剪板这一流通加工方式具体通过剪板机在固定的加工场所和地点对板材进行剪裁，而下料加工则通过不同的切割设备对钢板进行裁剪，使其规格缩小或形成毛坯，为用户使用创造便利条件。

该流通加工方式的优点具体表现在：

（1）方式灵活，不会显著影响产品结构特性，充分保证产品性能质量。

（2）精度高，物料利用率高，有效减少了加工损耗。

（3）批量化、连续化的生产加工能够发挥专用技术设备的优势，进一步均衡成本、效率和效益。

（4）减少用户使用前工作量，满足其对生产效率的要求。

（六）平板玻璃的流通加工

平板玻璃流通加工以"集中套裁，开片供应"为主要方式。选定某个城镇成立多个玻璃套裁中心，根据用户设计图纸统一开片，向用户供应的是成品。以此为基础，发展平板玻璃加工从工厂到套裁中心的"首次输送"模式，实现加工的规模化和高效率；同时，从套裁中心出来的成品将通过"二次输送"直达用户，这一阶段输送的特征是小批量、多户头、现代化。这一流通加工方式的主要优势在于：

（1）平板玻璃利用率得到大幅度提升，不实行套裁时利用率为62%—65%，实行以后利用率超过90%。

（2）平板玻璃包装方式全面升级。工厂到套裁中心运输渠道固定后，可实现大规模集装平板玻璃的运输，既能节约包装木材用料，还可避免大量破损现象发生。

（3）首先，套裁中心按需裁制，是实现玻璃厂生产规格简化的前提，有利于批量生产单品种产品，提高厂商生产效率。其次，套裁中心承担部分加工工序后，玻璃厂在裁切、包装等方面就能实现工序简化，使工厂能集中一切资源用于核心产品的生产。最后，集中套裁可采用专业设备完整裁制，有效解决玻璃废料难处理、玻璃裁切劳动强度高的问题。

（七）煤炭及其他燃料的流通加工

（1）除矸加工。由于矸石具备一定能源用途，煤炭内混入部分矸石辅助燃烧发热，能节约部分煤炭降低经济成本。但是当把煤炭进行长途运输时，矸石的加入则显得不经济了，因为其燃烧发热量远不如煤炭却占用了更多的运输空间，对运力相对紧张区域，增加"纯质"煤炭运输量，减少矸石运输量，才是更经济的选择。因此有必要进行除矸加工，在开始运输前完成对矸石排除处理。

（2）为管道输送煤浆进行的加工。现今煤炭运输的一般方式，如铁路运输、水路运输等，存在损耗大、安全性差等问题。管道运输技术已日趋成熟，一次运送总量高，很多企业已经开始尝试在企业内部普及煤炭的管道输送，部分西方国家更是铺设了煤炭运输的管道，推广使用煤炭的管道运输。煤炭在实施管道运输前，需要经过一系列加工。首先煤炭要被磨成细粉并以水调和，形成具有流动性的浆状液体灌入管道中开始运输，这一方式的优势是整体运输过程是连续的、稳定的和高效的。

（3）配煤加工。以集中加工中心为处理点，燃烧质量不同的燃煤，以不同配比掺配加工，所得燃料发热量各不相同。其优势是能按需调配发热燃料，避免热能浪费或不足。对工业用煤来说，对生产过程有良好稳定作用，计量可控性也高。

（4）天然气、石油气液化加工。气体在运输、保存上难度大，各类气体燃料基本都是就地使用，有过剩也只能燃烧，导致空气污染、能源浪费。管道运输投资成本高、距离短，部分天然气和石油气生产地区不适合普及使用。因此，在当地设置加工点，把气态燃料压缩到压力临界点，将气体转化为液体，实现容器运输。

（八）木材的流通加工

（1）磨制木屑压缩输送。由于木材体积大，装运时空隙较多，很难达到满载效果，林区外送原木多用于造纸。按照美国的经验，会就地将其磨成木屑，压缩后将木屑制成容易装运形状，就近运送到消费地造纸厂作为原料，这种方法至少比输送原木减少50%的运输成本。

（2）集中开木下料。原木送到流通加工点锯裁为不同规格木料，碎木、碎屑等就地加工为板材。如果让用户自行处理原木，缺点是加工难度大、浪费问题严重，导致木材利用率低于50%，出材率在40%以下。集中下料指的是由客户提供图纸或者规格要求，按需下料，统一于加工点处理原木，这种方式能使原木实现95%的利用率，出材率也达到72%。

三 保税区的加工贸易

我国现行的《保税区海关监管办法》是保税区贸易活动的基本规范。该政策充分保证了进出口物资物流、加工贸易保税料件物流等产业的发展优势。

基于该政策，各类加工贸易企业保存于保税区的原材料，在未领用前等同于未进口材料，无须缴纳关税。加工贸易企业生产时领用材料，此时需办理保证金台账；当企业生产结束后，将成品向保税区出口，即可进行核销台账，取回保证金。

《保税区海关监管办法》在减轻企业资金压力方面发挥了积极作用，能够有效缓解资金占用情况，提高加工贸易企业的资金周转速度，并且能够有效简化相关手续，降低企业的管理成本，提高其生产效率。

第三节　流通加工的合理化

一　不合理流通加工的几种主要形式

流通加工能够在产品流通过程中提供必要的辅助性加工服务，能够有效弥补传统产品生产流通过程中的种种弊端，在降低成本的基础上提高产品供需结构的一致性，从而提升产品使用价值更好地满足用户多样性、个性化的需求。

不合理的流通加工主要表现在以下方面。

1. 流通加工地点设置的不合理

对于流通加工作业而言，加工点的合理布局是关键的问题。

第一，加工点的位置应当尽可能靠近需求地区，发挥末端物流优势并降低物流成本。

而加工点靠近生产端则主要存在以下问题：

（1）多样化需求，导致产品生产种类更多、批量更小，产地到需求地长途运输时，可能发生体积、重量不合理增加现象，会导致运输效率低、成本高、供需不一致问题。

（2）在生产地新增流通加工点，会额外造成了近距离运输、装卸、储存等物流成本。如果确有进行流通加工的必要性，则把加工的工序安排到原生产商处更为经济，无须额外设置新的流通加工点。

第二，如果是为了便于后续物流运输的流通加工，加工点也可设于生产地。如果把这样的加工点设置于消费地，则是一种设计的不合理，增加不必要的中转环节。

第三，综合考虑其他因素。在流通加工点具体布局过程中，不能片面考虑供需情况，还需要兼顾其他内外部因素，综合评价分析不同方案的成本收益问题，从中选择效益最佳的方案。

2. 流通加工作用不大，形成多余环节

由于缺乏科学理念，导致部分流通加工存在形式单一、效果不显著

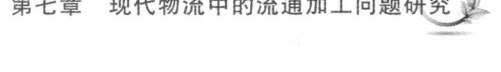

等问题，甚至出现了不合理的加工行为，反而对产品流通与销售造成了不利影响。

3. 流通加工方式选择不当

科学合理的流通加工关键在于流通加工与生产加工的合理分工。如果不能实现合理分工，则会导致本应生产加工解决的问题，被堆积到流通加工环节，造成资源配置失当以及效率低下等问题。

需要指出的是，流通加工仅仅对生产加工进行补充和完善，而不能完全取代生产加工的地位。因此，流通加工应坚持简单、轻度的发展理念，避免过度加工造成不利影响。

4. 流通加工成本过高，效益不好

显著的投入产出优势是流通加工的发展基础与核心动力。若无法保证投入产出的科学比重，则必然影响流通加工的整体发展水平，导致成本大、效益低等后果。

二　实现流通加工合理化的措施

出于提高流通加工发展模式科学性与合理性的考虑，必须重点把握以下原则：

（一）加工和配送结合

这样的结合方式通常使用已有的配送节点来进行流通加工环节。一般以配送要求来完成加工，可同时完成分货、拣货、配货等环节，加工成品直接可进入配货作业环节中。这种配送前的加工可提高配送效率，也方便客户的消费使用，广泛应用于煤炭、水泥的相关流通行业。

（二）加工和配套结合

如果产品流通配套要求高，要实现完全配套，产品生产单位有时支持能力不足。基于生产部门的具体情况制定流通加工发展策略，凝聚产品配套的优势，增强产品的流通能力。

（三）加工和运输结合

实现干线、支线运输有效衔接，推动不同运输形式相结合。传统运输过程中包含了支线运输向干线运输模式转移的"支转干"环节，也有将干线运输转为支线运输的"干转支"环节，不同运输模式的转换都带来难以避免的运输停顿，但流通加工只要根据干线、支线要求做适当加工,无须停顿即可连续运输,实现运输能力极大提升。

(四)加工和商流相结合

流通加工过程与商流配送结合,将配送、销售环节结合到一起,将包装加工优化,对促进销量很有效果。通过组装加工方式,解决商品使用前的组装、调试等问题,对商流有很好的促进作用。

(五)加工和节约相结合

推进加工合理化过程,需要对资源、人力等因素综合考量,判断是否符合环保节约的标准。因此合理化的流通加工需要从社会效益、经济效益两方面着手,企业既要追求经济效益,也要顾及社会效益。区别于传统生产企业,流通加工业应以社会效益为发展核心,明确合理的业务范围,避免过度发展与生产加工企业的利益产生冲突。

第四节 现代物流的流通加工问题和解决措施

一 绿色流通加工的发展

(一)绿色流通加工的内涵

绿色流通加工,专指以降低资源消耗、减少流通加工活动导致环境污染为目标的加工行为,采用先进技术对包装、分割、计量、分拣、刷标志、拴标签、组装等各环节进行低耗能、低污染处理。其内涵主要有以下三方面:

1. 基本作业活动

基本作业活动主要包含流通加工全过程的每个环节,分析其绿色化程度,可分为:①在库物品初始绿色加工,分装绿色加工、货物绿色分拣等。部分货物因为特殊性,可根据客户要求做解体、切割等处理,便于仓储、运输。以木材流通加工为例,需要锯裁原木后形成多个可用锯材,还要对碎木、碎屑等集中加工,按客户要求制作出指定规格的板材。这种初级加工对仓储、运输、装卸来说便捷性大大增加。②在库物品终极绿色加工,目前,大部分生产企业会直接生产成品后,将其存储到物流企业仓库内,此时就要由物流企业对成品做终极加工处理。比如，承运货物是出口服装时，物流公司可根据客户需求，将产品做终极加工——熨烫整理，这样有效减轻了服装厂工作压力，客户拿到高品质货物，对物流公司印象更好。③为配送物品贴标签，以客户需求为标准，印制条码文字标签，直接贴附到商品外包装，这种贴标签的工作量很大，且属于流水作业内容，主要形式有三种：一是手工操作；二是半自动化操作，具体需要由计算机打印出标签，在用手工操作将其粘贴到货物外包装；三是全自动机器操作。这种工作能有效减少客户需要付出的额外工作量，还能让流通加工企业获得额外收入，这也是各个外贸相关物流领域发展贴标签工作非常迅速的原因。比如，部分外贸公司借助保税区仓库做转口贸易，保税区仓库正是将国内外两个市场在地区、时间、价格、汇率方面的不同作为前提，国际运转流通加工由此实现，经过贴标签、再包装、打膜等处理，最后向目的国运输，这是赚取转口贸易差额的重要经营方式。④发货物品绿色集包，这是将客户需求作为前提，将多个物品进行小包装集成，也有赠品包装的形式，能满足客户对多类商品一次收货的需求。以配送中心来说，物品集包基本实现自动化捆包机械操作，设备处理效率很高，常见的托盘自动捆包机，对货品集包可提供买一送一促销包装服务，并根据客户要求来做商品组合包装处理。⑤分装绿色加工，将大包装进行小包装改进、运输型包装向销售型包装改进，这是一种将原本分散商品重包装后向市场推广的方式，对商品销售推进效果很好。采用分装加工形式，在酒类行业物流中心有很好的应用，啤酒集中送到销售地时，进行罐、瓶、袋、听的分装，这种销售可实现物流运输成本降低，还能实现区域市场销售量的增加。⑥货物绿色分拣，专门针对各类客户订单需要，将不同货物实施分区、装包、称重、制作货物清单等，这些分装行为可确保货物发运时间，采用绿色分拣时，货物处理衔接效果很好，可在仓库与客户间形成有效对接。

绿色流通加工，将上述各个流通加工作业环节综合分析后，以供应链视角来全面评估，以全局最优为基本原则，将货物的设计、材料、操作等构建全方位绿色化模式。再分析实际管理流程，把供应链上的正向流通加工和逆向流通加工结合起来实施绿色化管理，实现上下游企业高效率合作，这是建构循环经济的重要前提。

2. 行为主体

行为主体主要有专业物流企业、供应链上下游企业（制造企业和分销企业）、各级政府部门、物流行政管理部门等。由于流通加工环节非常多，受到环境影响作用比较明显，采取绿色流通加工策略，主要目的是能实现绿色制造和绿色消费连接，这是为企业提供可持续竞争力的重要方式。对于供应链上游制造企业来说，主动进行绿色产品的设计、制造，同时要保持与供应链各类企业的合作，将传统物流模式尽快改进。流通加工具有跨地域、跨企业、跨行业三方面的特性，实施绿色化流通加工方案，主要目的是改变原有的单一企业或地区物流管理现象，在政府政策及法律法规的基础上，制定绿色流通相关制度及政策并进一步推广。在这一过程中，必须得到不同政府部门的共同参与，以物流行政主管部门为核心，实现绿色流通加工合理发展。

3. 最终目标

实现绿色流通加工，就是为了人类生存环境得到保护，对自然资源合理应用，以可持续发展为目标，建立最大化经济效益道路，这是保证社会、经济、环境各方利益统一发展的重要前提（Brădescu，2014）。对于流通加工来说，是一种能实现客户需求、提高产品市场占有率的经营方式，流通加工对企业盈利有很好的推动作用，能为企业追求经济、物质双重效益最大化带来新的途径。绿色流通加工，主要优势不仅是对经济效益的追求，还要将资源节约、环境污染降低等作为基本原则，实现社会、环境、经济三重效益的统一化。由此可见，其本质是符合社会、环境、经济效益追求总目标的。在社会与企业的发展过程中，经常出现社会长期发展目标与企业短期经济目标相冲突的问题，很难做到阶段性的统一。企业实施绿色流通加工，就是既要实现物质效益、经济效益的短期目标，也要为社会、经济、生态可持续发展长期目标的实现。

（二）绿色流通加工的发展建议

绿色流通加工，其内涵非常丰富，不仅对企业经营活动有所包括，还会从社会的角度对流通加工各个环节实施管理、规范、控制等（李春香，2012）。要真正实现绿色流通加工，需要建立起社会、企业双重管控模式。

1. 在企业中加强推行绿色流通加工的措施

现代社会发展各个行业都在推进资源节约、环境保护，这不仅是符合社会公众利益的公益事业行为，更重要的是能让企业履行社会义务。推进绿色事业，对企业来说可拓展新型经营发展领域空间，还是获得重要商业契机的方式，企业应当探索符合自身经营策略的绿色模式。在国外，发达国家企业基本全面覆盖绿色事业，是各企业战略发展及日常经营活动基本指导。制定绿色流通加工经营管理策略时，要以环境保护视角为前提，实现行业发展的进步升级。

（1）明确绿色流通加工的目的。相比于生产加工，流通加工对价值和使用价值没有虚拟的创造，只需强化商品价值并适度增加部分附加值。绿色流通加工实施要建立正确目标，保证流通加工能独立出来，不受加工形式的限制，通过自身效益价值的分析考虑，采用可行性分析来强化加工意义，目的是将社会、企业双重效益统一实现。实施绿色流通加工的各类企业，要将社会效益作为最重要的基本原则。

（2）加强流通加工过程中采用绿色环保科技和措施。部分产品流通加工非常简单，很难对生产者、消费者提供相应的有效价值，因为这种加工形式并不能改善产品的种类、规格、包装等，仅仅是增加某个作业环节，这是不符合绿色流通加工目标的。而且，实际流通加工时要将绿色环保技术及方法进行合理使用。

（3）绿色流通加工节点的设置合理。进行节点设置时，需要考虑到流通加工选址问题，其分布位置、密度等，都对流通加工渠道有影响，同时对流通加工空间距离、时间长短等有直接影响，并最终决定其成本费用的大小。一般来说，如果流通加工对象是单品种大批量生产的商品，为了使产品符合多样化消费需求，所设置的绿色流通加工节点，应当选择消费区近距离位置，这种布局是便于大批量生产产品出厂后采用干线运输，并在不同消费产品末端配送前实现分类拆分，方便销售。假如绿色流通加工节点选择生产区周边，单品种大批量生产的商品经历流通加工后分拆成不同品种小批量产品，在随后的长距离运输到消费区的过程中必然有较高的货损率，流通加工的效果适得其反。而且在生产区域增设便于消费的流通加工环节，会伴有近距离的运输、仓储、搬运、装卸等环节，相对来说直接在生产单位的生产加工环节中加入流通加工的步骤反而更经济。

如果流通加工的目的是推动运输效率提升，将产品保管时间合理延长，提高物流效益，可将流通加工节点选择在靠近生产区的位置。这时流通加工点如果布局在靠近消费者的区域，后期的物流效益无法获得，甚至还会因为中转作业增加导致流通成本提高。

（4）积极发展流通领域生产余料和废物的循环利用。采用新工艺来进行流通加工，可以实现流通加工各环节中的废物、废液、废弃物等合理回收。传统的消费者分散性流通加工，可转变为专业化集中式流通加工，各环节都能呈现出程序化、车间化优势。以规模化流通加工方式使流通加工过程资源过度消耗问题得到合理解决，通过新技术提升资源利用率，合理使用防护设备，比如加工产生粉尘要以过滤装置来净化，这是减少流通加工活动对环境不利影响的重要方式。

2. 在社会中推广绿色流通加工的措施

（1）加强政府在绿色流通加工中的管理职能。流通加工发展规划及政策的全面落实，必须得到政府行政力量的推动和协助，采取权威手段来规范市场秩序及经营活动，这是利用行政法规及政策，强制推进绿色流通加工，避免环境污染、资源浪费问题。由于流通加工会带来一定的物流停滞问题，不合理流通加工不但会造成成本费用增加和物流时间延长，对环境也会带来较大压力。采用消费者分散加工的形式，不仅浪费大量能源，且利用效率很低，比如，餐饮业实施食品分散加工，很难做到资源统一规划，对空气也有严重污染，各种边角废料得不到科学再利用，只能弃置。如果不能做到科学合理的流通加工中心选址，成本提升、资源浪费的问题也很难解决，由于运输量增加导致新污染的情况时有发生，这些都是应当得到政府重视的问题，应通过环境法律法规的完善来控制废气、废水、废弃物等的排放和处理。

（2）构建绿色流通加工发展的网络平台。信息化作为现代社会发展重要标志之一，信息对企业发展有着决定性作用，如果得不到真实准确又及时的信息，企业决策很难达到科学有效，经济效益难以提升。信息，广义角度可包含各类信息内容，市场、政策、技术、知识、工艺等信息交换并非一次性交换，这表示信息是可以反复使用，且把有用信息让渡给他人对己方所有权、使用权没有影响。相关信息如果做完全转让同样是合理的，由此企业间信息协作、交互，都是绿色流通加工网络平台建设的重要目标，能实现信息正向推动绿色流通加工发展。利用信息化带动流通加工绿色化发展，具体可通过信息技术范围持续扩张，提高流通加工深度、广度。企业采用先进信息及管理技术，以网络发布绿色流通加工信息，结合商务平台建构，推动绿色流通加工于网络平台空间顺利拓展。

（3）加大绿色流通加工技术的研发力度。绿色流通加工技术，指的是企业流通加工时，能实现企业、消费者、环境三方利益相结合目标。采用再生资源为产品实体带来更好的原料，流通加工过程应降低对环境的损害，减少人体所受伤害，各类原料、辅料的选择，都要以降低或消除"三废"对环境不利影响为目标。如果流通加工技术研发效果不佳，就不能实现行业全方位进步发展，无法建构先进绿色流通加工技术平台，很难推动绿色流通加工升级进步。将中国流通加工技术发展与国外的绿色标准进行对比，还处于较低发展水平，未来发展方向应以机械化、自动化、信息化、网络化等为主，相对于西方发达国家，至少还有20年左右的追赶进度。要建构绿色流通加工渠道，前提是实现加工技术全方位的研发，通过新技术为流通加工行业提供更好的绿色发展空间。

二 农副产品流通加工的管理

农产品流通加工能力比较落后，导致产品营销途径少、价格低、附加值低等问题，这些都是导致农户增收难的重要原因，实现农户增收，流通加工业发展必不可少（袁雪妃、孙悦，2018）。

（一）农副产品流通加工管理的存在问题

1. 传统物流经营环境单一

农副产品流通加工企业经营各项流通环节，生产模式多为"公司订单+基地+农户"，可通过本地深加工的方式对农副产品进行处理，然后由企业来完成物流配送，直接送至各个合作商家。这种方式能很好地确保农副产品配送时序性，但流通加工技术时效性很难得到科学完善。

如果产地加工后的农副产品仅能向合同指定的地点配送，明显制约合作商家创新能力，产品的开发、宣传、再包装等能力被严重约束，导致市场销路开发程度不高，可持续增长利润点不能得到拓展。应适时改变物流途径单一的现状，实现农副产品流通加工重要环节的完善，有利于行业经营环境优化。

2. 网络营销尚未成熟

目前，商超供应系统相继建立，很多农副产品流通加工单位展开网络营销，相比于同类型产品还有明显滞后问题，网络市场占有率升级效果非常有限，这就导致网络营销空间非常狭窄。当其他企业同类产品已经获得网络营销利润时，就需要有附加值更高产品，才能吸引网络消费者的青睐。由此可见，要打开现代网络市场，应当开拓新的市场经营途径，如果不能增加产品附加值，就会导致产品价格低、销售途径少的问题，所以如何增加农副产品附加值是未来网络营销的突破点。

3. 现有流通加工技术落后

由于农副产品种类很多，经营范围很广，主要包括：种子研发、生态、种植、粮食烘干、仓储、果蔬气调保鲜、冷冻贮藏、农产品技术开发、精深加工、销售、综合冷链物流配送等环节。由于流通加工技术落后，导致农副产品销售环节被严重制约。农产品只能在特定生产环境下生长，由北到南配送时，室温变化对产品品质影响很明显。由此可见，农副产品流通加工企业可以通过技术升级，实现到销售地二次加工的目标，并同时检验产品质量。但是，我们对行业发展分析后，发现各个企业经营范围并未得到合理拓展，未进行质量检验的项目，这对于农副产品流通加工企业开展异地销售业务带来不利影响。

（二）农副产品流通加工的改进策略

1. 整合创新流通加工平台

与第三方物流平台建立沟通合作，将农副产品物流配送环境进行优化整合，主要优势有两方面：第一，电商营销各环节必须与各个快递品牌进行沟通，可采用合作关系来构建配送全国的网点系统；第二，对异地流通加工平台进行规划，在全国范围内形成网络系统。所以，物流配送系统经过整合，能实现农副产品物流配送环境的优化，对全国市场开通有重要的促进作用，是新型电商平台建立、流通加工平台完善的重要基础。

2. 打造网络销售电商平台

网络营销渠道，这是打通全国农副产品市场面临的最大难题，对流通加工企业来说，不能实现电商平台市场占有率的提升，新市场的开拓难度就会很大。根据同类产品网络营销利润空间的获取情况，可以看出销售额总量是在增加的，大部分地区基本建立起稳定的消费习惯，消费者群体也在持续增加。对于后进入市场的企业来说，相关产品已对现有网络市场有一定的适应性，无须为农副产品的包装设计投入过多的费用，只要对相关农副产品附加值进行适当拓展，即可获得消费者认可与支持。对农副产品来说，主要附加值有产品质量、绿色环保、营养价值、鲜活程度等，这是现代网络营销非常重要的宣传核心点，也是重要的盈利点。由此可见，电商平台拓展建立是实现利润点创新的重要方式，对品牌市场投放来说非常有效，这是新产品获得消费者认可的重要契机。对网络平台建立效果分析后，我们认为全国市场的开拓还能带动线下销售，全国市场平台得以建立，网络营销可信度再次提升，这是打造线上、线下双向发展的重要前提。

3. 重视流通加工技术的应用

流通加工主要是通过物流系统、配送中心相结合，共同运作后形成组合关系，使深加工技术与农副产品流通加工融合，实现流通效果、地方市场接受效果相结合的营销策略。对企业来说，流通加工技术作为企业的核心技术，是能有效解决企业内部物流配送系统局限性的，对农副产品物流效率提升很有效果，是农副产品品质维护的重要保障。特别是农副产品实际流通时，配送条件比较严苛，冷链低温成为配送行业的标准，销售地建立深加工分流网点，将农副产品进行重新包装、切割、分拣、计量、剪裁、组装等操作，通过这些简单操作可将物流配送模式优化升级。一方面，生产地采用粗加工形式，对农副产品运输配送有很好的损耗降低作用，到销售地对产品质量审核后重新包装，对配送环节经济成本有很好的下调作用；另一方面，销售地是深加工实施地点，对农副产品鲜活度核检后，可确保产品的质量和安全。特别要注意一点，新型流通加工技术是保障开展异地加工的必要条件。同时对企业来说，农副产品贮藏管理，必须重视采后处理、生理、加工等技术的实施，这些技术环节与分级包装制度结合后，能实现异地加工水平提升，确保农副产品的安全品质，使销售地技术产能向质量产能快速转化。

第八章

现代物流的配送管理问题研究

第一节 配送概述

一 配送的内涵

（一）配送的早期定义

配送问题也得到了我国学者的广泛关注，并且在理论研究发展的过程中其概念内涵也不断变化。概念的早期定义主要参考和借鉴了日本的理论成果，而日本的理论成果则又是基于美国物流科学研究成果。因此，配送的最根本定义应当为英文单词delivery。这个单词的中文含义为"提交""递交""交付""交货"等。部分学者指出，delivery的基本含义仅为配送过程的一个末端环节，并不能以偏概全将其作为配送的定义。因此，将"delivery"等同于"配送"从科学研究角度来看缺乏准确性与严谨性。而英文单词distribution则包含了"销售""流通""分配""分销"等不同的含义，虽然并未明确其作为"配送"的科学解释，但是与"delivery"相比，其内涵更加接近于"配送"的本质属性。以知名的大型连锁超市沃尔玛为例，在其经营说明中具体用"distribution"这个词汇对与产品流通有关的采购、分拣、储运、整合、配送等具体经营与服务活动进行表述，这一实践进一步肯定了"distribution"在描述配送功能内容方面的准确性与恰当性（王慧等，2004）。

由此可知，英文单词 distribution 的内涵更加接近我国学术界对"配送"的概念界定，但是仍然无法得到所有学者的共同认可。即使在理论发展水平相对较高的日本，不同学者也提出了不同的概念内涵对配送的定义进行描述。

根据日本文部省的工作成果，在其推广的物流培训教材内，配送具体被解释为"最终将物品按指定时间安全准确交货的输送活动"。

而在《物流知识》这一由日通综合研究所推行的教材里，配送则被具体解释为"与城市之间和物流据点之间的运输相对而言，将面向城市内和区域范围内需要者的运输，称为'配送'"。此外，在《物流手册》（1991）一书中，日通综合研究所还将"从配送中心到客户之间，物品的空间移动"界定为配送的具体内涵。

虽然上述成果对配送的概念做出了不同的说明，但是也呈现出一定的共性特征。从物流系统的角度来看，配送居于系统的末端环节，是物流活动的最后一个环节。但是从其表象来看，配送的形式非常类似于传统的送货活动，因此容易导致这两个概念出现混淆的情形。从日本学术界的整体认知来看，配送主要以特定的区域（如城市内部）为活动范围，是运输形式的一种特殊表现（赵家俊、于宝琴，2004）。

（二）我国学界对配送的定义

我国国家标准对配送的定义为"在经济合理区域范围内，根据客户要求，对物品进行拣选、加工、包装、分割、组配等作业，并按时送达指定地点的物流活动"（GB/T 18354—2006）。

在以上概念中，将"经济合理的区域范围"确定为配送活动的具体空间范围。但是对这个区域范围的具体规模并未进行明确论述，而是比较笼统地将其定义为配送活动目标客户所处的区域。这个区域既可以理解为城市内部某一特定的区域，也可以理解为某个城市，甚至可以理解为若干城市所构成的一种区域性集合体。在社会发展进步的过程中，配送服务能力和管理水平也将随之发展进步，从而使配送所针对的区域规模也将不断扩大，并在资源整合的基础上实现高效、便捷、可靠的配送服务（陈虎，2011）。目前，美国已经出现了州际配送业务，而日本部分配送企业也具备了全国范围内开展配送业务的能力。

根据上述理论观点和研究成果可知，配送通常由进货、分类、存储、分拣、配货、分放、配装、送货等基本作业环节构成。该项业务的基本流程如图 8－1 所示。

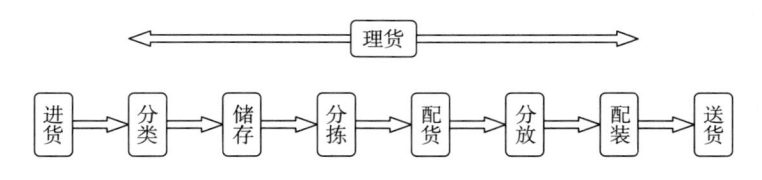

图 8－1　配送流程

需要注意的是，上述一般性流程并非严格的标准要求。而是可以根据配送活动的具体情况对部分流程进行调整与优化，从而使不同的配送活动表现出特有的差异，也实现了配送活动的多元化与个性化特征。以燃料油这一特殊产品的配送活动为例，在其配送过程中就不涉及配货、分拣、配装等具体作业内容；对于生鲜食品这一特殊产品而言，则又需补充流通加工这一作业环节，并且该作业环节具体出现的位置也并不确定。

基于以上研究成果，可对配送内涵的基本构成要素进行界定：

（1）配送工作的起点是用户需求，其最终目标是满足用户的需求，这种需求具体表现为产品的类型、数量、规格、配送时间等内容。

（2）物流节点是配送活动的具体执行主体。其建设形式比较多样，可根据具体需要选择配送中心、物资仓库、零售商店以及其他实体形式作为货物的集疏环节。

（3）配送本身表现出复杂性、系统性特征，是包括分类、储存、配货等诸多物流作业活动所构成的完整作业流程。

（4）配送工作的终点是收货人完成货物的接收与确认。

（5）配送的区域范围要坚持经济性、合理性的基本原则。

（三）配送与运输的区别

在具体的研究与实践工作中，往往会一起分析论述运输、配送等概念。这一情况的原因在于运输、配送将共同构成完整的物流活动，实现货物由生产供应者向最终消费者的输送。因此，必须科学把握运输、配送的本质关联才能理解其中的科学内涵。用一种便于理解的方式表述，运输实现了货物在两个不同地点之间位置的运动；而配送这种货物运输作业则以货物由一个配送点向若干需求点之间一对多的运输。因此，运输泛指所有货物位置的变动，而配送则具体表现为短途、小批量的货物转运。这就确定了配送与运输之间相包容的关系，配送仅仅是运输的一种构成要素。对于配送活动而言，其核心要素为"配货"，就是对货物进行分配处理，而其中的"送"则是配货工作需要所开展的具体运输作业。

运输的内涵不仅包括了产品生产过程中各类物资的运输，还包括产品销售流通过程中各项具体的运输方式，共同实现了货物由最初原料经生产加工、流通运输直至消费者的完整运动过程。配送可以直观地理解为物流最后一个环节，具体通过货物的配、送作业满足最终消费者的资源需求。通常情况下，配送活动是运输体系的构成要素之一，属于一类特殊的运输方式。因此，传统理念并未肯定配送对物流系统的重要意义，也未将其作为一个独立的环节进行分析和管理，仅仅从运输过程的一种末端作业层面出发对其进行定位。但是，对于现代配送而言，这一流通管理体系本身表现出复杂的构成要素与系统化特征，具体包含了与之相关的经营活动与货物管理服务，不再属于简单的货物运输作业，因此具备成为独立体系的条件。从其特征来看，运输与配送之间的具体区别如表8-1所示。

表8-1　　　　　　　　　　配送与运输的区别

内容	配送	运输
运输距离	短距离支线运输、末端运输	长距离干线运输
运输批量	多品种、少批量	少品种、大批量
运输工具	小型货车	火车、大中型货车、船舶、飞机、管道
管理目标	效益、服务优先	效率、成本优先
附属功能	装卸搬运、保管、包装、分拣、流通加工、订单处理等	装卸、捆包

(四) 配送与送货的区别

(1) 对于生产或销售企业而言，送货还是非常主要的一种销售策略和工具，送货服务的科学开展能够显著提升产品销售能力；配送基于社会化、专业化的生产分工发展而来，是现代社会发展的客观结果。

(2) 从用户的层面来看，无论哪一种送货方式仅能够对其部分需求进行满足，是送货人基于所拥有的货物情况开展送货业务；而配送则能根据用户的需求制定针对性的送货计划，能够从用户需求出发进行满足，从而确保送货时间、方式及内容的科学匹配。

(3) 送货一般并不是送货部门的主营业务，而是一种附加的服务，这就使送货业务得不到送货部门的充分重视；配送则是配送部门专业服务，能够发挥专业优势确保高质量的配送服务。

(4) 从流通体系的层面来看，送货仅仅是其中一种服务环节；而配送则是独立的物流管理体系，能够综合利用各项资源实现良好的物流管理服务。

(5) 配送活动能够发挥配送企业的职能作用对库存开展集中管理，以此保证生产部门物资供应的稳定性与安全性，能够克服传统的分散式库存管理的繁杂弊端，降低企业库存压力和风险，最终为"零库存"管理目标的实现提供必要支持。对于部分物流业发达的国家以及我国而言，集中库存管理的优势已经得到了充分体现，这是传统送货所不具备的。虽然物资配送业务在我国的发展时间还比较短，但是其优势作用已经得到了社会各界的广泛认可，整体呈现出良好的发展势头，无论是业务规模还是服务范围均不断扩大，也呈现出专业化、规范化的良好发展势头，能够积极满足社会对高水平配送服务的需求。

(五) 配送与物流的联系

在完整的物流系统中，配送业务往往针对短距离货物运输，是物流系统最后一个环节，实现了货物向最终消费者的运输服务。此外，配送并非一个单一的业务范畴，而是需要装卸、包装、储存等其他物流活动提供必要的配合，呈现出多元化、综合性的发展特征。因此，配送体系属于一种相对完整、独立的物流作业，是现代物流系统的一种特殊发展形式。通常情况下，配送过程将涉及物流管理的诸多领域，需要综合运用多种不同的物流作业及管理方法才能实现货物运送的服务目标。对于部分特殊配送活动，还可能涉及流通加工等作业，因此使配送表现出显著的系统性特征。相较于常规意义上的物流，配送也表现出一定的差异性。常规物流主要涉及了货物的运输、保管等业务，而配送则以货物的运输、分拣、配货为主要内容。也就是说，对于配送而言，其最特殊、最典型的特征就是分拣配货，这也是配送与一般物流的区别所在。科学有效的分拣配货将充分保证货物运送的质量水平。总的来说，作为物流系统重要组成部分的配送，其本质属性仍为一种特殊的运输方式。

（六）配送与商流的联系

从商流的层面来看，配送活动则属于特殊的商业形式。虽然配送活动过程通常表现出商流与物流的相分离特征，但是随着配送的发展进步，商流与物流的分离程度正逐渐减弱，逐渐表现出更加紧密的关系。而商流、物流的科学关联也将极大提升配送业务的成功率和服务质量，从而为用户提供更高水平的物流服务。

二　配送的作用

（一）完善了输送及整个物流系统

自第二次世界大战结束以来，全球科技呈现出快速发展势头。具体到运输领域，基于技术创新发展的新型运输工具不断出现，在运输效率、运输能力方面表现出巨大进步，逐渐构建起了铁路运输、水路运输及公路运输等不同运输方式所形成的庞大运输体系，有效满足了社会经济发展对大批量、长距离、高水平的物流运输服务需求。除干线运输以外，还需要保证支线运输、末端运输的建设发展水平，而上述辅助运输机制则成为物流整体质量的重要影响因素。与干线运输相比，辅助运输表现出更加显著的灵活性、服务性及适应性特征，一旦出现发展问题则必然导致运力不足、资源浪费等问题，严重影响物流综合效益。因此，必须充分发挥配送的优势作用，构建起完善高效的辅助运输体系，充分弥补干线运输的缺陷和不足，实现更加完善、高效、可靠的物流体系。

（二）提高了末端物流的经济效益

配送基于科学需求对商品按计划进行匹配，在集中管理的基础上开展送货业务，能够实现不同用户小批量、分散化产品的集中运送，能够充分发挥自身优势确保物流末端环节的服务质量，从而为良好的物流经济效益提供有力保障。

（三）通过集中库存使企业实现低库存或"零库存"

以定时配送为代表的新型配送理念和服务模式，能够发挥配送主体的优势作用，提高产品库存管理的科学水平，从而有效降低生产企业的库存规模和库存风险，为生产企业的成本管理与控制创造了有利条件，有效提升生产企业的资金利用水平并缓解其资金占用情况，从而提高生产企业的财务质量。配送部门的集中库存管理能够降低流通过程的总规模水平，并且发挥积极有效的调节作用，极大地提升了商品流通效率，有效地降低了成本水平，实现了更好的社会经济效益。

（四）简化手续，方便用户

配送业务实现了用户与配送中心的单线关系，只需将需求提供给某个配送中心，然后由配送中心安排采购活动即可满足用户需求，避免了用户寻找货物、供应商的行为，也能够以更简单、便捷的方式完成货物接收工作，因此能够显著减少用户的成本费用，提高用户的综合效益。

（五）提高了供应保证程度

若生产企业自行完成生产、库存管理等活动，则往往在管理成本的影响和制约下无法保证灵活、充分的供应服务。配送中心则能够实现更大规模的货物库存与集中管理，因此其库存规模相对较大、库存也相对充足，能够有效降低供应不足的风险。

配送不仅是物流活动的末端环节，也是资源配置活动的最终环节。科学有效的配送管理不仅能够满足配送部门的发展需要，同时也能够充分保证社会资源的配置效率与利用水平，充分挖掘作为"第三利润源"的物流价值，显著提升社会经济的综合效益。

三 配送的分类

（一）按配送时间及数量分类

1. 定时配送

定时配送最典型的特征是基于固定的时间间隔开展货物配送业务。其中的时间间隔具体由配送中心、生产企业等主体进行友好协商，在综合考虑相关影响因素的基础上确定一种相对稳定的配送计划。这种时间间隔具体表现为数小时或者数天一次的配送频率。在具体配送活动中，既可以按照既订计划完成特定类型、数量货物的配送工作，也可以提前沟通确定是否调整配送计划。该配送方式表现出固定的时间计划，能够充分保证配送活动的稳定性，从而提高了配送部门、接收部门的经营规律性和稳定性。但是在货物规模较大、类型较多的情况下，一旦出现比较严重的变动事项，则可能导致固定计划在调整方面不灵活、不充分的问题，从而引发不同程度的作业风险，影响配送活动的正常开展。

由于货物种类多、数量不确定等问题的客观存在，使配送活动在运输、配货等不同环节均存在较大的管理风险，因此对配送部门的运力安排能力提出了较高要求。对于定时配送业务而言，比较常见的工作形式主要包括：

（1）日配形式。作为目前最为常见的一种定时配送形式，日配在城市配送领域发挥了重要作用，能够充分保证城市配送工作的质量水平。通常情况下，日配采取上午订货下午配送的工作机制，也可以采取下午订货次日上午送货的机制，也就是能够在订货以后的 24 小时内完成货物配送任务。这种配货方式能够将库存控制在最低水平，充分保证了生产经营活动的连续性与稳定性，从而实现了更好的经济效益。

（2）准时—看板方式。该定时配送方式能够基于配送主体与生产主体的协调一致实现稳定的同步配送。相较于普通定时配送、日配等方式，准时—看板配送在配送精确性方面表现出更显著的优势，也表现出更加严密、规范的配送流程。但是这一配送模式需要保持配送部门与生产企业之间的良好配合，基于同步协调的机制保证生产、配送等活动的持续性。该配送模式能够充分保证配送部门的供货与生产企业需求在时间上协调一致，从而在满足后者需求的同时也不会给后者带来库存问题，构建起原材料供应与需求的直接关联，避免了库存环节，从而降低了成本并提高了效益。

该配送模式能够更好地满足重复性、组装性生产加工对原材料的需求，能够构建起物资的高效流通体系，形成了"一对一"的配送服务机制。

2. 定量配送

定量配送是基于特定的批量于特定时间完成配送任务。这一配送方式以相对固定的数量为最典型的特征，因此能为备货工作创造便利条件，在用户对配送时间要求并不严格的情况下，可将不同客户的分散性需求凑整进行整车运输，从而提高运力的利用率并降低单位运输成本。此外，定量配送能够体现集合包装的运输优势，发挥各类集装运输设备、设施的优势作用，显著提升配送服务的整体效率。但是也需要认识到定量配送相对固定的配送数量会导致的灵活性不足的问题，可能引发库存积压或者库存不足。

3. 定时定量配送

此类配送方式具体表现为固定时间、固定货物（品种、数量相对固定）等特征，能够充分发挥定时配送、定量配送的优势作用，表现出显著的计划性与针对性，但是这种方式要求更好的配送管理水平，在实现生产企业与用户之间供需均衡同步方面存在较大困难，但是一旦形成了科学的配送机制，则能充分保证配送效率。在实际应用中，定时定量配送因实现难度较大导致其应用范围相对有限。通常在汽车、机电、家电产品等组装性产业的物料供应中能够得到运用。

4. 定时定线路配送

该配送方式以特定的线路为货物运输路径，安排车辆在规定的时间内完成配送任务。而用户则需要根据配送计划所确定的配送时间、路线以及自身情况选择合理的接货位置，属于一类相对高层次的配送机制。该配送方式通常基于配送方与需求方的配送协议中的具体内容与规定开展配送业务，根据协议内容确定相应的配送时间、数量、类型、路线等问题，充分保证配送效率，满足双方对效率和效益的需求。

5. 即时配送

该配送方式以用户不确定性的货物需求为出发点，根据客户要求在约定的时间里完成特定种类、数量货物的配送任务。其优势在显著的灵活性，能够尽可能减轻用户的库存压力，为"零库存"目标的实现提供有效保障。但是，这种基于客户确定性货物需求的配送方式也存在计划性差、可靠性差的问题，难以保证配送方运力的合理利用，也无法充分保证配送成功率。若想保证充分的配送服务则需要配送方具备充分的库存储备，因此会加大配送方的库存成本。这就要求更高的配送费用弥补这一成本问题，使即时配送难以成为常规性、经常性的配送形式，更多作为一种临时性需求的补充工具。

（二）按照配送采用模式的不同分类

1. 物流配送的模式

基于物资配送的具体内涵与运作形式可对其进行科学分类，主要包括以下三类：

（1）集货型配送模式。此类配送方式的基本特征如图8-2所示，多用于满足上游采购的需求。在这种供应链结构中，上游生产企业对配送中心表现出显著的相关性特征，而下游企业则表现出相对显著的独立性特征，使上游企业的配送依存度显著高于下游企业，同时呈现出上游企业配送需求相对集中且下游相对分散的特点。此外，该配送模式也对配送部门的流通加工能力提出了较高要求，用于满足成品、半成品类物资的销售需求。

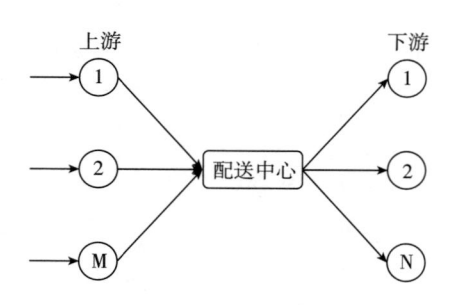

图8-2 集货型配送模式

（2）散货型配送模式。该配送模式能够更好地满足下游供货方的物流管理需求，有利于提高其物流管理水平。相较而言，当下游企业对配送中心表现出高于上游企业的服务依存度且下游企业的需求相对集中时，这一方式能够构建起良好的利益共享关系。典型代表为机电产品的配送服务。

（3）混合型配送模式。混合型配送模式的优势在于能够发挥以上两种配送模式的优势并克服其缺点，从而实现一种更加高效、可靠的配送服务机制。该配送模式多适用于发展规模较大、设备投资相对较高的配送部门，能充分保证配送部门的配送服务能力，基于其在规模、技术等方面的优势实现多样化经营效果，有效降低了其发展风险，非常适合电商物流服务体系的发展。

2. 连锁超市的配送模式

连锁超市主要有三种典型的配送模式：

（1）供应商直接配送模式。该配送模式多适用于连锁超市等经营规模较大、产品需求较高的商业主体。能够根据此类用户的具体需求开展针对性的配送业务，基本流程如图 8-3 所示。该模式能更好地满足以"家乐福"为代表的实体网点少、单店规模大、购销能力强的经营主体的采购配送需求。

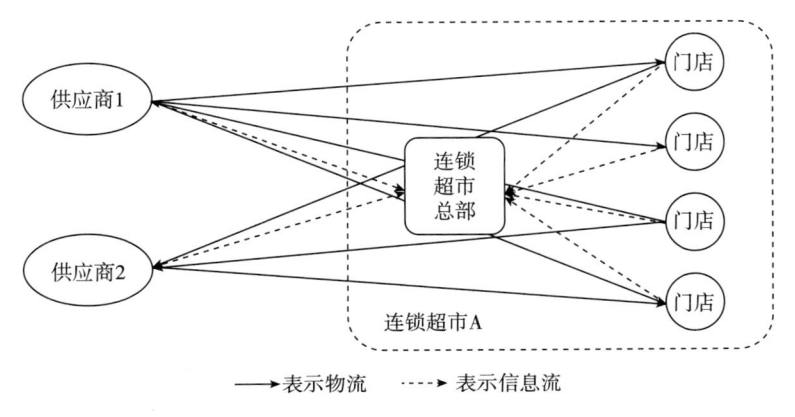

⟶ 表示物流　┈┈ 表示信息流

图 8-3　供应商直接配送模式

（2）自营配送模式。该模式具体采取经营主体独自建设自有的配送系统的方式，以此满足体系内各分支机构的产品服务需求。基本流程如图8-4所示。自营配送模式能够构建起一种相对稳定、可靠、可控的内部物流配送体系，能够根据经营主体的经营需求确定配送计划并具体实施，多适用于产品类型多、批次多、数量少等经营特征的配送需求，既能够保证配送监管质量，也能够实现更好的配送服务。对于分店式的经营发展模式而言，自营配送模式表现出显著的优势，能够充分满足经营主体的产品需求与配送服务需求。通常情况下，自营配送模式对经营主体的资金实力、发展规模提出了较高要求，既要满足配送系统建设的资源需求，同时也要充分保证配送资源的利用率，避免出现资源浪费的问题。因此，该配送模式基本不适合小规模、低水平经营主体的配送业务。

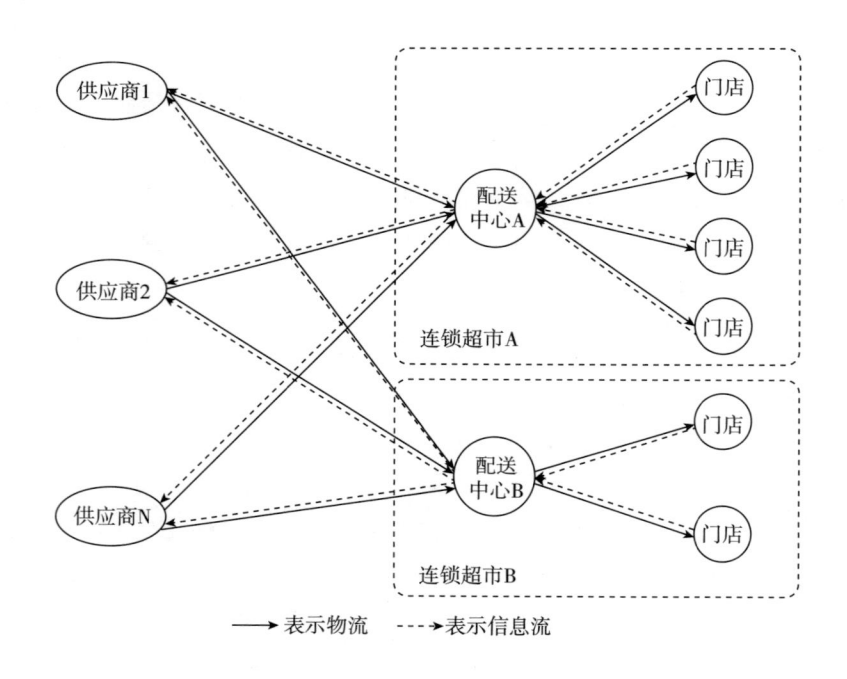

图8-4 自营配送模式

3. 第三方物流配送模式

在日益激烈的市场竞争环境和不断攀升的经营成本的共同影响

下，企业在物流配送方面也给予了更多关注，为第三方物流的出现和发展奠定了良好基础。第三方物流的优势在于能够避免企业自营配送的种种风险，并且能发挥第三方物流的管理与服务优势，充分保证配送质量和效率，并实现更好的综合效益。第三方物流更加适合小规模、资金不足、实力较弱的中小经营主体的配送服务需求，其基本流程与构成要素如图8-5所示。

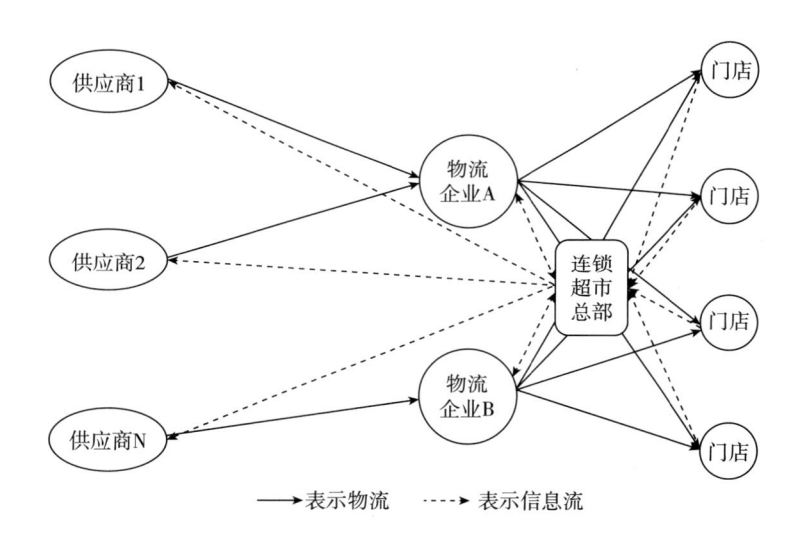

图8-5 第三方物流配送模式

（三）按配送商品的种类和数量分类

1. 少品种（或单品种）、大批量配送

该配送方式更加适用于某一特定物资需求量大、需求稳定的情形。该类配送方式能够充分保证单一物资的配送效率，无须同其他物资进行配装，因此能够通过大载重力的车辆完成整车配送。该配送方式实现了货物在配送中心与用户之间的直达运输，也不会给配送中心造成过于繁杂的组织活动，因此能有效降低配送中心的运营管理成本。

2. 多品种、少批量、多批次配送

这一配送方式能够有效满足用户多种类、多批次、少批量的产品需求，由配送中心根据用户需求对相关物资、产品进行采购，在物资齐全之后统一安排配送服务。对于现代企业而言，其生产经营过程会根据其经营目标和业务内容对若干几类特殊物资表现出巨大需求，而对于其他非主要物资的需求则表现出多品种、少批量的特点。若是采取一般的物流配送模式则可能导致库存压力较大、资源浪费等问题，影响用户的良好效益。此时就充分表现出多品种、多批次、少批量配送的优势，能充分保证企业库存管理科学水平实现其最佳利益目标。该配送方式的上述优势为其发展奠定了良好基础，并对配送中心自身管理水平、作业能力提出了更高要求，必须保证充分科学的配送计划才能实现其预期目标。

3. 成套、配套配送

以汽车、家电等为代表的组装型企业在物资需求方面表现出成套性特征，即必须保证所有零部件的充分供应才能保证正常生产经营，这就要求相关物资、零部件需要按照特定的比例以成套的形式进行配送和供应，以此保证装配生产的原材料需求。基于这一配送方式，配送部门将充当生产企业重要的供应商，有利于生产企业将资源集中于生产领域，提高其经营管理的综合效率水平。

（四）按配送的组织形式分类

1. 销售配送

销售配送的含义是将销售企业作为物流配送系统的构成要素之一，承担特定的配送职能以提高产品销售水平。此类配送模式并不明确限定服务对象，而是根据销售情况完成相应的配送业务。销售配送的意义在于提升产品销售水平，实现更好的经营效益。由于客户的不确定性使销售配送表现出显著的随机性特征，因此难以提前做好配送计划。

2. 供应配送

供应配送主要以生产企业为实施主体，企业规划建设配送节点，具体负责自身生产所需原料、物资的集中、大批量采购与配送工作，实现规模效益并降低单位采购与配送成本，在充分满足企业生产物资需求的同时降低成本水平与供应风险，为企业稳定发展提供有效保障。

3. 销售—供应一体化配送

针对产品需求比较固定、稳定的客户，销售企业可以充当销售者与代理人的角色，为客户提供更加全面的销售与配送服务。该配送模式有利于提高客户稳定性，实现良好的渠道维护效果，从而为企业发展奠定良好的客户基础。该模式还有利于提升销售商的采购控制能力，提高产品供应科学水平；也能充分保证客户供应的稳定性，提高供应管理效率并降低成本费用。

4. 代存代供配送

该配送模式以委托的形式由配送企业代为负责客户的货物管理工作，满足其货物采购、供应、存储及配送等需求。该配送方式的前提基础为货物所有权的不变动，在整个配送阶段客户一直拥有货物所有权，配送企业仅充当客户的代理人，按照代理协议开展相应的代存代供工作，并根据自身工作结果获得所需的利益。

（五）按配送的组织形式不同分类

1. 集中配送

集中配送是以经营配送业务的配送中心，针对不同用户展开配送服务。这种配送中心的特征在于规模大、专业性强，可以与用户间形成固定配送关系，而且可实现多品种货物配送，配送总量大，能在同一线路中对多家用户完成一次性配送，具有非常突出的配送效益。

2. 共同配送

共同配送也叫作协同配送，其具体含义为基于同一地区的不同企业构建起协作配合的合作关系，共同开展与配送有关的各项业务的发展模式。此类配送具体又分为不同企业为主体的共同配送与不同配送中心为主体的共同配送。前者能够实现多个中小企业配送需求的协同管理，克服自身运量小、效率低的问题，以联合的形式提升配送需求获得更好的配送条件；而后者则是根据多个配送中心的不同分工情况和服务区域的特征，协调其配送业务与资源，从而提高配送服务的整体质量水平。

3. 分散配送

此类配送通常适用于小批量、分散性、临时性货物的配送服务。配送主体通常为销售网点。基于销售网点的发展特征，分散配送表现出分布广、服务完善等特点，能够充分保证近距离、小批量货物的配送效率。

第二节 配送中心

一 配送中心的定义

配送中心是指专门从事配送工作的物流节点，指"从事配送业务且具有完善的信息网络的场所或组织"（GB/T18354—2006），其基本特征如下：

（1）以消费者等末端客户为主要服务对象；（2）完善的服务机制和功能；（3）服务区域相对集中、相对较小；（4）满足客户小批量、多批次、高频率的配送需求。

配送中心以供应商提供的各类物资为对象，根据需要采取分装、分类、存储或流通加工等作业，从客户需求出发开展具体的配货、装车、运输等工作，实现货物向用户处的转移（陈虎，2011；冯耕中等，2011）。

二 配送中心的功能

（一）储存功能

各类生产企业、销售企业是配送部门最主要的服务对象，能够根据客户的需求对货物进行管理和处置，以科学、合理、高效的形式实现货物由配送中心向用户的转移，以此满足客户需求。这一职能作用的实现需要配送中心建设相应的基础设施并配备生产设备和工具，并根据实际情况保持合理规模的库存，充分保证商品供应的充分性与稳定性。此外，配送中心所需要的库存表现出快速周转的特征，因此其库存更加接近于暂存的性质。

（二）分拣功能

在配送流程中，分拣是非常重要的一项作业内容，该作业实现了物品分类保存和管理的目标，能够根据商品的具体品种、出入库时间确定具体的管理计划。

目前，配送中心主要以各类企业为服务对象，而不同企业之间需求的差异使配送工作比较复杂。为了充分满足客户差异性需求，配送中心必须科学分析和把握客户需求状况，根据客户要求来完成仓库货物分拣，再遵照配送计划完成配货、分装等作业。

（三）集散功能

基于自身在设备、技术、管理等方面的优势，配送中心能够实现对货物的集中管理和分散配送，能够将不同产品进行集中管理，经过分拣、配送、配装等环节实现向不同客户地址的运送。且能实现多客户需求货物有效组合运送，规模经济由此实现。

（四）流通加工功能

流通加工作业是现代物流基本的作业环节之一。对于配送中心而言，其流通加工主要表现为分类、称重、包装信息标准等。该作业能够有效提升配送质量，从而提高客户满意度，极大提升产品流通的效率和效益水平。

（五）信息处理功能

通常情况下，分拣、发货、装卸、搬运、保存、运输、供应等是配送中心最基本的业务内容。而与之相关的信息则是配送中心运营管理的基础。

三　配送中心的分类

（一）按照配送中心经济功能分类

1. 供应型配送中心

供应型配送中心是以特定的客户为服务对象，充当客户重要的后勤保障，满足客户的相关需求，是连锁经营企业最常见的配送服务模式。不少配送中心都形成了相对稳定的合作关系，能够积极有效地满足生产企业的原料需求和零售企业的货物需求。

此类配送中心往往对应着部分稳定且数量有限的客户，因此配送内容相对确定，风险也相对较小。这就使配送中心能合理准确地管理库存，降低库存压力，提高周转效率。

2. 销售型配送中心

销售型配送中心的含义是以销售经营为根本目标、通过各类配送措施确保销售水平的发展模式。该发展模式是配销一体化经营的代表性发展模式，能够显著提升产品销售水平，发挥专业化、现代化物流技术设备和管理方法的优势作用，积极开展与产品配送有关的理货、加工、送货等工作，在有效控制配送成本的基础上实现良好的服务效果。具体包含三种不同的发展模式：一是由生产企业承担配送职责将产品直接运送到消费者手中，属于直达运输的典型类型；二是由流通企业充当配送主体，在健全完善配送业务的基础上提高其销售业务量；三是由生产、流通等不同企业共同构建的配送体系。

此类配送中心往往并不限定客户对象，能够针对不同客户满足其小批量、分散性、差异性的产品需求。而用户的需求特征也决定了此类配送难以开展计划配送活动，更多适用于临时性、分散性的客户消费与配送活动。

3. 储存型配送中心

储存型配送中心是存储功能具有较大优势的配送中心。比如，买方市场条件下，企业成品销售库；卖方市场条件下，实施大范围配送中心，企业原材料、零部件供应库。美国赫马克配送中心储存区货位就有163000个，瑞士Giba-Geigy公司配送中心的储存库全球驰名，可实现4万个托盘的储存，这些配送中心都具有强大的存储能力。

4. 加工型配送中心

加工型配送中心是以客户需求为前提基础，或出于实现市场竞争优势的考虑所开展的一种"流通加工＋配送"的服务模式。此类配送中心发展模式具备全面、完善的流通加工业务能力，能够根据需要对产品进行不同程度的流通加工处理，提高产品流通效率和管理水平，更好地满足客户产品服务需求，以肯德基、麦当劳等快餐行业的配送中心为典型代表。

5. 流通型配送中心

流通型配送中心是指并不具备长期货物存放能力，仅具备货物快速周转、暂时库存能力的配送中心发展模式。其典型代表为以大型分货机为主要设备的配送中心，能够实现货物的分拆，通过分货机将货物直接转移至客户指定的货位或者直接转移至配送车辆中，从而尽可能减少货物在配送中心的停留时间，提高货物周转速度，减少其库存及管理成本。

（二）按配送领域的广泛程度分类

1. 城市配送中心

城市配送中心是指以特定的城市区域为服务范围的配送中心。这种服务范围以合理性为基准进行划分，通常应保持在汽车运输的经济范围内，能够通过汽车配送在最小成本条件下完成配送任务。目前，此类配送方式大多表现为配送中心与零售主体合作发展的模式，具有显著的灵活性优势，以城市粮油配送中心、桶装水配送中心等为典型代表。

2. 区域配送中心

区域配送中心是基于相对显著的库存优势、辐射能力，面对更大区域客户的一种配送服务模式，能够满足跨区域产品配送服务的需求。此类配送发展模式往往表现出较大的建设发展规模，能够充分保证配送服务的质量水平，能够充分满足所服务区域不同客户的产品及配送服务需求。此类配送模式主要针对区域内的经营主体，对于个人客户的服务内容相对较少，是目前国外最为常见的一种配送中心建设发展模式，以马特公司（美国）的蒙克斯帕配送中心为典型代表。

四　配送中心的作业流程

（一）配送中心的一般作业流程

具体到配送中心一般作业流程问题，是从作业系统整体要素出发，制定货物配送作业标准化的工艺流程，是配送中心最为基础、最为关键的作业内容。

一般作业流程的核心要素为中件、小件货物的配送服务。对于配送中心而言，为了确保货物配送的稳定性，就需要保持一定的储存能力,并且充分保证理货、分类、配货及配装等作业的质量水平。基本内容如图8-6所示。

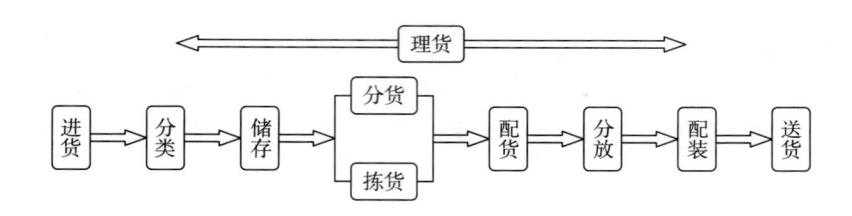

图8-6 配送中心的作业流程

以上一般作业流程也适用于固态物资、日用百货、小型机电设备等无严格保质期要求的产品,是配送中心最为基础、最为基本的作业流程,在存储、配送等方面表现出较大优势。

(二)加工型配送中心的作业流程

在实际运作中,加工型配送中心的建设发展往往呈现出不同的作业流程以满足不同的业务需求。以平板玻璃加工来举例说明,该种产品的进货特征是大批量、单(少)品种,分类工作量不大,很多时候并无分类存放环节。加工时需要根据客户的具体需求对平板玻璃进行处理,加工后的产品根据不同的用户划分存放位置,这节省了后期的分货、配货和拣选环节。图8-7为基本流程。

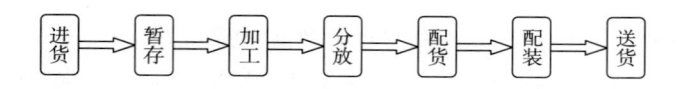

图8-7 加工型配送中心的作业流程

(三)暂存型配送中心的作业流程

部分配送中心业务集中于配送活动,并未设立规模性的存储场所,而是采取外部设置专门存储中心的发展模式,以此降低配送中心自身存储规模将作业集中于配送服务领域。此类配送中心就是暂存型配送中心,其基本作业流程详见图8-8。

此类配送中心的作业流程类似于一般配送中心，核心作业均为理货及配货，而存储场所独立于配送中心是其最典型的特征。

暂存性配送中心取消内部集中储存场所的建设能有效减小其建设规模与占地面积，节省综合投资；同时可通过存储外包的方式满足其货物库存需求，发挥外包仓储的优势作用实现良好的协作效益。

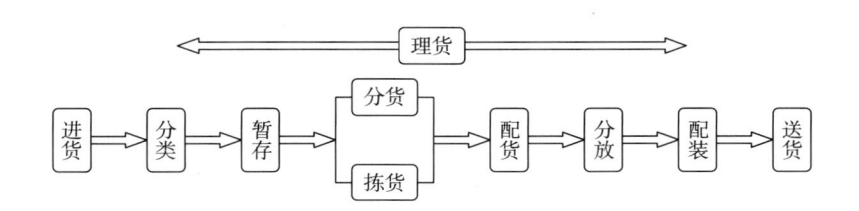

图 8-8　暂存型配送中心的作业流程

（四）分货型配送中心的作业流程

分货型配送中心具体以大批量、单一品质的产品为对象进行加工处理，换装成小批量的物资进行发货。典型代表为油料、水泥、煤炭等产品的配送模式。基本流程详见图 8-9。

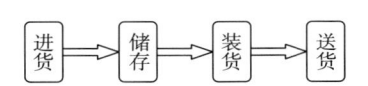

图 8-9　分货型配送中心的作业流程

此类配送中心表现出相对简单的作业流程，而以储存和装货为主要的作业内容，很少涉及其他配送作业。

第三节　配送管理

一　配送作业的一般步骤

由于配送活动在具体对象、种类、数量等要素表现出显著的复杂性特征，因此必须制定科学的作业流程才能确保配送任务顺利完成。基本的组织工作主要包括：

（一）拟订配送计划

对配送计划进行设计，为调度部门的作业提供科学依据。可根据实际情况通过手工、计算机工具等制订配送计划，具体完成以下工作：

1. 拟订配送具体计划

基于配送合同中订货合同的相关内容明确用户需求，具体包括产品品种、规模、数量及配送的时间、地点等基本信息；同时根据仓储配送合同确定客户的配送需求；电话预约合同适用于信誉好、合作稳定的客户，借助现代计算机软件工具对配送需求进行准确管理；明确配送作业所需资源（如车辆、工具等）的准确情况；明确配送过程的具体外部环境（如道路、环境、气候等）；掌握不同配送点库存物资的具体情况。

2. 确定并落实计划的主要内容

在明确以上基本信息的基础上，配送中心可从全局层面出发，制订配送调度计划，计划内容要明确每日配送物资的具体情况，包含品种、数量、规格、配送的时间及地点等。根据用户的具体需求做好配送准备工作，对货物的充足性进行检查评估，根据需要进行补货以及其他调整工作。

（二）下达配送计划

在明确配送计划的基础上，需要进一步确定各配送点具体的配送任务，以配送任务作为车辆、设备、作业等工作的调度依据，根据用户需求制订针对性的配送计划确保工作质量。

（三）做好配货和进货组织工作

以配送计划为依据开展具体配送作业，并根据库存情况及时开展补货作业确保供应充足。

（四）配送发运

理货部门需要完成相关货物的分类处理工作，根据配送需求将送货地点、用户名、时间安排、货物内容等信息标注于货物上，并根据配送情况完成配载作业,送货的司乘人员要明确知悉当天的送货任务。

(五) 费用结算

根据配送计划通过车辆完成相关货物的配送作业,并由客户在收货确认单上进行签字并将确认单交回财务部门作为结算依据。信息化管理系统的使用将显著提升该作业的效率。

二　配货作业

配货作业是指将配送中心库存物资进行分拣,根据配送需要将指定货物转移至指定位置,为装货、发货创造有利条件。具体可通过人力、机械、半机械等方式完成配货作业。配货作业的核心作业内容为分拣配货,可分为以下两种不同的作业形式:

(一) 摘果方式

摘果方式也叫作挑选方式,是通过搬运车辆在库存场所进行巡回作业,根据配送计划将货位、货架之上的货物进行挑选并运送至发货位置,通过巡回作业的方式依次完成各项货物的分拣配货。该作业形式的基本原理如图 8 - 10 所示。通常情况下,每次巡回作业都将完成一个用户所需货物的配货处理,若是车辆的运输能力充分,则也可同时完成更多用户的配货需求。该作业方式更多运用于难以移动货物或少批量、多品种货物的配货。

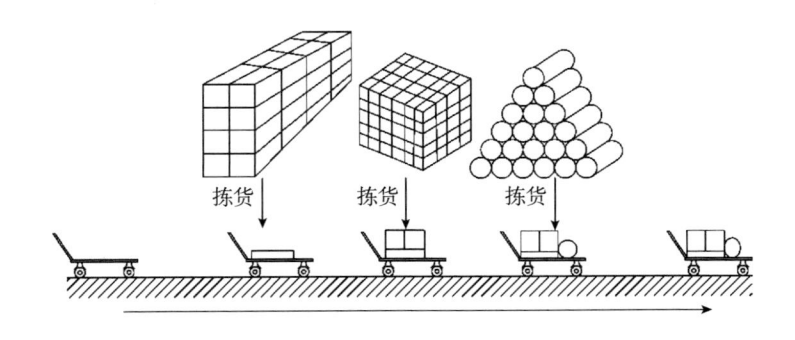

图 8 - 10　播种作业

在具体实践中,通常将不同的方法进行综合运用以实现更好的作业效率和效益。

（二）播种方式

播种方式是将数量需求较多的货物进行集中搬运并转移至发货位置，然后根据不同用户的需求对货物进行拆分完成配货作业，其基本原理及流程如图 8-11 所示。该配货方式多适用于便于移动且需求量相对较大的货物，能实现较好的作业效率。

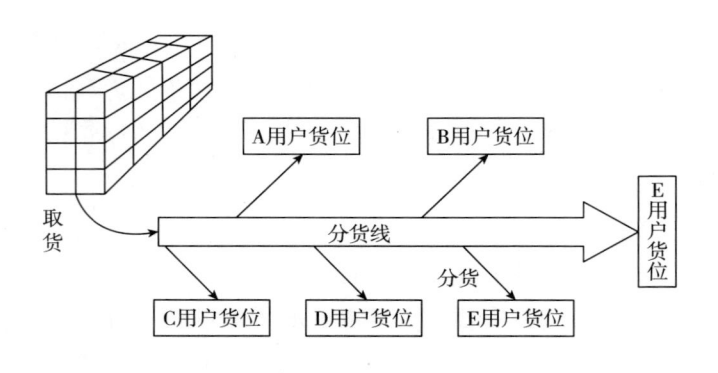

图 8-11　播种作业

三　配装与配载作业

从完整的物流配送体系来看，配装、配载属于核心的作业环节。该作业的科学水平将直接决定配送中心的综合效益。其中，配装需要综合考虑车辆载重、空间等要素，确保装车方案的科学性与合理性，提高空间利用率；车辆配载需要在保证货物数量、质量的基础上提高车辆的载荷使用效率，尽量避免发生空载的情况，能够同时开展最多的配载作业。由此可知，配装以装车管理为核心内容，强调空间利用最大化；而配载则侧重于载荷合理利用，避免配货过程出现运力损失。

（一）配装的基本原则

1. 配装货物的分类原则

在订单送达以后，配送中心首先需要完成分类处理才能开展装车、配送作业。分类处理的基本原则为：

(1) 对外观类似的货物进行分开装载，避免出现混淆问题；(2) 避免异味货物与吸附性产品进行混装；(3) 避免易潮货物与潮湿货物混装；(4) 对不同货物进行独立包装，避免混合；(5) 单独放置表面尖锐、突出的货物，避免对其他货物造成损伤；(6) 避免将清洁性要求较高的货物与挥散粉尘的货物混装；(7) 对危险品需要进行独立装载，做好隔离防护工作。

2. 货物装车的原则

在完成理货作业后开展装车作业。装车作业的基本原则为：

(1) 根据货物重量进行堆放，重物在下，轻物在上；包装强度高、抗压货物在下。(2) 确保货物堆放的稳定牢固，避免重心不稳影响车辆安全行驶。(3) 根据货物卸货的顺序进行装车，先卸载的货物放置在外面和上面。(4) 确保货物之间、货物与车辆之间合适的距离并根据需要进行衬垫处理，避免货物碰撞受损。(5) 令货物的标签向着外面，便于查找装卸。(6) 完成装车作业后需要确保货物稳固，避免开关车门导致货物倾倒散落。

（二）配装的方法

单品小批量、多品种、多批次是配送的最基本特征之一，因此往往需要较多的车辆运输工具才能确保配送效率。这就对车辆的空间及运力使用率提出了较高要求，只有保证了设备利用率才能实现良好的经济效益。

由于客户需求的多样化，使货物配送表现出复杂的作业环境。必须根据用户的需求对配送形式、内容进行科学调整才能充分满足其需求并实现良好的服务质量。在装车过程中，因摆放方式、装车顺序的不同会使车辆空间、运力使用率表现出显著差异，而不同车辆的选择也会影响配送效率，因此应根据实际情况选择最佳车辆使用计划和装车方案。

在设计配装计划时，可通过手工计算的方法确定车辆的最佳配装方案。具体的计算方法如下：

假设需要配送的货物分别为 M 和 N，其容重分别为 $M_{容}$ 和 $N_{容}$，其单件体积分别为 $M_{体}$ 和 $N_{体}$，货车的额定载重与最大容积分别为 K

（吨）和 V（立方米），最佳配装的计算过程为：

在考虑到车厢内部容积因必要间隙、货物表面不贴合等问题的客观存在，故车厢容积无法百分百得到利用，因此首先假设货车有效容积为额定容积的九成，即 V×90% 立方米。

基于满载、满融的装车条件，货物 M 与 N 的装入数分别用 x 和 y 表示，则有：

$$\begin{cases} x \times M_{体} + y \times N_{体} = V \times 90\% \\ x \times M_{体} \times M_{容} + y \times N_{体} \times N_{容} = K \end{cases} \quad (8-1)$$

上述方程式的计算结果就是货物 M 与 N 的配装比例。

在实际作业中，配装货物的种类往往不可能仅有两种，大多数情形都是多种货物的复杂配装环境。这就导致手工计算难以高效、准确地确定配装结构。需要通过以下方法进行处理：

（1）借助计算机工具构建配装模型，然后将各类货物、车辆的初始参数输入模型中进行计算，以此得到配装方案。

（2）若缺乏计算机软件工具，则需要分别确定配装相关货物容重最大、最小的情形进行手工计算；然后在剩余的货物中再次选择最大、最小容重货物进行计算。按照这样的方法多次计算分析并可确定比较合理的配装方案。

现实工作中往往无法实现最佳的配装方案，因此只能退而求其次的选择一种相对最佳的配装方案，尽可能提升配装科学水平。这就需要发挥配送中心的管理优势与经验优势。

需要指出的是，在配送体系中配装仅仅是其中一个基本的问题。在实际作业中还需要综合考虑货物性质、客户需求、装运条件等因素进行协调，以此实现最佳配送效果。避免配装刻板导致的效率低下问题。

（三）配载的影响因素

无论是货主、车主还是社会等不同主体都会不同程度影响配载结果。因此，在配送中心制定配载方案时，必须综合考虑各主体的因素。

对于货主而言，首先是配送中心的主要客户，出于自身经济利益的考虑，货主更多关注价格、路线、时间等与运输效率、成本费用有关的因素；对于车主而言，往往也是配送中心自身，其所关注的因素主要集中在价格、路线、时间、配送资源利用率等。

从社会的层面来看，只有保证了物流运作的整体效率水平才能实现较好的社会效益。从上述不同主体出发，其对配载的关注度主要表现出以下特点：

（1）配送中心自身与其客户（车主、货主）的关注点表现出一定的相通性特征，即货物类型、运输方式、时间等因素都是其考虑的重点，只有综合考虑上述因素并实现最佳均衡的条件下才有可能实现最佳配载结果，也确定了上述因素在配载方案分析设计的重要地位。

（2）配送中心自身及客户的关注点也表现出一定的差异性、独立性特征。配送中心倾向于较高的配送价格，而客户则希望获得低价高质的配送服务。在显著的买方市场环境中，配送中心的议价能力相对有限，只有通过自身运营管理模式的优化和改进实现更高的收益，从而对配载工作的质量水平提出了更高要求，通过工作改进实现服务质量提升、服务价格下降的管理目标，从而提高自身对客户的吸引力，提高其在同行中的竞争力。

（3）配送中心与社会所关注的问题表现出一致性特征。提高配送方案的科学水平有利于保证车辆等运输资源的充分利用率，间接降低单位运输成本从而提高经营效益，同时也能显著提升物流系统的运营管理水平。

具体到配送中心，车辆在配送过程中所表现出来的安全性、经济性、效率性等问题是其关注的核心要素。基于上述理念，配送中心必须确保配载方案的科学水平，综合考虑车辆的类型、线路、时间、荷载、容积、价格等因素，尽可能提升车辆运力的利用水平，在提升运输效率的同时降低运输成本，从而满足自身与客户的利益需求。

四　配送路线的设计

(一) 配送路线的设计原则

路线选择是配送工作的核心内容之一。该工作的质量水平将直接影响配送作业的效率、成本及效益问题。因此，必须充分发挥科学方法和工具的积极作用，保证配送路线设计的科学水平。主要通过各类数学方法进行计算分析，并结合实践经验确定一种相对最佳的配送路线，基本设计流程为：

1. 设计的目标

基于配送内容和要求并结合自身能力、资源情况确定最佳方案，基本目标包括：

（1）成本最低。经营内容的复杂性使成本计算存在较大困难，而成本则受到配送线路的显著影响，因此选择最佳线路就是实现了成本最小化与效益最大化目标，是相对直观、清晰的一种决策思路。

（2）路程最短。若配送成本受到路程的显著影响并且与其他因素的相关性较弱，那么就可将路程确定为关键指标，以路程最小化为目标实现最低成本。同时还需要综合考虑路况、道路收费等因素，确定相对最佳方案。

（3）效益最高。效益最大化是企业的最核心经营目标。若想实现自身长远发展，就需要企业兼顾短期利益与长远利益，实现效益结构的合理均衡。通常以利润为指标对企业效益进行核算和评价。效益指标是一种综合性、系统性的指标，因此本身结构就十分复杂，计算难度也相对较大，故往往不将其作为目标函数的变量。

（4）劳动消耗最低。该目标的具体内容为最低的油耗、最少的人员、最短的工作时间，在基本满足以上内容的基础上可以确定配送路线的最佳方案，特别是面对油料供应紧张、价格攀升、人员短缺的现况，劳动消耗最低目标表现出更加积极的意义。

（5）吨千米最低。该指标往往在长距离运输中表现出显著应用价值。长途运输除基本的消耗成本之外，还涉及更多的道路收费问题（如高速公路收费），因此需要综合考虑吨千米成本这一指标确定配送路线。此外，该指标也能作为共同配送这一特殊配送方式的设计目标。

（6）准时性最高。按照规定的时间完成配送任务就是准时性的具体含义。这就要求配送中心具备良好的管理能力，能够综合协调各项因素确保配送的整体效率（Hsu et al.，2007）。虽然准时性目标与成本目标可能存在一定冲突，但是更需要兼顾两者的关系，设计一种成本、准时相对均衡的配送方案。

（7）运力利用最合理。当运力不足的情况比较突出且运力直接影响配送中心的成本与效益时，配送中心必须制定科学的策略，尽可能减少运力浪费并提高其利用率，从而实现最佳效益。

2. 确定配送路线的约束条件

对于实际配送业务而言，上述目标在具体实现过程中都将面临不同程度的约束和制约，必须综合考虑各项因素才能实现配送效益的最佳水平。主要把握以下约束条件：

（1）兼顾不同收货人的收货需求制定配送方案确保服务全面性、可靠性；

（2）在时间安排上同样兼顾不同收货人的要求确保准时配送；

（3）根据运力水平确定合理的区域服务范围；

（4）根据车辆载荷、容积确定总配送量；

（5）充分考虑交通管制等问题对运输工作的影响。

（二）配送路线的设计方法

1. 节约里程法

（1）节约里程法的原理。该设计方法能综合考虑各项影响因素实现一种相对均衡、合理的最优配送方案。这种最优是一种相对的最优解，并非最佳解。其理论依据为三角形两边之和必然大于第三条边的长度，具体原理如图8-12所示。

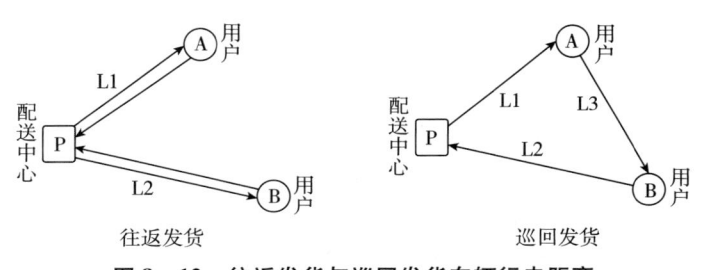

图8-12 往返发货与巡回发货车辆行走距离

基于有限的、特定的车辆载重能力，与往返发货相比，巡回发货模式能够实现的里程减少量的计算公式如下：

$$\Delta L = [2(L_1+L_2)] - (L_1+L_2+L_3) = L_1+L_2-L_3$$

以上公式所得结果就是节约里程法的价值所在。具体通过配送回路的合理合并，使合并后的运输总里程数小于合并前的总运输距离，从而实现运输模式的有效优化。具体表现为并行、串行等不同的优化模式。

（2）车辆运行计划法的步骤。本处通过案例8-1对车辆运行计划法的实现流程与内涵进行分析阐述。

案例8-1：假设P_0所代表的配送中心需要向用户P_j提供配送服务（本书取j=7，即7名用户），则其所对应的配送线路结构具体为图8-13。在该网络图中，括号里所对应的数字具体代表客户的配送服务需求量（以吨为单位），两个节点之间连线上的数字代表两者之间的运输距离（以千米为单位），目前该配送中心可用配送车辆为荷载4吨与6吨的卡车，其数量均为2台。

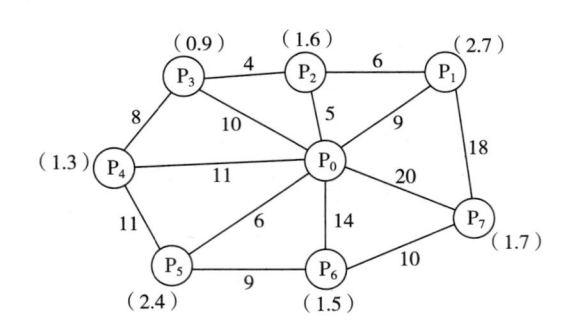

图8-13 某配送中心配送路线网络

基于以上配送网络对配送优化方案的经济效益进行评估分析，具体流程为：①以节约里程法为工具对配送方案进行设计实现相对最佳方案；②假设配送服务的单位时间成本为48元，基于20千米/小时的卡车平均行驶速度，对优化前后方案的成本费用情况进行计算分析并且确定其费用减少值。

解：第一步：根据题中假设条件完成运输里程表的绘制工作，并明确配送中心、用户等不同节点之间的最短运输距离，所得结果详见表 8-2。

第二步：结合节约里程法的计算公式与运输里程表，可计算确定配送网络的里程减少量，所得结果详见表 8-2。

表 8-2　　　　　　　　　　运输里程

需求量	P_0							
2.7	9	P_1						
1.6	5	6（8）	P_2					
0.9	10	10（9）	4（11）	P_3				
1.3	11	18（2）	12（4）	8（13）	P_4			
2.4	6	15（0）	11（0）	16（0）	11（6）	P_5		
1.5	14	23（0）	19（0）	24（0）	20（5）	9（11）	P_6	
1.7	20	18（11）	24（1）	28（2）	30（1）	19（7）	10（24）	P_7

第三步：将节约里程按从大到小顺序排列，如表 8-3 所示。

表 8-3　　　　　　　　　　节约里程排序

序号	路线	节约里程	序号	路线	节约里程
1	P_6P_7	24	9	P_4P_5	6
2	P_3P_4	13	10	P_4P_6	5
3	P_1P_7	11	11	P_2P_4	4
4	P_2P_3	11	12	P_1P_4	2
5	P_5P_6	11	13	P_3P_7	2
6	P_1P_3	9	14	P_2P_7	1
7	P_1P_2	8	15	P_4P_7	1
8	P_5P_7	7			

第四步：确定单独送货的配送线路，如图 8-14 所示。

配送线路如下：

①$P_5-P_6-P_7$，组成共同配送，节约里程 =（11+24）= 35（千米），配送重量 =（2.4+1.5+1.7）= 5.6（吨），使用一辆 6 吨车。

②$P_2 - P_3 - P_4$ 组成共同配送，节约里程 = (11 + 13) = 24（千米），配送重量 = (1.6 + 0.9 + 1.3) = 3.8（吨），使用一辆 4 吨车。

③P_1 单独送货，配送重量为 2.7 吨，使用一台 4 吨车配送。

优化后的配送线路，共节约里程 ΔS = 35 + 24 = 59（千米）。

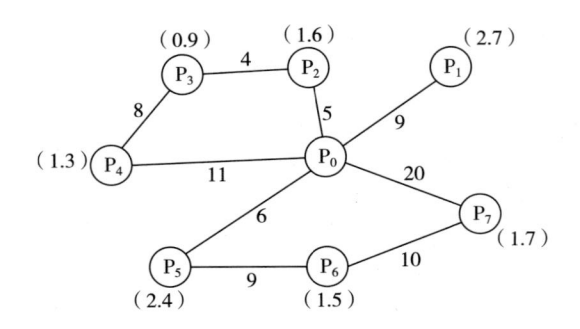

图 8-14 优化后的配送路线

根据题意，节省的配送时间为：

$$\Delta T = \frac{\Delta S}{V} = \frac{59}{20} = 2.95 \text{（小时）}$$

节省的费用为：

$$P = \Delta T \times F = 2.95 \times 48 = 141.6 \text{（元）}$$

2. 方案评价法

考虑到配送路线的设计需要兼顾许多影响因素，使简单的数学关系难以对这一复杂关系问题进行描述，或者难以通过单一的指标进行评估分析，因此选择综合评定法为工具对最优方案进行设计，具体流程为：

（1）确定配送路线的初始方案。基于相对关键、主要因素完成初始配送路线的设计工作，提出若干个待选方案进行对比分析和筛选。初始方案应明确运输路线、途经地点、车辆型号等信息。

（2）基于各初始方案所对应的数据完成计算分析工作，明确配送对应的距离、成本、时间等参数的取值结果，为后续评估分析提供科学依据。

（3）明确评价指标，以评价指标为工具对不同待选方案进行对比分析，明确不同方案的用车数、人工数、成本费用、实现难易度、作业准时性等方面的具体差异。

（4）从效益、效率等角度出发对不同方案开展综合对比分析明确各自优劣所在。

五　末端配送

（一）传统模式

（1）终端物流中心模式，该配送方式以企业自营终端配送体系的形式提供配送服务，以京东、亚马逊等企业的配送体系为典型代表。需要企业自建仓储、物流系统，充分满足自身货物配送需求。

（2）共同配送模式，该配送方式基于若干企业的合作关系，通过集中配送的形式满足特定区域内合作企业的货物配送需求。

（3）便利店合作模式，以便利店等销售终端为对象，为其建设储物柜等设施，将其作为产品存储与配送的基础，典型代表有菜鸟网络、妈妈驿站等。

（二）新兴模式

1. 智能快递柜日益普及

智能快递柜这一新生事物表现出十分显著的效率高、成本低、时间灵活、安全可靠等突出优势，因此深受市场喜爱并呈现出快速发展势头。目前，我国已有多家物流企业开展了快递柜的建设发展工作，其中代表性的企业有菜鸟网络、京东物流、苏宁易购、丰巢、中集 e 栈、速递易、日日顺乐家等。

2. 无人机、机器人配送起步

（1）无人机。顺丰、京东研发物流配送模式的同时，无人机末端配送也呈现出"多点开花"发展态势。2017 年，无人机应用不再局限于京东、顺丰，苏宁、邮政、中通、菜鸟网络等也参与其中。

以京东无人机物流系统搭建成果来看，网络结构以干线、支线、终端三级为基本模式，国际第一个无人机调度中心成立于宿迁，2017年 11 月，全流程智慧化无人机机场投入应用，这表示京东无人机末端配送运营已经实现全流程无人化与自动化。同年京东在陕西省率先取得无人机空域书面批文，逐步实现通航物流网络构建。

（2）末端配送机器人/智能快递无人车。2016年9月，京东物流、菜鸟网络的末端配送机器人同步推广到市场，致力于场景化配送系统的建构，可实现快递员末端配送压力极大缓解；2017年，唯品会、苏宁智能快递无人车登场，打响新的市场竞争模式。

3. "末端+社区O2O"多元发展

以末端服务发展来看，深入社区的各个商业机构是末端配送实现社区快递功能嫁接的优质载体。2017年，"WOWO便利"联合百世集团；圆通"妈妈菁选"便利店；中国邮政"友邻居便利店"，这些都是零售业务与末端"最后一公里"服务兼容的成果。

4. "物流+众包O2O"模式萌芽

众创、众包、第四方物流等都是重要的协同经济新业态，是实现电商物流末端配送新发展的重要方式。2016年4月，京东与即时配送企业"达达"联合，构建"物流平台+超市生鲜O2O平台"，并开发末端配送外包的新业务。仅2017年"双11"，达达就为京东解决了"最后一公里"配送的30%业务量。

第四节　现代物流的配送管理问题和解决措施

一　连锁经营企业的配送管理

从经营模式来看，连锁经营是指基于同类或类似产品及服务的不同企业（或同一企业不同下属机构）间的一种联合经营模式。该模式将事先约定合作的形式和内容基于整体经营目标和发展规划实现专业化分工，结合集中化的运营管理，将原本独立的经营活动及相关资源进行科学整合，实现规模经营目标的同时，提升参与者的综合效益（赵艳，2018）。

（一）连锁经营企业物流配送存在的问题

1. 忽视了物流配送中心的功能作用

物流配送中心形成与发展具体以现代物流业、连锁经营商业模式的发展为基础前提，是物流模式创新与渠道拓展的客观需要。物流配送中心将发挥集成化的、综合性的物流服务中心功能作用。相较于传统的综合仓库、货物集散中心等物流设施，物流配送中心的功能更加全面完善，具备流通中转、物流调配、信息交互、战略分析等能力，是现代物流系统的核心枢纽。但是在具体运营管理过程中，不少物流企业片面地将物流配送中心作为仓库或者中转站，并未发挥其他功能作用，导致物流配送中心的资源利用率不足，既造成了资源浪费也降低了经济效益。

2. 物流管理信息化水平有待提高

不少连锁经营经济体特别是中小连锁经营组织缺乏物流管理信息化的科学认知，尚未构建起现代信息化管理系统，难以对物流相关环节、活动的信息进行集中管理，无法积极有效地满足不同关联主体的物流服务需求，缺乏物流动态监督控制和分析能力，导致物流效率低、成本高、服务质量差等严重问题。

3. 物流配送中心设施、设备落后

物流配送中心应当具备完善、可靠的现代化、自动化、智能化运营管理设施和设备，这样才能保证物流运营管理的效率和质量水平。对于现代物流配送中心而言，在其建设发展的过程中需要相关主体共同参与，协调兼顾连锁经营企业内部的各方需求开展基础设施建设工作，避免各关联主体孤立的建设行为发生，如过分追求自建物流，造成建设资金分散，影响相关设施和设备的更新和升级，导致配送中心的作业缺乏现代化工具支持，仍以人力作业为主。

(二) 优化连锁经营企业配送管理的措施

1. 优化选择物流配送中心运营模式

现有的物流配送中心运营模式主要分为自营物流配送中心、社会型物流配送中心、合作物流配送中心等不同的模式。在自身运营管理过程中，连锁经营企业通常需从自身实际经营情况出发，选择适宜的物流配送中心运营模式（Jansen et al., 2001），既满足商品流通需求并保证服务质量，又需尽可能降低物流成本。在具体选择环节，企业需要综合分析资本规模、经营效益、物流需求等因素，从中选择最适合自身的物流配送中心运营模式。一般而言，中小型连锁企业首选社会型物流配送中心，能够发挥社会型物流组织的流通效率优势，避免自营物流配送中心对资金的占用。而具有一定规模的连锁经营企业则可选择合作物流配送中心和自营物流配送中心模式。

2. 强化配送环节的物流信息化水平

具体到物流配送管理环节，不少连锁经营企业存在信息化水平较低的问题，导致物流配送管理的专业化水平较低，不具备全面、系统的仓储、物流、信息管理能力，导致物流信息混乱、物流服务差等实际问题，既影响了物流服务效率，也降低了客户满意度。因此，发挥互联网技术、信息技术的优势作用构建起更加科学、有效的物流信息管理系统将成为连锁经营企业在物流领域的重要任务之一。通过物流信息平台的建设和应用提升企业的信息处理能力，实现物流信息在连锁企业内部的充分共享与高效交互，提升供应链的整体物流管理效率，发挥现代信息技术、物流管理技术的优势作用，打通仓储、配送等不同环节的信息交互渠道，充分保证物流配送效率和服务质量。

3. 集中企业资源更新物流配送环节的软件和硬件

因缺乏对物流配送环节管理的充分重视，传统连锁配送企业在具体建设工作中缺乏积极性，存在重复建设和资金分散等问题，无法保证配送环节建设的资源供应，导致硬件建设落后、软件建设滞后等问题。若想克服上述缺陷提高物流整体效率，需要树立科学的理念，明确配送环节对物流系统的重要性，满足其资源需求，确保硬件设施、设备的建设投入力度，充分保证配送中心的建设水平提升其运营管理效率和综合利润。如企业规模原因无法为配送环节投入过多资金，为了实现上述目标，最佳选择就是物流外包合作模式，发挥专业型社会物流企业的优势作用，避免自营物流的成本压力并实现更好的物流服务质量（严慧敏，2018）。

二　生鲜冷链物流的配送管理

冷链物流（Cold Chain Logistics）是一种特殊的物流模式，通常是在低温环境中完成商品生产、存储、运输、配送等一系列经营管理活动，避免温度过高影响食品质量，提高食品安全性和综合效益。冷链物流是以现代科学技术特别是制冷技术为发展基础，发挥制冷技术的功能作用，维持相对较低的物流环境温度，克服温度因素对食品品质的不利影响，该物流模式的典型代表为生鲜冷链物流（李崇欣，2019；Weng and An，2015）。

（一）生鲜冷链物流配送管理中存在的问题

1. 生鲜冷链物流配送设备落后

发展至今，我国物流业的整体发展水平还比较落后，特别是在生鲜冷链配送领域，仍然停留在以普通卡车为主的运输形式，采取室外操作的方法完成生鲜食品的整理、装卸操作，难以确保合理稳定的低温环境，使生鲜产品存在较大的变质、损坏风险，造成了相当经济损失。此外，我国不少物流企业并不具备先进的低温冷藏和运输设备，只能对生鲜产品进行初级、简单的冷藏，仅能确保短时间的食品品质，无法保证长距离物流过程的食品安全，导致商品损耗风险高，难以满足高质量冷链配送服务的需求。

2. 生鲜冷链物流配送成本较高

由于对冷藏、保温等技术水平提出较高要求，因此生鲜冷链运输的运营成本显著高于一般物流配送模式。但是在物流质量方面也表现出明显优势，能够有效减轻生鲜产品在运输过程中的损耗程度，充分保证产品质量。但是在具体物流活动中，一些物流企业在配送方式及过程各环节上存在较大问题，缺乏科学统筹管理理念，无法保证物流配送的效率水平和综合效益，导致了比较严重的资源浪费问题，反而加大了物流成本降低了综合效益。这种成本上的劣势使不少企业不会选择冷链物流服务模式，而是承受相当水平运输损耗，采取普通配送模式。但普通配送模式无法保证产品品质，对生鲜冷链物流的发展也产生了不利影响。

3. 生鲜冷链物流的发展缺乏行业标准作为保障

在行业标准方面，目前我国缺乏具有普适性的行业标准，无法为生鲜冷链物流的发展提供科学指导，这不利于生鲜冷链物流的规范化发展，造成行业标准模糊、管理混乱等严重问题。行业标准的制定虽然由政府、行业协会、企业共同协商，但是不同主体在具体标准方面存在一定差异，导致行业标准不统一的问题，不利于生鲜冷链物流的良性发展。

（二）促进生鲜冷链物流配送管理高效发展的策略

管理水平的提升是生鲜物流配送科学发展的关键所在。企业管理者需要保证管理工作的质量，做好技术引进工作，不断提升物流管理水平，以此提升生鲜冷链物流的服务质量。主要可采取以下措施：

1. 适时更新生鲜冷链物流配送设备

技术设备落后是制约生鲜冷链物流发展、造成服务效率低下的主要原因。因此，必须确保技术设备的更新速度和先进技术的应用水平才能保证冷链物流的整体质量。一是积极鼓励物流企业开展基础设施建设工作，不断提升技术设备水平，使设备具备良好的保鲜、冷藏能力，充分满足生鲜冷链物流的技术设备需求；二是重点做好配送车辆的升级改造工作，使其具备自动温控技术能力，能够确保运输过程的稳定环境温度，避免温度过高导致的产品品质下降。

2. 合理控制生鲜冷链物流的配送成本

较高的运营成本是制约我国生鲜冷链物流发展的另一原因。由于企业缺乏科学规划和统筹安排，片面强调成本控制，错误地选择了不合适的送货方式。若想提升物流服务质量，必须转变错误观念，选择科学合理的送货模式实现最佳配送服务。具体可采取约定送货、集中送货等不同的送货方式，针对客户需求提供合理的配送服务。其中，约定送货基于事先约定的配送时间、方式开展配送服务，减少不确定性因素对配送活动的不利影响，降低时间成本；集中送货则由专业化物流公司为服务主体，发挥集中配送的优势，降低物流配送的单位成本提升其综合效益。上述送货方式均可不同程度降低企业配送成本提升服务质量和服务效率，能够为生鲜冷链物流的发展创造良好条件。

3. 制定规范化的行业标准

科学合理的行业标准是冷链物流规范发展的前提条件。统一的标准能够为行业发展提供科学指导，从而有效提升服务质量实现行业良性发展。对于政府职能部门而言，需要对生鲜冷链物流的发展特征和趋势进行科学研判，针对性地制定行业标准及相关法律法规，确保监督管理工作质量，保证行业规范发展，以此保障配送服务质量。此外，物流企业也需要充分认识到运营管理规范化的重要意义，确保各项标准的实施效果，约束自身经营行为推动冷链物流科学发展。

三 快递企业的配送管理

快递企业是一类特殊的物流服务供应商，实现了门对门的物流业务，是物流体系的最后一个环节。在具体运营中，快递企业能够综合运用公路、铁路、航空等不同运输方式，小至城镇的同城快递配送，大至全球的速递服务，充分满足客户不同层次的物流服务需求（陈蓉琳，2015）。

（一）快递企业配送管理存在的问题

1. 快递成本费用居高不下

①由于快递网点缺乏充分完善的信息交互体系，造成物流效率低、成本高等后果；②运输成本比例过高的问题比较突出，导致配送成本居高不下；③对于价值相对较高的快递包裹而言，在配送过程中往往涉及短暂储留问题，因此会形成相应的储留费用，加大运营成本；④现阶段以人工配送为主要服务方式的快递业务必然会导致较高的人工成本。人工成本的居高不下会压迫快递企业的利润空间，影响企业的正常发展。

2. 快递送件速度较慢

从消费者的角度来看，配送速度慢是影响其服务满意度的主要因素。具体问题表现在：①出于成本控制的考虑，快递企业从业人员大多属于兼业性质员工，这就导致快递配送从业人员流动性较大，存在不确定性，导致配送的时间、效率、服务质量方面难以保证。②一些快递人员违规收揽业务，将一些所在企业无法配送的业务经加价之后转包给其他快递公司以获取利益，这就影响了配送效率，无形中延长了配送时间，影响了服务质量。③受配送中心基础设施建设水平、运营管理水平落后等问题的影响，快递周转流通效率较低，停留时间较长，从而影响了服务质量。

3. 快递服务质量较差

①作业不规范，运营管理过程存在不同程度的暴力作业行为。

②从业人员业务行为不规范,不执行公司的管理规定,强制客户"先签字、再验货"的行为。③快递企业客户服务部门的工作人员缺乏科学的服务理念,行为消极怠慢客户,损害了客户对快递企业的认可度。④业务管理混乱,派件现场乱丢乱放问题突出,导致了严重的快件丢失、损坏问题。⑤从业人员缺乏时间观念,影响了快递配送的准时性。⑥缺乏健全完善的营业网点系统,导致快递配送效率低、服务质量差等问题。

4. 快递相关物流信息技术落后

基于现代信息科技成果的物流信息技术已经成为现代物流业发展的关键所在,贯穿于物流业务的全部流程。目前,部分快递企业并不具备规范的门户网站或信息平台,无法满足客户对物流信息的查询需求。加之一些企业缺乏信息交互系统,不同物流节点之间缺乏及时、可靠的信息交流,无法对物流状况进行动态监督和管理,不可避免地引发了信息错误、管理混乱等问题。

5. 快递配送中心规模小,机械化、自动化程度低

受限于相对较小的建设规模,配送中心并不具备大规模、大批量货物处理能力,也无法满足下属服务网点的统一协调、配送服务需求,无法实现良好的成本优势和规模效益。相对滞后的基础设施建设水平导致物流服务质量差,机械化、自动化水平低,无法保证作业效率,影响了物流服务质量。

6. 快递企业专业管理人才缺乏

从业人员缺乏专业知识和技术能力,缺乏正规教育培训,难以保证物流服务的质量水平。专业人才短缺的问题已经成为影响快递配送服务质量的主要因素。

(二)优化快递企业配送管理的措施

1. 优化企业管理模式,降低物流成本

(1)优化改进渠道管理模式(Sungur,2010),构建起矩阵式的管理体系:一是根据服务区域划分情况规划下辖配送网点与配送路线,由各网点对自身成本进行管理和控制,实行财务独立核算,尽可能降低运营成本;二是构建起网点之间的良好协调合作机制,确保商

品流通的最佳效率，提高物流资源利用率减少成本费用。

（2）保障先进技术的持续投入，提高先进技术设备的应用水平，提升物流管理效率并降低人工成本。

（3）首选整车配送模式，提高运力利用效率，制订科学合理的运输计划实现最佳成本效益比。

2. 强化企业规范化管理，严控送件时间

（1）严格落实企业各项规章制度，确保业务流程的规范性；扩大正式员工编制，提高从业人员的服务质量；确保配送时间、地点的科学规划。

（2）提升流通效率，减少快件停留、中转时间，提高货物流通效率。发挥现代化仓储、物流设施、设备的先进作用，充分保证装卸、转运、分拣等作业的效率水平，降低人工操作在运营管理中的比重。

（3）制订科学合理的配送路线，提高货物运输配送效率，降低时间成本。

（4）制订科学合理的配送计划，提高物流服务效率，节约客户时间提高客户对物流服务的满意度，充分发挥定时配送、定量配送、定时定路线配送、即时配送等不同方式的优势作用，根据需要综合运用不同的配送方法尽可能保证配送效率。

3. 加强客户服务质量

服务质量和服务效率是现代物流业核心竞争力的重要影响因素。因此，快递企业需要以客户为中心，充分保证配送效率，尽可能缩短货物在途、中转时间，提高作业规范性，充分保障客户权益，杜绝侵犯客户权益的不当行为，为其提供高水平的配送服务。

4. 强化物流信息技术在企业运营中的应用

（1）做好物流信息平台建设工作，构建起物流网点之间及时、可靠的信息交互与共享渠道。

（2）提高现代自动化分拣技术、物联网技术的应用水平，切实有效提升物流作业效率，充分保证服务质量。

（3）将 GPS、GIS 等技术应用于运输管理领域，实现对车辆位置信息的动态监控，便于客户及时了解货物运输情况，主要功能有：一是车辆定位查询功能；二是提供行车路线的规划和导航；三是信息查询；四是话务指挥调度；五是紧急援助。

（4）设计开发企业专属门户网站，充当信息查询与交流沟通工具，提高企业客户服务水平。

5. 加大企业基础设施投入

（1）加大对配送中心建设的投入，确保配送中心建设质量，实现规模优势提升物流效率，在降低成本费用的同时提升商品的安全性。此外，发挥配送中心的统筹协调功能作用，构建起高效、可靠的区域性物流服务系统，充分保证各服务网点的运转效率和服务质量。

（2）加大现代化、机械化、自动化设备的采购和应用力度，充分保证硬件水平。

6. 加大企业人才培养力度

现代物流技术的创新发展不仅显著推动了物流业的快速发展，也对从业人员的能力和素质提出更高要求，对物流企业的人才培养工作提出了新的要求。具体需做好以下工作：

（1）制定实施科学合理的薪酬福利政策，提高企业对优秀人才特别是管理型、复合型人才的吸引力度；

（2）积极寻求校企合作机会，委托学校开展物流人才定向培养工作，构建起长远、稳定的战略合作关系，充分保证物流人才的培养质量；

（3）做好内部培养工作，以国家现行行业标准与规范为依据，针对性地开展职业教育培养活动，充分保证快递基层从业人员的岗位胜任能力；

（4）健全完善绩效考核机制，提高工作人员对工作效率、服务质量的重视程度，切实有效提升快递服务质量。

第九章

现代物流的信息系统研究

第一节 物流信息概述

对于客观世界而言，信息是最为基础、最为核心的一项构成要素，能够对客观事物的存在状况、变化规律等特征进行描述，能够明确事物的内在管理。信息表现为语言、文字、图像、声音等形式，通过资料、消息、情报、信号等方式进行展示。对于流通体系而言，信息活动的内涵表现为流通相关信息的形成、处理、检索、存储、传递等具体的管理活动。

自计算机、信息技术应用于物流体系以后，物流业的运营管理水平得到了巨大提升，并且应用方式逐渐由早期的管理工具逐渐发展演变成物流业运营发展的核心基础，对现代物流业发展具有重要意义。随着应用水平的不断提升，计算机系统推动传统物流业突破自身的局限性，构建起生产终端、流通环节与销售终端广泛关联的一种复杂系统，并发展为更加庞大的信息网络系统，为生产、销售活动的信息化转型奠定了良好基础。借助计算机系统的功能优势，物流过程形成了及时准确的信息流，充分满足了物流管理的决策需求，极大提升了物流效率和效益进而提升了产品价值（宋玉丽，2020；王顺林、陈一芳，2018）。因此，信息化技术与计算机系统的广泛应用成为现代物流创新发展的重要保障,为现代物流的快速发展提供了有力支持。

一 物流信息

(一) 物流信息的概念

物流信息的具体含义是因物流活动而形成的,并为物流活动提供必要依据的相关信息,是对物流活动相关内容的具体展示。

对于完整的物流活动而言,各个环节都将形成对应的物流信息,并在信息流动的过程中构建起如图9-1所示的物流系统"神经网络",这一"神经网络"将成为物流信息流动的载体和表现形式。物流信息的重要性使其成为现代物流管理的关键所在。

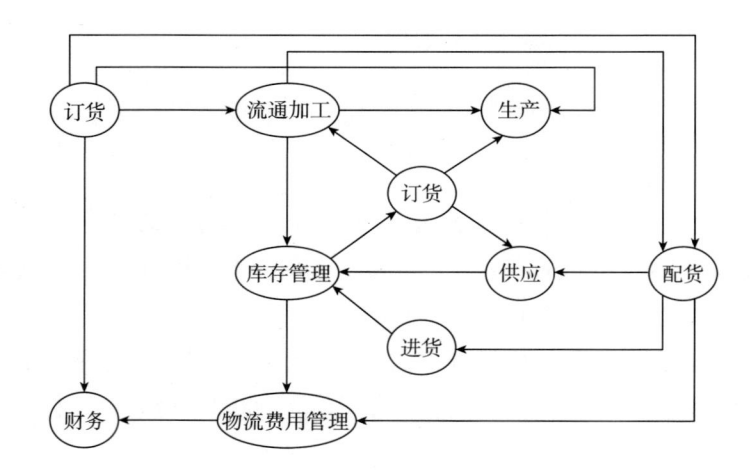

图9-1 物流信息的流动

(二) 物流信息的组成

物流信息的基本构成如下:

(1) 物流系统内部信息。来自物流活动本身的信息,具体表现为物料、物流作业、管理控制等要素所形成的相关信息。

(2) 物流系统外部信息。来自非物流活动的其他环节的信息,是物流管理决策重要的依据。具体表现为供货商、客户、订货合同、运输、市场、政策及其他关联主体所提供的与物流有特定关联关系的信息。

二　物流信息的类型

（一）基于信息变动的分类

1. 固定信息

固定信息属于一种相对固定的信息类型，表现出信息内容相对稳定的特征。主要类型如下：

（1）物流生产标准信息。此类信息主要是指定额类指标所包含的信息，如劳动定额、物品消耗定额、固定成本折旧定额等信息。

（2）物流计划信息。此类信息属于特定物流计划所设计确定的相关指标数据。典型代表有计划运输量、单位运输成本预算等。

（3）物流查询信息。此类信息多表现为相对固定、较少变更的长期性信息，主要以各类国家、行业技术标准，物流企业管理制度等为典型代表。

2. 流动信息

流动信息是相对于固定信息而言的一种信息类型，以显著的变动性为主要特征。此类信息大多来自实际物流活动的数据统计结果，以实际成本、物流任务完成度等为典型代表。

（二）基于沟通方式的分类

1. 口头信息

口头信息具体指非书面性质的、由相关主体通过交流沟通的方式所形成的信息。此类信息在传递环节表现出显著的直接性优势，但是也存在准确性较低、传播速度较慢的问题。此类信息主要产生于物流作业现场，是物流活动产生的较为常见的一种信息类型。

2. 书面信息

书面信息则是指以书面的形式进行确认的信息类型，能够充分保证信息的明确性与可靠性，从而为各项活动提供充分有效的依据。各类与物流活动有关的技术资料、数据报表等就是书面信息的典型代表。

（三）基于信息来源的分类

1. 外部信息

具体表现为非物流系统自身的信息来源。外部信息是相对于内部信息的一个概念。从物流系统的层面出发，外部信息可具体理解为生产部门、消费部门、主管部门以及市场等领域形成的物流相关信息。具体到物流的各子系统中，不同系统之间的信息都是相对于其他系统的一种外部信息。

2. 内部信息

内部信息可简单理解为物流系统自身所产生的相关信息。此类信息大多用于满足物流系统各项要素的协调管理，同样表现出显著的相对性特征。

三 物流信息的特点

相较于其他领域，物流领域的信息更多用于对物流活动特征进行说明，信息的特征具体表现在以下几方面：

（一）物流信息的广泛性

因物流系统自身的复杂性和显著的社会影响力，使其运作过程中将形成规模庞大的物流信息，涉及物流供应链的各个环节。为了确保物流信息的使用价值，必须开展积极有效的信息管理工作，这是现代物流企业的基本管理内容之一。

（二）物流信息的联系性

物流系统的复杂性、系统性特征决定了其信息之间表现出显著的关联性特征。这种信息体现了不同主体、不同环节、不同影响因素之间的相互关系，以此为基础形成了完整的物流系统，为物流系统的稳定持续运行提供了必要保障。

（三）物流信息的多样性

物流信息不仅产生于物流系统内部，同时也会在物流系统与其他系统相互影响作用的过程中形成。因此，物流信息表现出显著的庞杂性特征，进一步加大了信息管理的难度。

（四）物流信息的动态性

物流信息伴随物流活动的出现而出现，具体涉及物流、商流、信息流等不同领域。而上述领域的动态变化特征使物流信息呈现出显著的动态性特征，市场环境、客户需求、自身运营管理等因素的变化都将导致物流信息随之变化。这就对物流企业的信息管理效率和能力提出了较高要求，必须保证物流信息管理的及时性与有效性才能实现良好的物流效果。

（五）物流信息的不一致性

物流信息产生于物流活动的各个环节，而不同环节在时间、地点上的差异使物流信息也表现出显著的差异性特征，在时间、地点、内容等方面表现出显著的不一致问题。同时信息采集的方式与量化标准的差异也会导致信息结果的不一致问题。为了确保物流信息的可比性与共享能力，必须设置一个相对统一的信息标准，尽可能保证信息的标准化与可比性，充分满足物流管理活动的信息需求。

四　物流信息的作用

对于现代物流而言，物流信息已经成为必不可少的要素之一。物流信息将为决策提供必要的依据，并且为各项具体的管理活动提供科学支持，其对物流系统的重要作用具体表现在以下几方面：

（一）管理控制的作用

基于现代移动通信技术、网络技术、GPS（全球定位系统）、EDI（电子数据交换）等技术逐渐形成了一种电子化、信息化的物流管理模式。这一管理模式能够充分发挥现代信息技术的优势，实现物流运输的全过程监督控制，能够极大提升物流效率与管理质量，为客户提供更好的物流服务。

（二）提高物流服务水平的作用

客户需求的客观波动会对物流发展产生不利影响。为了充分降低供应风险提高物流服务质量，各类库存成为物流供应链最为基本的一项保障机制，基于合理的库存水平提高供应链的整体稳定性。但是库存的出现也会导致供应链总成本的上升，因此必须制定实施科学的库存管理制度，将库存成本控制在最合理的范围，在尽可能减少库存成本的基础上提高物流系统的运转效率与服务质量。

（三）引导和协调的作用

物流信息贯穿于物流活动全过程，是物流供应链最为基本的一项要素，能够对物流体系的运转情况、供应链内外部环境的变化情况进行说明，从而为物流体系的优化调整提供了科学依据，发挥了积极有效的引导、协调作用，显著提升了物流系统的资源配置效率和整合能力，提高了物流资源的综合利用率。

（四）沟通联系的作用

随着物流业的规模化、系统化发展，指令、计划、文件、数据、报表、凭证、广告、商情等都成为重要物流信息。物流信息把生产厂、批发商、零售商、物流服务商、消费者连通起来，成为这个复杂、庞大供应链系统运行发展的重要纽带。

（五）价值增值的作用

物流信息表现出特定的价值，这种价值不仅在于自身的使用价值，还表现在对物流系统总价值的促进和提升。也就是说，物流信息表现出显著的增值特性。此外，物流信息将作为物流决策的重要依据，因此会极大地影响物流系统的运行和发展，能够构建起物流系统各项要素之间的特定关系，实现一种更加高效的生产系统，从而显著提升社会生产力水平，实现更高的综合效益。对于企业而言，若想在激烈的市场竞争中取得发展优势，就必须充分保证物流信息的科学利用，以此保证生产的科学性，充分保证生产资源利用水平并实现最佳效益。因此，物流信息的增值特性也将显著影响物流经济效益。

（六）辅助决策分析的作用

物流信息能够为现代物流经营决策提供重要依据，从而显著提升物流体系的运营管理水平。决策以信息的深加工为基础，因此能够充分发挥物流信息的重要价值确保决策科学性。

物流信息能够满足物流决策结果的评估分析需求，可在对比分析不同决策方案的基础上确定相对最佳方案，从而有效地保证了物流决策管理的科学水平。

（七）支持战略计划的作用

物流战略计划的制订是一项特殊的决策分析工作，能够对物流的未来长远发展进行科学规划，明确其经营目标与发展方针，以客户需求分析、发展战略制定等为代表性工作。战略计划属于松散、抽象的决策内容，这对物流信息的分析和利用有着更高的要求。

五 物流信息的管理

物流信息管理是采取科学的、规范的方法，基于统一规划对物流信息进行相关的收集、处理、存储、检索、传递以及应用工作，在协调控制的基础上确保物流供应链的科学协调，实现物流信息的充分共享并提高信息质量，为决策提供更加充分、可靠的支持，从而提升物流管理水平，增强供应链的竞争优势。具体内容如下：

（一）信息政策制定

物流信息的充分共享要求相关信息能够具备跨部门、跨区域甚至跨国家的信息交互、识别与利用，为物流供应链的高效运行提供充分有效的信息依据。这就要求物流信息在收集、处理和管理环节需要遵循部分共同的标准或规则，能够实现信息结构的一致性与可比性，从而保证信息利用水平。这是物流信息管理的最基本要求。

（二）信息的规划

信息规划以企业战略为基础，制订长远的发展计划明确信息资源的管理策略、开发方式与利用机制，为信息管理工作的高效开展提供科学指导，并根据企业不同发展阶段的差异性特征制定相应的管理目标，完成数据库、信息管理系统的设计建设工作，为信息管理工作的顺利开展奠定良好基础。

（三）信息收集

信息收集具体通过相应的技术、方法或工具，从不同领域出发对相关信息进行采集，明确物流信息系统的运行状况与环境特征，为系统管理提供必要的信息资源。相较而言，信息收集表现出工作量大、成本费用高等特征，在具体工作中需要侧重于以下内容：

（1）开展科学有效的需求分析工作。明确企业管理决策和日常运营管理在时间、地点、应用等方面对信息的具体需求，明确信息需求相关的范围、目标与层次，针对性地开展收集工作尽可能降低工作强度，在有效满足需求的同时避免过度收集导致的不必要的成本费用。

（2）确保信息收集工作的系统性、连续性，形成相对连贯、完善的信息记录，能够对特定时间段的经济活动状况进行准确记录和反映，为趋势预测提供有效依据。

（3）合理确定信息源。信息技术的高速发展使信息源的数量越来越多，构成也越来越复杂，信息规模也快速扩大。为了保证信息收集的效率和质量，必须确定相对合理的信息源，构建起相对稳定的信息渠道以此保证工作质量。

（4）确保收集工作的组织性、计划性与目的性，协调相关因素实现最佳工作效果。

（四）信息处理

信息处理是以科学的筛选、整理等手段，对信息进行加工分析从中提炼有价值的信息。信息处理的基本要素如下：

1. 信息分类及有关信息的汇总

基于工作规则或者执行标准，对差异性信息进行整理与汇总，实现集中管理，提高信息应用水平。

2. 信息的条目编写

条目编写主要通过各种不同的符号作为信息项目的表示形式，并形成一定准则，充分保证其内容的条理化与规范化。

3. 信息处理

完成信息数据库的设计与建设工作，充分保证信息存储的质量水平，根据需要配备相应的电子存储设备作为信息储存的硬件基础。

4. 信息更新

信息的动态变动会存在部分信息失效的问题。因此必须做好信息的动态更新管理工作才能保证信息质量，为用户提供准确、可靠的信息。

5. 数据挖掘

数据挖掘（Data Mining，DM）作为现代数据处理技术的典型代表之一，能够对大规模、海量数据进行分析处理，从而在明确数据规律的基础上，从中提取有价值的信息。数据挖掘本身属于一种系统性技术理念，具体从准备、挖掘、评价、运用等处理工作出发对原始数据进行处理分析，获得一种专业性、可视性、一致性的数据结果作为决策与管理的依据。

6. 信息传递

信息传递以特定的传递媒介为基础，实现信息由信息源向最终用户的传播。基于不同的分类标准可将信息传递细分为多种不同的类型。例如，基于信息传递方向的差异包含单向传递、双向传递等不同类型；基于信息传递层次的差异则包含直接传递、间接传递等不同形式；基于其时空特征，可具体细分为时间传递、空间传递等不同形式；基于传递媒介的差异则包含人工传递、非人工传递等不同类型。

7. 信息服务与应用

物流信息以满足物流服务需求为基本任务，这就决定了信息工作以信息的加工处理为基础，以提取有价值信息满足主体需求为目标。具体到服务内容和形式，物流信息服务又具体分为信息发布、信息传播、信息交互、信息咨询等不同的服务内容。

第二节 物流信息技术

物流信息技术是物流信息化管理的实现基础，具体通过信息采集、传输、处理等方法和工具对相关信息进行加工处理，满足物流管理活动的信息需求并充分保证物流活动的效率和竞争力。相较于其他物流技术，信息技术表现出显著差异，其优势在于持续改进物流效率提升物流服务质量，同时也能够显著减少成本费用，从而实现更好的经济效益。以上优势为物流信息技术的快速发展与广泛应用奠定了良好基础，成为现代物流体系必不可少的重要组成之一，在提升物流效率和效益方面发挥了积极有效的作用。代表性的物流信息技术具体如下：

一 射频识别技术

（一）概述

射频识别技术即 RFID 技术，全称为 Radio Frequency Identification。该自动识别技术诞生于 20 世纪 90 年代，目前已成为世界各国普遍使用的一种物流信息技术。该技术的理论原理为：基于射频信号在空间的耦合特征进行交互，实现一种无线的、非接触式的信息传递和识别。该技术的理论基础为哈里斯托克曼（1948）所著的《利用反射功率的通信》。进入21世纪以来，RFID技术的标准化问题成为各国学术界关注的重点，在学者的努力之下该技术的类型日益丰富，在不同领域表现出各自不同的应用优势（高翊宸、杨睿娟，2018）。常见的RFID技术主要包括有源电子卷标、无源电子卷标、半无源电子卷标等，在物流领域的应用水平不断提升。目前，基于日益完善的理论体系，RFID技术的优势日益显著，在提升物流管理效率方面发挥了积极有效的作用，为物流信息化、自动化发展做出了突出贡献。

（二）相关技术工作原理

RFID技术在具体系统设计开发环节能够根据应用环境的具体情况与需求进行优化调整，从而实现了各种不同的系统结构特征。整体来看，RFID系统的基本构成要素为信号发射机与接收机、编程器、天线等。各构成要素的具体内容如下：

1. 信号发射机

信号发射机是射频信号的形成与输出终端，能够基于不同的使用需求表现出不同的设计形式。最为常见的形式为标签（TAG）。标签的功能作用类似于条形码，能够作为信息储存和识别的基础。但是也表现出显著的差异：标签在信息传递环节表现出显著的主动性，能够通过自身功能或者外部作用实现储存信息的发射，而条形码则不具备这一功能。标签的基本构成要素为线圈、存储、天线、控制系统等，是一种特殊的集成电路。基于不同的分类标准可确定标签不同的分类结果。

2. 信号接收机

信号接收机是RFID系统的信号接收装置，也可称为阅读器。基于不同的标签基础与功能作用，阅读器在设计复杂程度方面表现出显著的差异性。阅读器为标签数据传输提供了必要支持，还具备信号状态控制、错误校验、错误修正等功能。

标签所存储的信息不仅包含主要信息内容，同时也包含相应的附加信息以提高信息的准确性与科学性。主体信息将基于特定的编制原则与附加信息进行科学关联,并同步完成传输处理。该附加信息将作为阅读器控制数据流的重要依据。当阅读器完成主体信息的接收与处理作业之后,将根据附加信息的相关情况进行反馈,作为发射机信号反射模式调整的重要依据,即以"命令响应协议"的形式实现了RFID系统的自动控制。该协议的科学运用将显著提升阅读器的阅读效率和质量,并且有效避免"信号欺骗"对RFID系统的不利影响。

3. 编程器

编程器通常仅与可读写标签系统进行联合使用。该装置的功能作用是以标签为对象完成数据写入处理。其写入数据的方式通常表现为离线模式（Off-Line）,即将相关数据预先写入标签内,然后在具体应用中将标签内的预写入数据黏附至目标对象。与之对应的在线模式（On-Line）比较少见,一般适用于交互式、便携式的数据处理场合。

4. 天线

天线是信号发射、接收等功能的硬件基础。对于RFID系统而言,其数据收发质量的影响因素不是只有系统运行功率一项指标,天线的设计形状、空间位置等因素也将表现出显著影响作用。为了确保数据收发质量,需要发挥专业人员的技术和经验优势对天线开展科学的设计与安装工作,充分保证其良好性能。当包含电子标签的对象出现在阅读器的一定距离范围之内时（通常在0—10米）,在系统控制下阅读器将生成并发送微波信号进行查询,该微波信号到达电子标签之后会与标签内的数据信息进行耦合并将耦合结果反馈至阅读器。该耦合微波信号包含了电子标签的相关数据信息并在到达阅读器之后由后者进行处理和识别,进而明确电子标签所包含的具体信息。

RFID的工作原理如图9-2所示。

5. RFID的分类

（1）EAS系统。EAS系统的全称为Electronic Article Surveillance,直译为电子商品防窃系统,通常部署在空间的出入口,对物品进出情况进行监控。该技术在各类商业场所应用极广,为物品安全提供了有效保证。在未授权的情况下,若有人想非法带离某商品,那么在经过部署EAS系统的出入口时就会激发系统,对非法行为进行预警和提示。

微波查询信号

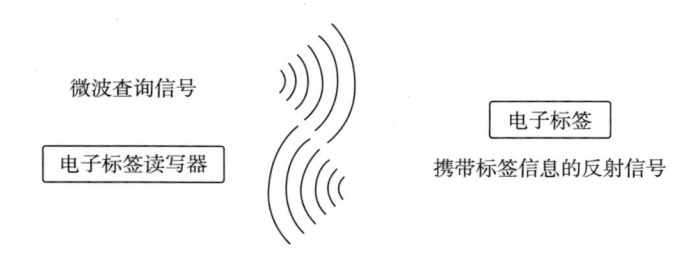

电子标签读写器

电子标签

携带标签信息的反射信号

图 9-2　RFID 技术工作原理

该技术在具体应用中，首先需要将 EAS 标签粘贴于目标物品之上，若物品在完成正常交易支付等情形下经出入口离开，则在支付结算环节可通过特定的工具令 EAS 标签失效，此时物品就可顺利经过出入口而不激发报警系统；若未完成正常结算则 EAS 标签将保持活动，在非法带离时会激活系统报警功能进行预警。因此，部署在出入口的 EAS 系统能够对 EAS 标签的活动性进行自动检测和识别，对非法带离行为进行自动预警，因此能够有效降低物品被非法带离的风险从而提供有效保护。该技术的应用使商品无须保存于封闭容器内，便于客户自由进行观察和检查，提高了客户消费体验。该技术的出现和应用为自选型消费的发展创造了有利环境，为客户创造了更加便捷的选购环境。EAS 系统的基本构成要素为电子标签、灭活装置、监视器。电子标签粘贴于目标物品起到信息载体的作用；灭活装置则能够在结算之后取消电子标签的活性；监视器则发挥空间监控的功能作用。

EAS 系统技术原理具体如下：特定场所的出入口将作为监视器的目标区域和信号收发装置的安装区域，共同构建起一种相对完善可靠的识别与监控体系。当未灭活的电子标签进入监控区域时，将形成特定的电子信号对发射器产生干扰同时也会被接收器接收识别，在微处理器的控制下基于预设指令激发报警装置。基于发射器电子信号的差异和电子标签信号干扰模式的差异可对 EAS 系统的类型进行具体划分，电子标签的设计制造则是 EAS 系统的核心研究问题，旨在提升 EAS 标签的应用便利性。

（2）定位系统。定位系统能够实现对目标对象空间位置的确认，是现代自动化管理控制技术的核心构成之一。通常情况下，定位系统的阅读器部署在商品、运输工具上，而将信号发射器部署在系统目标区域的地下空间，预先将识别信息写入信号发射机存储，并通过有线或无线的方式实现阅读器与系统的数据连接与交互。

（3）便携式数据采集系统。该系统具体将阅读器设计为便携式的移动终端，能够根据应用需要将便携性阅读器带到相关区域对目标对象电子标签中所包含的信息进行读取。该系统表现出十分显著的灵活性优势，能够充分满足不同应用环境的数据信息采集需求，特别是在缺乏固定式 RFID 系统安装条件的应用环境中表现出更加显著的优势。该系统能通过无线数据传输渠道实现数据实时读取、传输处理，也可以作为存储器存储相关数据信息并集中发送给管理控制系统。

（4）物流控制系统。对于常规物流控制系统而言，RFID 阅读器一般固定部署在目标区域，同时实现阅读器与管理系统的直接数据连接，而信号发射机则部署在目标物体上。当目标物体在运动过程中经过阅读器时，后者就将自动对信号发射机所发出的信号进行接收并传输给管理控制系统，成为物流管理控制系统的运行依据，实现自动化管理。

（三）技术优点

相较于后文介绍的条形码，以及视频监控、卡片识别等技术，RFID 技术的优势具体表现如下：

（1）无须直接接触，能够在特定范围内自动运行和识别，减少了人工操作并提高了便利水平。

（2）能够同时识别多个目标，对高速运动物体也表现出良好的识别能力。

（3）避免机械磨损，提高了设备的使用寿命，能够满足各种恶劣环境的使用需求。

（4）电子标签与读写器之间具备相互认证机制，有效保证了数据信息的安全性。

（5）结合密码机制与安全算法能实现良好的安全管理效果。

（6）避免读写器物理通信接口向用户开放的情形，降低了读写器的安全风险。

以上突出的技术优势为 RFID 技术的广泛应用奠定了良好基础。发展至今，该技术已经成为社会经济各个领域自动化技术的重要实现基础，极大提升了各个领域的自动化水平与安全水平。

（四）技术应用

1. 生产环节

将 RFID 技术应用于产品生产制造领域将显著提升生产相关信息的采集与管理水平，在减少人工管理的基础上提高对原料、零件、成品等要素的动态识别能力（Javad，2012），从而为自动化生产的实现提供了有力支持，极大提升生产效率与综合效益水平（袁金苹，2020）。对于准时制（Just–in–Time，JIT）这一特殊的流水线生产方式而言，RFID 技术表现出更加突出的应用优势。该技术的应用能够为原料、零部件的快速识别与准确定位提供一种有效工具（Ko et al.，2016；Shin et al.，2011）。该技术应用于品类众多的库存管理，可通过电子标签识别的方式快速定位；对于生产管理人员，能准确把握生产进度并实时发送补货信息，充分保证生产流水线运作的稳定。汽车制造业中，采用生产线的流水作业方式的主要有焊接、喷漆、装配等环节，这些都是应用 RFID 技术的重要环节，每个处于生产线的车体都被提供一个独立识别标签，在多环节生产时可直接跟踪。这种标签是有源封装模式，能重复使用，贴于需要自动识别的作业件上，能对一些特殊环境下的生产作业起到较好的监控（吴金，2016）。

2. 运输环节

运输环节科学应用 RFID 技术能够实现对运输车辆、货物的动态跟踪。借助粘贴于货物、车辆的 RFID 标签能够在通过接收装置时自动进行识别，并通过相应的转发装置将识别结果发送给管理系统。通常借助通信卫星实现接收装置与管理系统或者调度中心的数据信息交互（丁海军，2020；喻雪春等，2019）。

3. 存储环节

RFID 技术在仓储管理领域的广泛应用将为货物存取、盘点提供一种高效、准确、便捷的技术工具，为相关作业工作的自动化发展奠定良好基础（王佳琪，2020）。对于仓储管理工作而言，在科学结合RFID技术与仓储管理计划的基础上，能够显著提升相关业务的处理效率和质量，为各项作业提供明确、准确的信息依据，同时RFID技术还将显著降低管理成本，从而提高了物流系统的整体运行效率和质量，为物流系统的科学发展提供了重要保障。此外，RFID技术在库存管理领域的科学应用也将显著提升库存盘点效率并减少人力消耗（裴英梅，2019）。该技术的自动化数据采集识别功能能够自动对库存信息进行采集识别，既降低了人工工作强度也提高了盘点结果的准确性，从而实现了更好的综合效益（孟一君，2019）。基于RFID系统的数据信息，管理者能够及时、准确地把握库存情况，提高了库存管理的科学水平，实现了更加高效、可靠的库存管理，从而显著提升物流管理效率和效益水平。

4. 配送/分销环节

RFID技术在配送领域的科学应用也能够极大提升配送作业的效率，在降低人工成本的同时实现更好的效益。在为所有商品提供RFID标签的基础上，配送中心能够通过安装于托盘上的阅读器对进入托盘的RFID标签信息进行读取，从而自动完成物品信息的采集识别工作，然后将识别结果与数据库预存信息进行比对分析，及时识别错误风险并对数据库信息进行同步更新，提高了数据库信息的及时性与准确性，为精确库存管理提供了可靠依据，实现了对配送全过程的动态监控与跟踪，充分保证了配送服务质量（李倩、张嫚，2018；刘玲、宋伟，2019）。

5. 零售环节

零售领域科学运用RFID技术能够显著提升库存管理质量，对库存情况进行动态跟踪，预测缺货风险并及时进行补货，实现最佳库存规模（张丽丽等，2019）。此外，零售经营主体还能够通过RFDI系统实现自动结算功能，既降低人工作业量也提升结算效率，从而创造更加便捷的消费结算体验。该技术在零售领域的应用将有效减少人工工作量，并且显著提升管理水平，表现出显著的应用优势（沈进波，2019）。

6. 食品质量控制环节

频繁发生的食品安全问题成为社会各界共同关注的热点问题。其中尤以肉类及其加工食品的安全问题更加突出。受动物疾病、疫情的影响，肉类食品表现出更高的安全风险，一旦缺乏积极有效的防控措施，必然会严重危害食用者身体健康甚至对社会经济的稳定发展产生不利影响。RFID 系统的应用，将实现肉类及相关产品信息的追溯跟踪，帮助人们把握其来源与流通过程，从而为产品质量控制提供科学准确的信息依据，提高肉类食品安全风险识别能力和监控能力（李利晓，2019；赵训铭、刘建华，2019）。将 RFID 芯片部署在动物身体上能够充当动物电子档案，还能够对动物身体状况进行实时监测，及时发现健康问题并进行处理，确保肉类食品安全。动物成长、屠宰、流通等信息都将集中存储于 RFDI 标签内，并将成为肉类食品流通过程的重要依据，从而提高销售管理水平。当消费者在选购肉类食品时，可以方便快捷地通过食品标签对相关信息进行了解，明确食品的来源及流通情况，为其购买决策的制定提供科学依据（曲爱玲等，2020）。RFID 技术的应用将构建起商品流通全过程的数据信息交互与共享体系，从而提高了物品流通的科学管理水平。

二 条码技术

（一）概述

基于现代信息技术、计算机技术的条形码技术是自动识别技术领域的典型代表。该技术的优势在于快速、准确地完成数据采集工作。该技术的出现和发展提供了一种全新的数据采集与录入方法，极大地提升了相关工作的效率和质量水平，从技术和工具层面为现代化、自动化物流产业的出现和发展提供了必要支持。

条形码基本构成要素为条（黑条）和空（白条），并且以不同的结构宽度、反射率水平作为其编码规则，从而以图形标识符的形式表达特定的数据信息。直观来看，条形码的结构特征为特定排列规则、不同粗细的并行线条。而作为条形码的基本构成要素，条与空分别对应着条形码的黑条部分与白条部分，两者反射率的差异将成为扫描识别的基础。在机器识读功能下，条形码特定符号特征所包含的信息将对应地转换为二进制、十进制等不同的数据信息，通过其结构特征的调整变化将实现不同的数据信息结果，能够满足不同环境的应用需求（毛黎霞，2018）。以上优势的存在为条形码技术的广泛应用奠定良好基础，也使条形码技术研究成为物流包装、信息管理等领域的热点问题之一。

不同颜色的物体通常会表现出不同的反射效果。因此，将扫描装置发出的光线照射在黑白条构成的条形码上时，会形成不同的反射光并被扫描装置接收，然后借助其自带的光电转换器将反射光信号进行转换，获得对应的电信号并经放大整形电路处理之后进行存储和传输。条形码在白条、黑条结构特征的差异将对应生成不同的电信号，这就是条形码信息识别的基础。

（二）相关技术工作原理

条形码可分为一维条形码（One-Dimensional Barcode，1D）和二维条形码（Two-Dimensional Barcode，2D）两大类。

1. 一维条形码（1D Barcode）

由于一维条形码是目前最为常见、最为主流的一种商品条形码应用技术，因此一般将一维条形码等同于商品条形码。该类型条形码仅仅通过水平方向完成信息表达，通常不会涉及垂直方向的信息。其垂直高度与位置关系的调整变化大多出于提高阅读器阅读便利性的考虑。目前比较常见的一维条形码主要包括 EAN 码、UPC 码、39 码、128 码等，各类条形码的具体情况为：

（1）EAN 条形码。EAN 码的提出者和推广者为国际物品编码协会（International Article Numbering Association），是目前世界各国普遍采用的一种商品条形码技术规则。该条形码基于固定位数的数字排列组合作为信息的载体，基本要素为 0—9 数字。目前，EAN 码具体形成了标准版、缩短版两种代表性的技术版本。前者的表现形式为 13 位数字，也叫作长码或 EAN-13 码，其基本结构特征如图 9-3 所示；后者的表现形式则为 8 位数字排列，也叫作短码、EAN-8 码。

EAN 长码的编码规则为模块组合法。其所形成的符号具体包含九个结构构成要素：左侧空白区、起始符、左侧数据符、中间分隔符、右

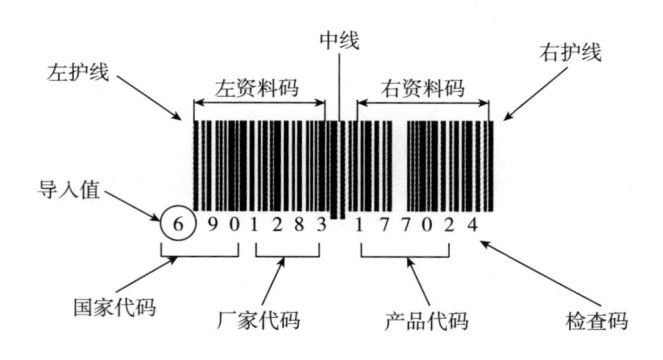

图9-3 EAN-13码结构

侧数据符、校验符、终止符、右侧空白区和模块数。在13位数字中，其所代表的含义各有不同。其中，厂商识别码通常占据了7—9位数字，是产品生产厂商所对应的唯一条形码标识，该代码基于EAN的整体分配情况，由不同国家的EAN组织确定本国厂商的代码，这种代码的形成基础为EAN的前缀码（以X13、X12、X11为典型形式）。前缀码是EAN成员的唯一代码和区分依据，由EAN组织集中进行管理分配工作，充分保证世界各国所使用的前缀码的唯一性。而产品项目代码则一般通过3—5位数字进行表达，是产品身份的唯一标志，由产品生产厂商根据自身实际情况编制商品项目代码。在具体编制环节，厂商需遵循基本的编码原则，确保产品项目代码与产品类型的一一对应，确保两者之间唯一性的关系。检验码则为1位数字，用于对代码的正确性进行检验，基于特定的算法和条形码数值情况计算确定。1991年，我国正式加入国际EAN组织，并获得了690、691和692三个前缀码。其中690、691两个前缀码明确了其所使用的制造厂商名单，初始名单数量为10000，并允许每个厂商对不超过100000种自产商品开展编码处理。基于这一分配标准，可通过对厂商识别代码的位数进行调整从而调整厂商代码的整体容量，同时对应的反向调整商品识别代码的位数确保总位数的不变。例如，厂商识别代码从7位数字增加1位变为8位数字，则能够将厂商识别码的容量提升10倍；同时减少商品识别码的1位数字，由5位变为4位确保数字位数的固定。

EAN-8 码属于一种精简化的 EAN-13 码。该条形码的基本特征详见图 9-4，该简化条形码减少的要素为制造厂商代码，仅保留了 EAN-13 码中的前缀码、商品项目代码、检验码等构成要素，多用于小包装物品的识别。我国针对 EAN-8 码的使用提出了具体规定，要求商品生产企业在使用 EAN-8 码之前将使用计划上报国内 EAN 管理组织，然后由管理组织统一确定条形码的具体形式。

图 9-4　EAN-8 码结构

（2）UPC 条形码。UPC 码的提出者为美国 UCC 组织，即统一代码委员会。该条形码是全球应用时间最早的一种条形码标准，目前在北美地区仍然作为主流条形码之一。该条形码在技术层面与 EAN 码并无区别，同样以模块组合法为技术基础，表现出定长、纯数字等特征。

（3）39 码。诞生于 1974 年的 39 码具备双向扫描的功能作用。该分布式条形码通过以一个不具备实际意义的空白对相邻两组数据码进行分隔，能够显示特定的数字、字母等信息，其信息内容比一维条形码更加丰富，因此也表现出更广的应用范围，在工业产品、商业数据、医疗数据管理方面发挥了积极作用。

2. 二维条形码

（1）二维条形码概述。二维条形码则是基于特定规则在二维平面上形成一种特殊的黑白相间的平面图形，用于对数据信息进行记录和表述。该类条形码技术理念充分发挥了"0""1"这一计算机内部逻辑基础的优势作用，基于二进制完成几何形体的设计工作，该几何形体将作为特定文字、数字信息的载体与表现形式。当通过特定的扫描设备对二维条形码图形进行扫描时，能够自动对其中所包含的信息进行识别和读取。该条形码技术在具体技术内涵方面与一维条形码表现出一定的共性特征：以特定的字符集为编码基础、每个字符均表现为特定的宽度；能够实现校验功能；并能够对相关信息进行识别和处理。与一维条形码的差异在于，二维条形码不仅能够从水平方向出发对信息进行表达，同时也能够从垂直方向出发完成信息表达功能。这就使二维条形码在相同面积的条件下表现出更加强大的信息表达功能，能够在有限的图形面积里包含更多的信息。二维条形码的基本结构特征如图9-5所示。

图9-5 二维条形码

　　类似于一维条形码，二维条形码也具有不同的码制，即在具体的编码方式上存在较多的选择或者标准。从技术原理的角度来看，现有的码制主要存在两种不同的类型，分别是行排式与矩阵式。

　　前者的技术原理基于一维条形码，根据信息表达的需要设计成两行或更多行一维码的上下平行结构，使其设计原则、校验原理、识别方法等环节表现出一定的相似性，甚至在识别技术设备上实现了一定的兼容。区别在于更多的条形码行数以及全新的译码算法。而此类二维条形码的典型代表主要包括Code 16K、Code 49、PDF417等。

　　后者的技术原理是基于特定的矩形空间，将信息对应表达为黑白像素在矩形空间内的不同分布特征。在该编码技术中，"点的隐藏"和"点的出现"将分别表示"0""1"等二进制基本元素，点形状可以是圆的、方的或者其他形状,并根据点元素的排列组合特征完成相应信息的表达。矩阵式二维条形码(也可称为棋盘式二维条形码)的实现基础为计算机处理技术、组合编码技术等,典型代表包括 Code One、Maxi Code、QR Code、Data Matrix 等。

(2)二维条形码的技术特点。

①基于高密度的编码原则,充分保证了信息容量,单个二维条形码的最大容量达到了 500 多个汉字的信息容量,或者是同等的 1108 个字节,或者是 1850 个大写字母,或者是 2710 个数字,其容量水平达到了普通条形码的数十倍左右。②内容广泛。二维条形码能够对图像、声音、文字等信息进行数字化编码处理将其转换为对应的二维码,能够对多种不同类型的信息进行有效表达。③突出的容错、纠错功能。即使因各种原因导致二维条形码的局部区域出现破损缺失,但是轻微的损坏并不会影响二维条形码的识读能力,甚至出现了一半左右的毁坏区域仍能够准确识读相关信息。④更加准确可靠。与普通条形码相比,二维条形码的解码误差率保持在千万分之一以下的低水平,这一结果显著低于普通条形码百万分之一以下的误码率。⑤结合加密技术算法能够显著提升信息的安全性与保密性,并具备更好的防伪功能。⑥更低的制造成本与更方便的制作过程,能够长时间保持良好的使用性能。⑦可根据需要对图形的形状、大小进行调整。

目前二维码已经成为最常用的一种条形码识别技术,在诸多领域表现出显著应用优势。

3. 条形码识别

条形码识别的含义是通过计算机工具对条形码所包含的数据信息进行转换并实现自动采集。该功能的实现基础为各类识读装置设备。扫描装置与译码器是识读装置的基本构成要素,前者实现了条形码符号向对应数字脉冲信号的转换,而后者则实现了数字脉冲信号的解读并获得可理解的信息结果。

对于扫描装置而言,其基本的技术原理是根据条形码的外在宽度、图像元素间隔情况确定相对应的、持续时间长度不同的输出信号,然后将上述输出信号进行转换获得对应的二进制编码,由计算机进行识别和传输。扫描装置通常为光电读入器，能够对条形码进行照射并采集其反射结果，并基于反射结果获得对应的模拟信号，并经放大处理之后由译码器进行处理和表达，其基本工作原理如图 9-6 所示。

对于现代条形码技术而言，识读装置是最为基础、最为核心的光电类硬件设备，能够对条形码的图形进行扫描并自动完成信号采集与光电转换。为了满足不同应用环境的需求，光电扫描装置也逐渐形成了多种不同的产品。相对而言，台式及手持式扫描装置一般适用于零售经营主体的支付结算；而固定光电式、激光式扫描装置则主要应用于大型的仓库管理与物流管理工作环境。

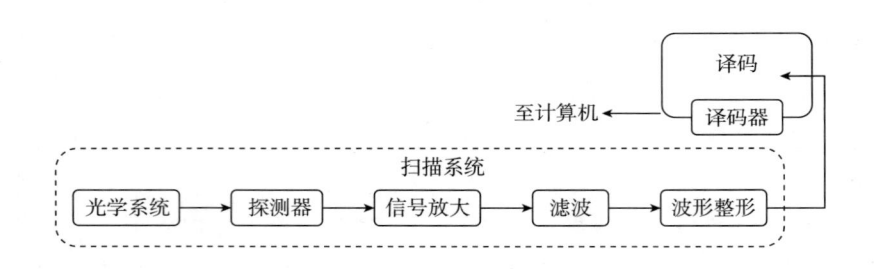

图 9-6 条形码技术工作原理

（三）技术优点

（1）更高的信息输入和读取效率。条形码的输入速度能够达到人工输入的 5 倍以上，表现出巨大的效率优势。

（2）采集效率高。一维条形码的数据采集速度能够达到几十位字符的单次采集量，但是二维条形码则能够完成数千字符的同时采集，其良好的自动纠错能力极大提升了数据信息的准确性。

（3）显著的灵活性处理优势。条形码的制造相对简单便利，识读技术设备的制造成本也相对较低、使用也比较简单便捷，能够根据需要进行灵活设计和调整，充分保证其应用水平，表现出显著的灵活性优势。

（4）更加可靠的信息结果。与人工输入数据三百分之一、光学字符识别技术的万分之一错误率相比，条形码技术的误码率仅为百万分之一以下的水平，表现出非常突出的信息结果可靠性优势。

（四）技术应用

1. 条形码在生产过程中的应用

将条形码技术作为生产质量管理的重要工具之一，能够实现对产品生产全过程的动态监督与管理。该技术的科学运用，将为企业生产动态监控机制的创建提供必要技术支持，实现了对产品生产全过程的动态识别和监督，为生产管理和决策工作提供了更加全面、可靠的数据信息依据，极大提升了生产管理的科学水平（邓俊，2019）。以美国福特汽车来说，车体底部都有独立条形码刻在金属件上的设计，以在线扫描设备对车辆生产的全程进行跟踪；通用汽车生产所使用的条形码的作用是将发动机各部件进行区分，阀门、汽化器等都有各自条形码标志。上述部件能形成 1550 万种型号动力机，但通用公司采用的仅有 438 种，条形码输入到计算机后，无用机型被合理剔除。

2. 条形码在仓储、运输、配送中的应用

在物流企业接收相关物品后，可将唯一性的条形码粘贴于物品上，将其作为物品信息跟踪的载体，为实时监控、动态管理的实现奠定良好基础。在具体物流作业过程中，条形码技术的应用将极大提升物流作业效率和质量水平。在发货环节，借助扫描装置对条形码进行扫描并将扫描结果和配送单据的相关信息进行比对分析，能够充分保证物品配送的准确性；在分拣、装箱等作业环节将物品相应的条形码进行打印和粘贴也能够提高运输过程的监督管理水平；在装车作业环节，则可借助扫描装置对装箱单的条形码进行扫描获得具体的信息并对车辆信息进行记录（矫健等，2019）；在运输环节，可通过装箱单条形码的扫描对货物流通运输状况进行追踪，实现物品流通全过程的动态监督和管理，明确物流作业的细节信息，为管理控制提供科学准确的依据，从而显著提升物流管理科学水平减少成本费用和风险损失；在货物送达目的地时，也可对装箱单的条形码进行扫描并将扫描结果同配送单据进行比对判断，对货物运输的正确性进行判断并作为入库信息的重要构成。在完成入库作业之后，在具体开箱作业环节可对物品条形码进行扫描,根据扫描信息确定物品的存放位置并按照要求进行放置,同时将相关信息发送到管理系统中,完成具体的收货确认操作(孙承芳,2020)。物流体系实现了物品由生产端向消费端的转移,而物流管理效率、物流作业准确性将成为物流效率的决定性因素。条形码技术的科学应用,将显著提升物流管理操作的科学性与准确性,从而显著提升物流效率,进而提升物流效益。此外,条形码的应用也将极大提升物流管理的公开性,便于相关主体对流通过程进行监督,确保了物流服务质量。

三 电子数据交换技术

(一)概述

EDI 的全称为 Electronic Data Interchange,即电子数据交换技术。该技术以现代计算机技术为实现基础,是一种全新的商业数据管理方法。该技术基于国际统一技术标准对贸易、运输等与商品流通有关的信息进行集中管理,发挥计算机系统与互联网的信息交互优势构建起不同行业、不同主体之间数据信息的充分共享与良好交互,从而形成更加积极显著的协作优势提升贸易活动的管理水平(许丹丹,2012)。诞生于 20 世纪 80 年代的 EDI 技术为贸易数字化、电子化的发展创造了良好环境,是现代计算机技术、数据交互技术、管理技术综合优势的体现。

EDI 技术提供了一种标准化的数据接口协议,实现了商业数据在不同计算机应用之间的传输,并且在传输效率、传输成本、传输安全性方面表现出显著优势,成为众多企业单据、发票等商业文件传递的主要工具。在 VAN(加值网络)的支持下,EDI 成为一种稳定、可靠、成熟的企业间电子商务合作的技术手段,为 B2B 商业模式的发展提供了有力支持。基于 EDI 技术环境,企业在开展贸易合作时不再需要建设相同的管理系统对相关文件进行处理,而是可以通过 EDI 对发送的贸易文件进行转换获得一个标准化格式的文件,该标准文件能够在接收方的 EDI 翻译软件完成相应的转换处理工作之后,生成供用户查看和管理文件,以此实现了不同商业文件在不同用户个体之间的高效传输,创造了一种广泛互联、兼容的管理环境。这一新型工具的出

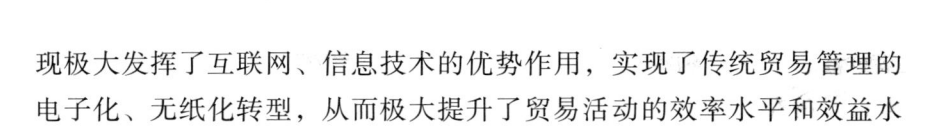

现极大发挥了互联网、信息技术的优势作用，实现了传统贸易管理的电子化、无纸化转型，从而极大提升了贸易活动的效率水平和效益水平，被誉为未来商业发展的重要趋势之一。

（二）相关技术工作原理

1. EDI 系统的构成

EDI 技术系统的基本构成要素为数据标准、软硬件基础及数据传输网络。

（1）数据标准。在设计 EDI 数据技术标准时，需要由相关企业进行协商，在彼此认可的基础上确定数据标准，为不同格式文件、数据的传输与使用提供相互交换渠道。

（2）软硬件基础。EDI 技术的应用需要特定软件和硬件条件。其中，软件条件具体为数据库管理系统及相关数据信息，能够作为 EDI 标准格式数据的转化基础从而实现数据交互。虽然 EDI 技术标准表现出显著的灵活性优势，能够实现跨行业、跨企业的数据传输满足其信息共享需求，但是不同企业都在自身发展过程中形成了特定的数据信息储存管理模式，这就需要借助特定的软件工具将个性化的数据信息转换为对应的 EDI 标准信息。

①转换软件（Mapper）。此类软件工具能够实现原始文件向平面文件的转换，从而便于翻译软件的识别和理解；也可以将平面文件（Flat File）转换为对应的原始文件便于人们阅读。②翻译软件（Translator）。此类软件工具实现了平面文件与 EDI 标准文件之间的相互转换。③通信软件。此类软件配合特定的通信信封（Envelope）将转换得到的 EDI 标准文件发送给 EDI 系统自带的邮箱（Mailbox），也能够从交换中心下载回复文件。

EDI 技术的硬件基础主要包括计算机、通信线路（如电话线、网线等）、调制解调器（Modem）。只需具备以上基本条件，EDI 技术就能够顺利运行在个人计算机终端设备上，而通信网络则是数据交互的具体渠道，应根据自身条件与使用需求进行设计开发。其中专线网络（Leased Line）的数据传输效率更高，可靠性也较强，因此适合需求量较大的用户。

(3) 数据交互网络。即通信网络。这一 EDI 技术开展数据交互的基本渠道和途径，是数据传输的物质条件。通信网络早期多属于点对点传输网络，能够满足少数用户的数据交互需求。但是在企业用户数量不断增加、不同个体之间数据交互需求不断提升的过程中，点对点的数据传输模式无论是传输速度还是传输质量均无法满足使用需求，并且不同硬件、软件系统之间存在比较突出的兼容性问题，严重影响了数据交互的顺利开展。为了解决以上问题，第三方网络成为最佳选择，主要表现为加值网络这一特殊服务模式。图 9-7 描述了 EDI 的基本通信方式。其功能作用可近似理解为特殊的虚拟邮局，其功能作用是对邮箱系统进行维护管理，积极满足邮箱用户的邮件传递需求，同时具备了与之相关的存储服务、数据转换服务、安全管理服务等。加值网络的使用，在提升 EDI 传输效率方面发挥了积极有效的作用。

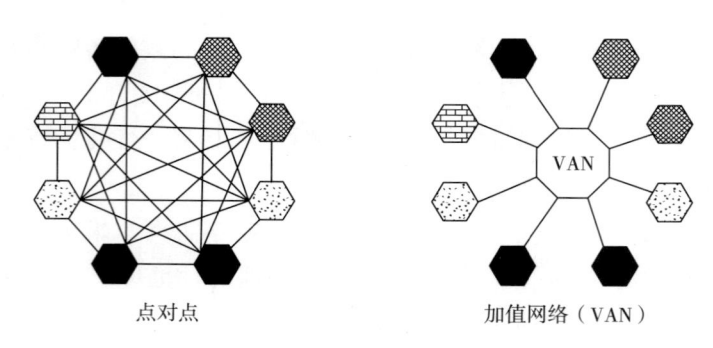

图 9-7 EDI 通信网络

2. EDI 系统的工作步骤

（1）当订单信息发送给生产企业（发货方）时，生产企业可根据订单的具体信息制订货物生产、运输计划，然后将相关计划信息发送给物流主体和客户，为物流主体的运力安排和运输计划制订提供明确依据，同时也便于客户制订与之相关的接货计划，为货物运输任务顺利完成做好准备。

（2）发货方按照客户订单要求制订货物运送计划，通过检索库存，做好分拣并完成配货，为货物贴上包括发货物资信息的条形码标签，并通过 EDI 系统给承运方和收货方发去货物的数量、种类、包装方式等相关信息，最后发出发货指令。

（3）在相关货物由发货方转移至物流企业之前，在物资交接环节物流方需通过扫描装置对货物的条形码进行扫描，并将扫描结果和发货方提供的发运物资数据进行比对，确保货物的类型、数量等信息准确无误。

（4）在完成取货及信息确认工作以后，物流方需要开展必要的整理、集装作业，并根据运输内容编写货运清单然后借助 EDI 系统将电子清单发送给收货方。在运输过程中，物流方需要对货物运输状况进行跟踪管理，并在完成运输工作之后将确认信息发送给发货方，就相关运费申请结算。

（5）客户接收货物时，需要通过扫描装置对货物条形码进行扫描并获取相关信息，然后对比条形码信息与订单信息的一致性，确认无误之后提供收货凭证，然后对货物进行入库处理，并将相关确认信息通过 EDI 系统发送给发货方、运输方。

（三）技术特征

在国际数据交互协会所编写的材料中，具体将 EDI 定义为"EDI 是使用认可的标准化的和结构化的计算机处理的数据，从一个计算机到另一个计算机之间进行的电子传输"。上述定义加深了对 EDI 内涵的理解，具体可分为五个方面：

（1）电子数据信息在不同计算机系统之间的双向传输；

（2）数据交换以标准格式的、结构化的数据为基础；

（3）基于统一标准实现的不同收发主体之间的双向数据传输；

（4）基于计算机功能实现了数据的自动读取；

（5）为商业活动的科学开展提供高效、便捷、可靠的数据传输服务。

（四）技术应用

在全新的信息时代，各行各业均呈现出不同程度的信息化转型发展趋势。对于物流业而言，信息化也将成为产业发展的必然趋势之一。物流信息化的内涵具体可理解为物流信息属性的商品化、采集的代码化、处理的电子化、传输的标准化、存储的数字化等特征。对于物流业务流程而言，与实际运输活动相比，数据、凭证等资料的处理往往表现出滞后性问题，因此会不同程度影响物流管理的整体质量水平，也使信息管理效率性、准确性的重要程度不断提升。随着物流管理理念的创新发展，第三方物流逐渐成为主流的物流服务模式，具体以物流服务外包的形式，将货物运输配送的任务委托给其他专业的物流公司代为完成。在运输业务向第三方转移的过程中，需要满足以下条件才能保证物流质量：一是委托方（交易主体）具备十分充分的对外协调能力，能够发挥管理信息系统的优势功能保证协调效果。二是受托人（物流企业）必须具备强大的数据交互能力，能够及时有效地与客户进行信息交流与沟通，发挥自身对外业务网络的优势构建起良好的客户关系和信息网络。物流企业在不同地区的分支机构能够通过互联网与企业总部的数据库、管理系统实现连接，并借助EDI系统自带的报文生成功能完成标准化订单的生成处理，并在EDI转换之后以标准化的文件格式进行传输，然后企业总部对所接收的报文信息进行转换，获得自身系统能够识别的文件格式并将相关数据在系统数据库内进行保存。基于内部通信网络与外部互联网络，物流企业的总部系统与各分支该机构的系统之间将实现良好的数据交互与共享。

在实现内部部门、分支机构之间良好的数据交互与共享的同时，物流企业还需要保证自身EDI系统同其他相关外部主体之间的EDI系统形成良好的协同关系，能够共同完成数据信息的交互与共享。该协同机制的具体表现就是互联网EDI，互联网EDI的优势具体表现在：一是更低的成本费用，在确保数据交互质量的同时有效降低运营成本（周万才，2020）；二是结构简单，在架构和管理方面并不存在较大困难。通常情况下，VAN通信网络更加适合规模大、发展成熟、实力雄厚的企业，而互联网则能够充分满足中小企业的管理需求，方便简单地构建起EDI系统满足数据交互需求。基于互联网的EDI在成本、使用性能方面表现出显著优势，因此得到了客户特别是中小企业客户的广泛认可，能够有效满足用户的EDI系统交互需求。虽然基于互联网的EDI系统交互存在相对较高的安全风险，但是随着安全技术的发展这一问题将得到有效解决，从而为互联网 EDI 的发展创造更好的环境。

互联网模式的出现为传统 EDI 的发展带来了一种新的思路。基于该发展模式，物流企业将获得一种更加廉价、更加方便、更加简单的数据交互与共享工具，因此表现出巨大的发展潜力。但是也要充分认识到互联网 EDI 的缺陷和不足，发挥现有能力进行改善和补充，从而提高其整体运行质量和效率水平：第一，最为常见的安全性问题。对于物流企业而言，信息化管理工具的安全性是最基本的一个问题。虽然 EDI 服务中心能够提供一定的安全防护服务以降低欺诈行为导致的经营风险，但是在日益复杂的社会环境中，数据信息的安全风险也将不断上升。此外，以开放性、分散性、透明性为代表的互联网也表现出显著的安全风险，难以充分保证数据信息的保密性与安全性。以上问题的存在成为限制和制约互联网 EDI 发展的主要因素，客观上需要提高安全意识和工作能力。第二，标准化问题。EDI 系统的数据交互与共享以特定的技术标准、数据结构为实现基础，但是这种标准化技术也存在一定的问题亟待解决，具体表现在：一是技术标准自身还需要不断完善和优化，从而提高技术标准的兼容性与适用性。二是提高认知水平，确保不同主体对标准化问题形成统一认知。个体不同的行为习惯与内外部环境使数据结构、标准方面存在比较突出个性化问题，限制和制约了数据交互的标准化发展，这就要求不同主体转变固有的思维和方法，积极参与国际标准体系。三是尚有不少法律问题需要解决。EDI 系统的电子化数据实现了单证的无纸化发展，这是以计算机存储作为数据信息的保管工具和数据处理基础。但这会带来新的问题：电子单证的法律效力是否等同于纸质单证。在出现纠纷事项时，电子单证能否成为法庭进行认定的合法证据。这一问题在法律层面未明确和解决之前都将成为 EDI 系统的不利因素。

在物流业快速发展的过程中，要求更加科学、有效的物流信息处理机制。EDI 技术的优势与物流信息处理需求之间表现出良好的契合性，能够充分满足物流信息处理的自动化、安全性与实时性需求，并且在成本费用方面表现出一定的优势，使互联网 EDI 获得了良好的发展机遇，成为未来物流信息化发展的重要内容之一。

四 GIS 技术

（一）概述

GIS 的全称为 Geographic Information System，即地理信息系统。这项诞生于 20 世纪 60 年代的研究技术成为地理学研究的核心技术之一，是体现了多门学科综合运用的成果。GIS 系统所研究的对象为地理信息，地理信息的内涵则与地球空间中的位置关系表现出直接或间接的关联性。因此，地理信息也被叫作空间信息。通常情况下，GIS 属于一类特殊的计算机应用系统，具备相对完善的数据采集、存储、处理、分析、输出等管理功能（Irizarry et al., 2013；Su et al., 2012），能够对规模庞大的地理数据进行有效分析处理从而获得所需结果（罗顺财等，2019；叶凯峰，2020）。基于其具体的应用形式，可将 GIS 的定义直观地理解为基于现代计算机系统、地理数据及专业用户的一种信息化管理系统，具备地理数据的相应处理能力，获得所需的地理信息分析结果，为相关使用主体提供必要的数据依据（Vlachopoulou et al., 2001），以此提升土地资源管理、环境监测评估、交通运输规划、城市设计建设、公共行政管理等领域工作的科学水平（才旦贡布，2020）。

GIS 实现了对地理空间信息、数据库数据的同步管理。传统信息管理系统将数据库作为数据的主要存储单元，若是其中所存储的数据仅包含文字数据一种形式，那么就存在比较突出的形式单一、内容枯燥等问题，难以对其背后隐藏的所有信息进行展示。在具体实践环节，地图成为很多问题的解决工具，能够极大丰富数据内容。地图这一工具的使用具体通过一张纸质地图作为数据库文字信息的展示载体，然后以纸质地图为工具更加直观和清晰地对相关数据进行分析和理解。虽然能够一定程度提升数据信息的充分性与全面性，但是也存在比较突出的过程烦琐的缺点。借助 GIS 系统，地理空间属性信息能够同时以叠加、分层的形式存在于同一张电子地图中，并且实现了数据库数据与地图信息之间的科学关联，仅需在电子地图上进行选择就可获得所需的数据信息，并且支持数据库与电子地图数据的关联性查询。此外，对于投资环境分析等涉及地理空间信息与社会经济信息的系统性问题，需要综合运用多个领域、不同学科的理论知识与研究工具，才能确保投资环境分析结果的全面性与科学性，缺少其中任一必要工具和方法都将影响研究结果的科学水平。而 GIS 系统则实现了相关学科知识、研究方法及工具的科学整合，能够提供全面、完善的研究工具，以更加直观的可视化界面对研究分析结果进行显示，便于用户从中获取所需的结果，为用户决策提供全面可靠的依据，从而提高决策水平。

（二）相关技术工作原理

1. GIS 系统的构成

对于一个完整的 GIS 系统而言，其核心的构成要素主要分为以下五项：

（1）数据。数据是信息管理系统与工具的核心构成要素。对于 GIS 系统而言，数据也是不可或缺的基本元素之一。GIS 系统以各类空间数据为主要处理对象，以模型化工具对现实世界的地理空间信息进行反映和表达，以分层、叠加的方式更加全面系统地描述空间属性的具体特征。因此，若想保证 GIS 系统的科学水平，首先要保证地理数据的全面性与准确性。户外采集与室内分析是 GIS 数据的主要来源，同时其他领域的数据转换也作为有效补充。GIS 数据具体表现为空间数据、属性数据等不同类型，空间数据一般通过栅格、向量等形式进行表达，一般用于展示空间实体的位置、形状、方向、大小和结构。

（2）人员。地理信息系统缺乏自动化能力，因此需要人进行使用才能实现其功能作用。GIS 并非简单的一个地图工具，而是呈现出显著的动态性特征，需要人的管理和维护才能确保系统的良好运行并充分发挥其功能作用为用户提供所需的数据分析结果。因此，使用者和管理者的能力将直接决定 GIS 系统的性能质量，必须保证人员素质才能实现系统的预期功能。

（3）硬件。与 GIS 系统设计、运行有关的所有计算机、信息技术资源都是 GIS 系统的硬件基础。在技术创新发展的推动下，GIS 系统的适用性水平不断提升，能够在多种不同的硬件基础上稳定运行，因此能够充分满足用户不同的使用需求。

（4）软件。具体表现为 GIS 系统运行相关的各类配套、辅助型软件程序，主要由计算机操作系统、地理信息系统等应用软件构成。其中，地理信息系统软件具备地理信息的输入、存储、处理、输出等功能作用，能够具体实现 GIS 系统的相关功能，而操作系统则是计算机系统正常运行所需的管理软件，以微软的 Windows 系统、苹果的 MAC 系统为典型代表。

（5）方法。具体表现为多种方法综合运用的系统性研究方法，以应用模型的形式存在。该系统性方法基于充分、翔实的实践基础与客观数据，在研究分析的基础上明确其一般性规律并为具体研究提供必要参考和依据。

2. GIS 系统的主要功能

为了满足应用需求，完整的 GIS 系统应当具备以下五个基本功能：

（1）数据输入。GIS 系统的运行必须以特定的数据为前提基础，因此数据输入将成为基本的功能。该功能具体对地图数据、统计数据、文字说明以及遥感勘探数据进行转换，使其成为计算机可识别、处理的数据。若数据信息的来源表现出多元化、多样化特征，则需要采取不同的数据输入方式确保系统数据的可靠性。目前常用的地理数据采集技术主要包括手扶跟踪数字化技术与扫描技术，分别通过数字化仪与扫描仪开展具体采集工作。其中，手扶跟踪数字化技术是较早出现也较为常用的一种方法，而扫描技术则是当代地理数据采集技术关注的重点课题，基于扫描技术、设备的创新发展逐步实现更好的扫描数据采集效果，表现出良好的发展前景。

（2）数据编辑与处理。数据编辑具体可分为图形编辑和属性编辑等技术工作。前者是对地理信息模型的各项设计与管理工作，如拓扑模型构建、图形条恒、图形变化、纠正偏差等，后者则通常伴随着数据库管理工作共同完成。

（3）数据存储与管理。对于 GIS 系统而言，其应用水平的最直观评价指标就是数据组织及管理的有效性，该功能实现了对各类数据（主要包括空间数据、非空间数据）的管理，具体表现为数据存储、数据查询、数据修改、数据更新等操作。而 GIS 系统的功能定位将成为其数据结构的决定性因素。在明确数据结构的基础上可采取相应的技术方法对数据进行管理，构建起空间数据同属性数据之间的逻辑关联确保 GIS 系统的空间数据及属性数据保持良好匹配。

（4）可视化表达与输出。数据处理与结果输出是 GIS 系统最基本的功能，而可视化的输出模式则能够极大提升输出结果的直观性与可读性，能够为人机交互创造便利条件，允许用户根据需要对图形结果进行调整。GIS 系统能够满足用户多元化的需求，根据需要实现图标、数据、统计图等不同类型结果的输出。

（5）空间查询与分析。该功能是 GIS 系统的核心功能，也是 GIS 应用价值的最直接体现。GIS 的空间分析功能具体可从三个维度出发进行理解：空间检索，能够根据检索目的对物体空间位置、相关属性进行查询检索，包括两种方式：通过检索空间位置确定空间物体以及物体的属性；根据一定的物体属性在一定空间中检索物体的位置。空间拓扑叠加分析，是将空间内点、线、面等进行相交、相减、合并后形成新的空间分析组合。空间模型分析，可完成数字地形高程、缓冲区（Buffer）、三维模型、多要素综合等分析处理。

（三）技术特征

（1）兼顾空间性、动态性等属性特征，实现了空间数据信息的采集、分析、输出等多种管理功能。

（2）能够为地理问题研究、决策提供全方位、多样化的空间信息依据，从而提高了研究水平和决策科学性。

（3）基于计算机系统的数据管理能够充分发挥计算机软件工具的优势作用，实现一种更加高效、可靠的空间数据管理模式，克服人工缺陷，完成更加复杂、困难的任务。

（四）技术应用

1. 路况管理

GIS 系统与 OA 系统（办公自动化系统）的科学结合能够实现一

种更加高效的管理体系，实现了传统的分散型数据信息的科学整合，以统一数据库的形式对不同领域的相关数据进行管理，从而为路况管理调度提供科学准确的依据，满足管理者不同层次的数据信息需求，充分提升路况管理的科学水平并为相关决策提供更加准确的数据信息支持（乐辉，2019；王锋、张艳军，2019）。

2. 交通指挥与控制

基于 GIS 系统的城市交通调度系统能够极大提升城市交通指挥控制的科学水平，有效克服传统调度模式的缺陷和不足，能够以实时动态数据信息为依据，针对性地调整交通控制策略，确保城市交通的高效、稳定运行（叶凯峰，2020；庄严等，2020）。

3. 数字物流的建立

GIS 系统能够实现文字、数字等信息的科学整合，集中以地理空间图形信息的形式反映在电子地图中，能够对地理空间的各项构成要素的具体信息进行直观、便捷、可视化的输出显示，为数据信息查询和使用创造了更加便利的条件，极大提升了相关工作的效率与质量水平。特别是 GIS 系统与网络系统及其他数字化技术的综合运用，将提供一种全方位、层次化、可视化的技术工具，极大提升相关领域的研究与实践水平（李洪海、程文明，2002）。

4. 物流分析与模拟

GIS 系统表现出显著的集成性优势，能够将各类矢量数据、属性信息进行有机整合，构建起基于数字高程模型、正射影像的三维空间信息模型，实现了一种更加直观、便利的数据信息查询和输出机制，以近乎现实的模拟模型作为相关地理空间信息的管理平台，为物流业务的开展提供了一种科学有效的仿真分析工具，有效保证了物流业务的科学性与高效性（汤余南，2010）。

五 GPS 技术

（一）概述

GPS 的全称是全球卫星定位系统。该技术具体以人造卫星为数据交互基础媒介，实现了一种高精度、无线电的导航定位功能。GPS 技术诞生于 20 世纪 70 年代，最早应用于美国国防军事领域，积极满足军事领域对高精度定位、导航的需求。该系统不仅表现出显著的安全性与稳定性优势，还能够实现全天候、无间断、全球性的精密定位与导航功能，是现代最具影响力的定位技术（杨公羽，2019）。

（二）相关技术工作原理

1. GPS 系统的构成

GPS 的核心构成要素具体为以下三个部分：

（1）空间部分。GPS 的空间部分具体由"21+3"颗人造卫星构成。相关卫星分布于距离地表 2.02 万千米的空间内并共同构成了复杂的卫星网络。在该卫星网络系统中，工作卫星为 22 颗，而备用卫星则设计为 3 颗。上述卫星以 6 个轨道面为基础绕地球飞行，其运行轨道接近于圆形，平均运行周期在 11 小时 58 分左右。

（2）地面监控系统。GPS 系统的地面监控系统具体由监控站（5个）、上行注入站（3个）、主控站（1个）等要素构成。其中，监控站具体包含接收机、原子钟、传感器、初级数据处理系统等构成，能够对卫星采集到的数据进行接收和初步处理，然后将数据结果发送给主控站；主控站位于美国范登堡空军基地，是 GPS 系统的"大脑"，具体工作为保证系统时间同步性并对监控站采集和传输过来的数据信息进行处理，并对卫星网络的运行状况进行监测和调控；上行注入站同样位于范登堡基地，能够在卫星运行至注入站上空时将相关控制指令、导航数据传输给卫星从而实现必要的控制调节。注入站将对每颗卫星每天完成一次注入处理。

（3）用户接收机。接收机实现了数据信号的接收功能。GPS 接收机能够对高空卫星所采集和传输的数据信号进行捕捉，并根据卫星运行状态对相关信号进行处理，根据信号传播过程中的时间信息对导航信息进行解译，从而确定卫星信号所对应的空间位置、时间、速度等具体参数。GPS 系统的空间定位具体以下列技术原理为依据：高空卫星在地球自转一周的时间里将实现绕地球两周的运行轨迹，其绕行地球一周所需时间为地球自转时间的一半，即 12 恒星时。基于以上速度关系，地面观测者在观测到同一颗卫星时总会比上次观测到的时间提前 4 分钟。在不同的时间、地点条件下，天空中能够观测到的（位于地平线以上）的卫星数有所差异，可见卫星的数量在 4—11 颗。基于 GPS 系统开展导航定位活动时，最基本的要求是确定 4 颗高空卫星的空间位置，即以定位星座为定位基础。根据定位星座持续发送的星历参数及时间信息，可计算确定接收机终端所处的空间位置、运动速度、运动时间等信息，具体实现过程如图 9-8 所示。

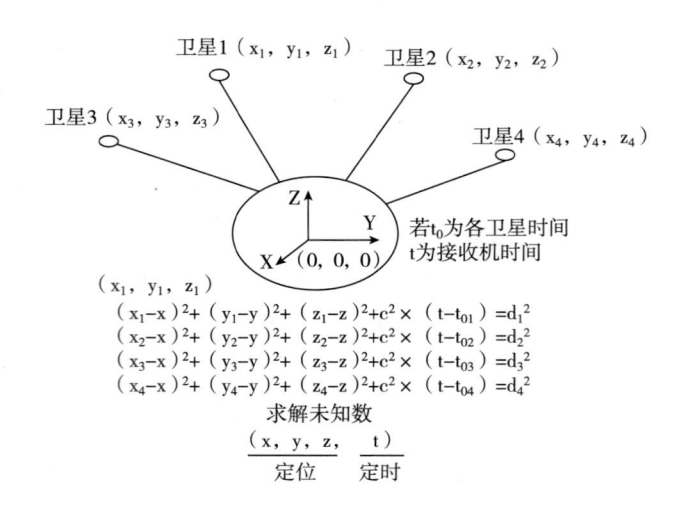

卫星1 (x_1, y_1, z_1)　卫星2 (x_2, y_2, z_2)
卫星3 (x_3, y_3, z_3)　卫星4 (x_4, y_4, z_4)

若 t_0 为各卫星时间
t 为接收机时间

(x_1, y_1, z_1)
$(x_1-x)^2 + (y_1-y)^2 + (z_1-z)^2 + c^2 \times (t-t_{01}) = d_1^2$
$(x_2-x)^2 + (y_2-y)^2 + (z_2-z)^2 + c^2 \times (t-t_{02}) = d_2^2$
$(x_3-x)^2 + (y_3-y)^2 + (z_3-z)^2 + c^2 \times (t-t_{03}) = d_3^2$
$(x_4-x)^2 + (y_4-y)^2 + (z_4-z)^2 + c^2 \times (t-t_{04}) = d_4^2$

求解未知数
$(x, y, z,\ t)$
定位　定时

图 9-8　GPS 工作原理

2. 北斗卫星导航系统

北斗系统全称为北斗卫星导航系统。该导航定位系统是我国自主设计研发、建设运维的卫星导航系统，是保障国家安全、实现社会经济稳定发展的客观要求，同时也为世界各国的用户提供了稳定可靠、及时准确的导航定位服务（黄正睿等，2020）。北斗系统是全球第四个成熟可靠的卫星导航系统，与美国的 GPS（全球定位系统）、俄罗斯的 GLONASS（格洛纳斯卫星导航系统）、欧洲的 GSNS（伽利略卫星导航系统）齐名。北斗系统的核心构成要素为空间段、地面段、用户段，具备全球范围内不间断、全天候的导航定位服务能力，能够充分满足不同用户对高质量导航定位服务的需求，同时还有一定的数据通信能力，实现了良好的导航定位服务。

(三) 技术优点

1. 功能多、用途广泛

GPS 既能满足军用需求，同时也很好地满足了民用需求，表现出十分显著的应用优势。在军事领域，GPS 系统能够为自动化指挥系统的运行提供必要数据信息；在民用领域，GPS 能够实现目标位置的监控功能进而满足农业、交通、水利、测绘等领域的定位需求。而该系统突出的高精度、自动化、全天候等技术优势更是充分保证了其在测量领域的应用水平，成为社会经济建设、国防事业等领域的重要工具之一。在全球经济一体化发展的大环境中，GPS 技术的应用水平也将不断提升，在提升各个领域管理水平和运营效率方面将发挥积极作用，成为社会经济发展动力的重要来源之一。

2. 实时导航、定位精度高、数据内容多

GPS 系统在提供定位服务时，能够在短短一秒钟的时间内完成数次位置信息的测定作业，表现出接近实时性的特征，因此能够充分满足高精度定位需求，提供准确、可靠的三维数据信息，提高相关工作的科学水平。

3. 全球性、全天候连续不断

GPS 系统将克服空间条件的限制和制约，为用户提供不间断、全天候的信息服务，充分满足其导航定位需求。该技术避免了用户端信号发射操作问题，能够同时满足大规模用户的使用需求。

4. 抗干扰能力强、保密性好

基于其独特的伪码技术和扩频技术，GPS 系统表现出良好的安全性，避免了用户发射信号操作，仅仅保留其接收信号的功能，因此能够有效避免个人信息的泄露并显著提升了克服外界信号干扰的能力。

(四) 技术应用

导航定位是 GPS 系统最基础的功能应用。其高精度的优势能够充分保证物流业对业务监控的需求，能够充分保证物流领域各项管理工作的科学水平（程艳、王性猛，2020；孙伟伟、韩杰尧，2018）。

(1) 海空导航。GPS 系统将有效解决传统无线电导航技术的缺陷和不足，发挥不间断、高精度、高稳定性与可靠性的优势，能够充分满足海空领域的导航需求，提高船舶航行、港口管理、交通调度等方面的管理水平，同时能够有效满足航空业对导航定位精度的需求，能够进一步提升空域管理及空中交通调度的科学水平，以上优势为 GPS 系统在海空导航领域的应用奠定了良好基础。

（2）智能运输。即 ITS，具体基于先进的信息技术、数据交互技术优化和改造传统的交通运输管理系统，实现管理系统的信息化、智能化转变，从而极大提升交通运输的智能化、自动化管理水平。

（3）路线优化。GPS 系统能够采集和提供路网状况数据信息，便于用户对路况信息进行把握并调整出行计划。同时结合数学模型、计算机软件工具能够实现交通路线的科学设计与优化，从而提高了车辆行驶的科学性与效率性，为交通运输提供更加有效的指导。

（4）货物跟踪。当货物运输过程中，GPS 系统能够对货物位置信息数据进行采集和传输，相关数据有品种、数量、在途情况、交货时间、发货地、到达地，还要确定货主、送货车辆、人员等，这是检查货物是否依据既定路线进行运送的重要方式。

（5）实时监控。GPS 系统能够为运输监控系统的建设运行提供有效支持，能够实现目标地理位置、运行状况（经度、纬度、速度）等信息的实时查询和显示，为各相关部门（如中转站、接车单位、物流中心、加油站等）的运输管理提供了更加准确可靠的数据信息，从而为协同作业创造了良好条件，显著提升了运输体系的整体协同性与管理效率。该技术能够实现状态监控功能，及时发现运输设备的安全风险并及时进行处理，以此保证运输工具的持续稳定运行。

（6）动态调度。GPS 技术能够为调度指令的制定提供可靠依据，并可反馈执行主体的确认信息便于调度主体对调度指令的执行情况进行了解和把握，有利于指令提前送达，降低时间成本，提高运输工具周转速度，同时该系统能采集相关信息，包括运输工具运能、维修、司机、在途情况等。GPS 技术也能够为运输工具使用计划的制定和调整提供科学依据，提高了运输工具使用计划的科学水平，有效保证了运输工具的利用率。

在北斗系统创新发展与不断完善的过程中，能够为物流领域的经营管理提供更加全面可靠的数据信息。京东集团在电子商务事业发展的过程中十分重视自营物流系统的建设工作。该公司以我国北斗系统为核心基础，结合现代物流管理技术与无线数据交互技术，实现了特色的电子商务云物流信息系统，为物流管理提供了一种更加科学高效的工具，在有效提升物流效率的同时降低了物流成本，为用户提供了安全、可靠、便利的物流服务，成为行业的先进代表。

六 EOS 技术

（一）概述

电子订货系统通常简写为 EOS，其全称为 Electronic Ordering System。该信息化系统基于相关终端设备与数据交互网络，为货物采购双方构建起一种在线联机（On – Line）交互网络，实现了订货信息的高效交互。基于具体的应用范围，EOS 具体包含了企业内部 EOS、批发与零售主体间 EOS、商品流通全过程的 EOS 系统（翟玉梅、曹亚君，2012）。

（二）技术优点

EOS 系统能够显著提升采购管理工作效率，提高订单管理正确率，提高了库存周转速度并间接降低库存规模，从而增强企业竞争优势提高其应对市场的能力。具体到物流管理领域，EOS 系统的优势具体表现如下：

（1）能够为产品生产、批发主体提供一种更加科学有效的信息分析工具，更加全面地把握零售商的销售状况，从而对商品的营销效果进行科学评估和预测，为企业生产及营销计划的制订与调整提供科学依据。

（2）能够提升上门订货、传真订货等传统订货模式的工作效率。EOS 系统能够提供一种更加高效的订单管理工具，提高订单管理水平，从而为产品生产、销售提供有效保障。

（3）能够为库存管理提供更加科学的工具和措施，显著提升库存管理水平，有效降低库存压力和缺货风险，实现更好的库存管理效益。

（4）为物流信息系统建设发展提供有力支持，显著提升物流信息系统的科学水平，提高数据交互与共享能力，加快企业管理信息化发展速度。

（三）技术应用

EOS 系统诞生于 1979 年，其研发者为日本 Seven – Eleven 公司。该公司作为全球最大的连锁便利店企业之一，在全球范围内设立了数万家门店。EOS 系统的科学应用，极大地提升了公司订单管理水平和库存管理水平，提高了货物配送效率，也提升了供应链的整体管理水平。基于该系统的强大功能，公司能够在 7 分钟以内完成订单处理作业，在配送区域内采购订单的平均送货周期能够控制在 6 小时以内，表现出巨大的效率优势，EOS 系统的使用功不可没。而对于沃尔玛这一美国连锁超市先进企业而言，同样将 EOS 系统作为信息化管理的重要工具，能够对各门店数万种商品进行高效管理。结合 EOS、POS 等信息化工具，沃尔玛实现了 48 小时以内的门店配货效率，与同业两周一次的补货频率相比，沃尔玛实现的每周两次的补货效率可谓优势显著，能够充分保证商品供应的充分性。基于供应商、配送中心、销售终端的 EOS 管理系统，能够构建起一种实时订货管理机制，既显著降低了成本费用又提升了存货周转效率。EOS 系统为物流信息化发展提供了有力支持，极大地提升了现代物流运营管理水平。以日本为例，作为目前全球物流水平最高的国家之一，日本零售业中 EOS 系统的应用普及率超过了 50%。但是受限于硬件、软件的高要求，使电话订货、传真订货等传统订货方式也表现出一定的应用优势，但是在互联网技术、信息技术创新发展的推动下，以 EOS 系统为代表的信息化技术将成为物流业未来发展的必然趋势，是物流业科学发展的客观要求。

在 EOS 系统的支持下，商业企业能够基于商品类型采取不同的电子订货管理策略。目前该系统的应用最为集中的领域为连锁超市和汽车工业。这一发展状况也表明了汽车工业、连锁超市等产业表现出更好的供应链管理基础，能够构建起更加广泛的供应链环境，从而发挥 EOS 系统的管理优势，提高供应链的整体管理水平和运营效率。由此可知，以 EOS 系统为代表的信息化、网络化工具将成为全球经济发展的必然选择，在提升商业效率、管理水平方面发挥了积极有效的优势作用，同样成为我国连锁企业的科学选择。

七 物联网技术

（一）概述

目前，世界各国都对物联网的发展给予了高度关注，甚至以作为国家战略任务的方式，对其重要性做出了肯定。物联网全称为 The Internet of Things（通常简写为 IOT），它综合运用条码与二维码、全球定位系统、约定通信协议等技术，把各类信息传感器综合于一体来实施管理，是一种实现了识别、定位、跟踪、监控、管理等功能的智能化信息网络，其中信息传感器包括：传感网、射频识别系统、红外感应器、激光扫描器等。物流网以各类传感器设备与数据交互技术为基础，基于特定的技术标准实现了数据信息在物与物、人与物之间的高效交互，发挥了各类数据交互媒介的优势作用，充分保证了数据交互的效率和质量，构建起了一种广泛、可靠、高效的信息网络，实现了数据信息的充分利用（仇新红，2020；苗延旭，2020）。物联网打通了物品之间的信息交互功能，网内所有实物皆可寻址、通信、控制，实现了更高的管理效率。

（二）相关技术工作原理

1. 物联网的主要技术

（1）感知技术。感知技术以各类传感器设备、电子标签为基础，能够从不同层面出发完成相关数据信息的采集工作。

①电子标签。电子标签是感知技术的实现基础之一。该技术产品能够提供一种标准化的物品标识，并借助 RFID 阅读器、二维码扫描器等工具完成数据信息采集工作。其中，射频识别技术能够在无接触的条件下实现物品信息的自动识别，为信息交互提供了一种近程通信渠道。而蓝牙技术也是一种特殊的近程通信技术。RFID 技术能够通过射频信号对目标对象的数据信息进行识别，避免了人工操作，能够充分满足恶劣环境的数据采集需求并保证采集效率和质量。在互联网等数据交互技术的支持下，RFID 技术能够为全球性数据共享网络的建设发展提供有效工具。

RFID 技术所包含的电子标签在现代物流信息化发展过程中做出了突出贡献，成为一种比传统条形码更好的技术。该技术应用以无源电子卡片的形式实现了信号发射装置（天线）、IC 芯片的封装处理，表现出良好的数据存储能力，并且具有结构小巧、使用便利、无线无源、安全可靠等优势。基于电磁互感技术原理实现了电子标签与阅读器之间的数据无线交互，而防冲突技术也将成为 RFID 技术的难点与重点之一，有效避免识别区域内多电子标签共存情况下的识别误差，实现准确识别效果（齐俊鹏，2019）。

基于频率特点可对 RFID 系统进行分类。主要包含低频 RFID、高频 RFID、超高频 RFID、微波 RFID 等不同类型。具体来看，低频 RFID 的工作频率通常介于 30—300 千赫，以 125 千赫、133 千赫这两个频率为最常见的工作频率。主要特点表现为成本低、存储规模小、识别距离短、形状多样、接收装置方向性要求较低等；而高频 RFID 的工作频率通常介于 3—30 兆赫，以 13.56 兆赫为最常用的频率，能够实现不超过 10 厘米的无线数据读取采集，是现阶段最主要的射频识别系统；超高频 RFID 的工作频率通常介于 860—960 兆赫，有效识别距离超过了 10 米；微波 RFID 的工作频率一般以 2.45 千兆赫或 5.8 千兆赫为主，一般设计为有源结构，识别距离能够实现 100 米以上的水平。

②传感器。传感器的基本功能是相关信息的采集和传输，是机器重要的"感知工具"，能够对目标区域、对象的相关参数取值进行采集。基于各类传感器设备能够实现对温度、压力、光照、电压、声音、运动等信号的采集识别，从而为物流网的运行提供必要的数据信息。在电子技术、信息技术创新发展的推动下，传感器技术水平也不断提升，并且呈现出微型化、信息化、智能化及网络化的发展趋势，逐渐形成了更加全面、可靠的传感器技术体系。

（2）网络通信技术。物联网以各类数据传输渠道为基础，实现了相关信息在机器、人、系统等不同主体之间的传输。根据传输媒介形式的不同，数据交互技术具体包含有线传输、无线传输两种不同类型，能够分别满足不同应用环境的数据交互需求。对于现代物联网而言，无线传输技术的重要性相对更高。

①无线传感网主要技术。无线传输技术以无线传感网（WSN）为主要代表，能够实现数据信息的分布式采集、传输及处理功能，表现出显著的成本优势与灵活性优势，能够根据应用需求方便、灵活地完成无线传感网的设计建设工作，因此表现出良好的应用水平。

基于传感器、无线网络技术的无线传感网将构建起规模庞大的无线数据交互网络，实现了全方位、系统化的感知物质世界各项信息的功能效果。

②近距离网络通信技术。基于工作范围的差异，可对物联网进行科学分类。具体包含局域网、互联网两种不同的模式。前者主要通过传感网实现小型、低能量、低容量、低运算能力的智能化物品的有效互联；后者则通过广义互联网实现各类智能产品与设备的广泛数据交互，为视频监控、智能家居等产业的发展提供了有力支持。其中，局域网物联技术又具体分为基于 ZigBee 协议和 IP 协议等不同的数据交互模式。

（3）数据融合与智能技术。物联网的主要结构为大规模的传感器终端。在信息采集活动中，各传感器终端将分别完成相应数据信息的采集工作，若是由所有终端独自完成数据传输处理则必然导致巨大的工作量和较高的数据通道占用率。特别是冗余信息的存在会严重影响信息传输效率和占用系统资源。为了解决这一问题，需要综合运用数据融合、智能分析控制等技术。

①分布式数据融合。数据融合具体是以多种不同类型的数据或信息为对象开展处理工作，结合用户需求对数据信息内容进行科学组合形成一种特定的数据结果。从用户的角度来看，其所关注的问题是数据采集的结果，原始数据的规模和质量并不是其关注的重点，因此需要发挥数据融合技术的优势对大规模的原始数据进行处理从中提取用户所需的数据。分布式数据融合技术具体以现代人工智能理论为理论基础，构建起一种更加科学、高效的数据处理体系，实现了对复杂数据、大规模数据的科学分析和处理，能够结合特定的处理需求和目标实现智能化处理，进而实现了高效、可靠的数据融合效果。

②海量信息智能分析与控制。海量信息智能分析与控制具体以现代软件技术、信息技术为实现基础，以海量物联网数据信息为对象开展高效处理工作，并采取实时传输的方式为物联网的控制模块反馈各项与控制有关的信息。该智能技术以部署在目标对象中的智能系统为实现基础，赋予目标对象一定的智能化特征，实现了与用户之间的数据信息交互。对于现代物联网而言，智能技术是必不可少的重要构成之一，是物联网科学高效运转的重要保障，是数据信息人和物交互、物和物交互的重要实现基础。

（4）云计算。在互联网高速发展的同时，网络数据信息规模也呈现出指数式的、爆炸式的增长速度，使信息系统所需处理的数据规模急速扩大，而数据处理系统的处理能力则呈现出日益严重的滞后性问题。在数据规模超过系统处理能力时，必然会影响系统的正常运行与功能实现。为了避免上述问题，通常可以选择加大软硬件投入增强系统性能的方式。同时为了克服传统数据处理模式的缺陷问题，还需要在技术层面进行创新，急需一种更加高效的数据处理技术。这就为云计算的出现和发展创造了有利环境。

云计算基于现代网络技术，将庞大的处理任务进行科学拆解，然后借助网络中的服务器分别进行处理，从而构建起规模庞大的数据处理网络。基于该先进技术，互联网中的服务器资源得到了充分利用，能够在短短数秒的时间里完成千万条、上亿条数据信息的处理任务，从而实现一种类似于甚至超越超级计算机系统的数据处理能力，为用户提供了前所未有的数据处理服务。云计算技术对物联网发展的重要意义具体表现在：一是卓越的数据处理及存储能力将为物联网的发展奠定扎实基础；二是充分满足物联网随时随地的数据采集与处理需求。虚拟化技术是云计算技术的核心要素之一，能够在单个服务器上同时运行多个虚拟系统，实现了多个同步数据分析处理功能，在极大提升服务器运算资源利用率的同时也提升了数据信息处理效率。为了充分发挥云计算技术的优势功能，必须做好相应的建设工作，重点解决不同系统之间的兼容性、适配性问题，为云计算技术的发展创造一种标准化的数据交互协议。

2. 物联网体系的工作原理

物联网的核心构成为感知层、网络层、应用层等不同的层次。其基本结构如图9-9所示。由图9-9可知，对于物联网而言，感知层是其底层结构，是数据信息的来源，也是物联网存在与发展的基础。充分保证感知层的感知能力并克服其在功耗、结构、成本方面的问题将成为感知层发展的关键所在；网络层位于感知层与应用层之间，依托各类数据交互网络特别是移动网络实现数据信息在不同要素之间的交互。作为目前物联网技术系统发展最为成熟的内容，网络层能够充分保证物联网内部数据信息的交互能力，充分保证了物联网的运行效率；而应用层则属于物联网的顶层要素，借助各类不同功能的应用实现物联网与其他信息化系统之间的良好数据交互，并构建起规模更加庞大的智能化物联网，从而进一步提升物联网的影响范围和管理效率。

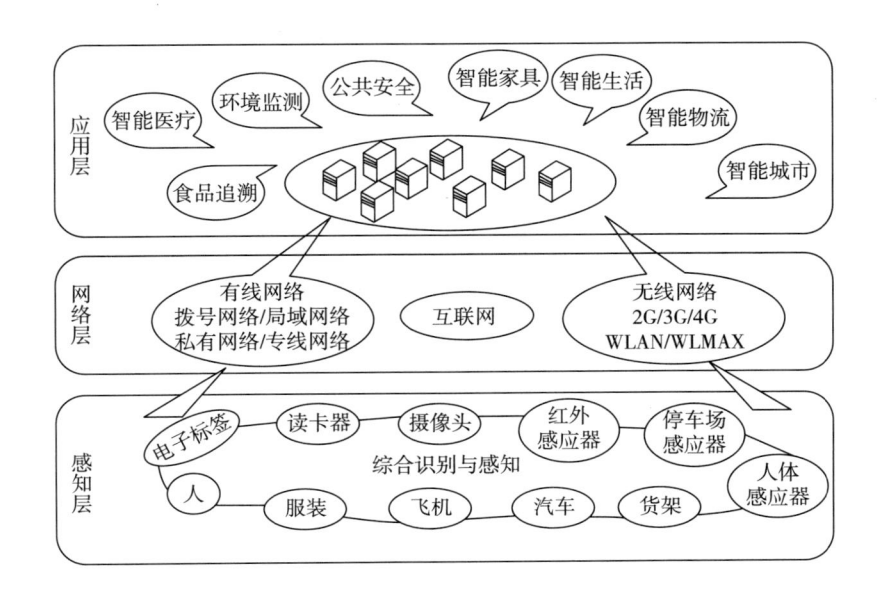

图9-9 物联网体系

物联网的网络构成要素具体包括传感器网络、运营支持系统、业务系统、无线数据交互系统等。

传感器网络能够实现物联网所需数据信息的采集工作，最常见的信息采集工具为 RFID 阅读器及其他传感器装置。在对基础数据进行采集之后通过网关完成数据汇总处理，并通过无线网络实现数据向应用系统的传输。传感器网络的通信技术主要包括 ZigBee 技术、蓝牙技术等无线数据传输技术，能够对目标对象的温度、湿度、压力、光照强度等参数数据进行检测，并且能够借助特殊的传感器产品满足特定的信息采集需求。

网关终端是所有传感器终端信息采集结果的汇总节点，并配合其他数据交互技术实现了数据信息的远程传输满足特定系统的使用需求。目前，我国物联网领域主要通过 3G、4G、5G、GPRS、WLAN 等技术完成数据传输。

M2M（Machine to Machine）平台表现出一定程度的鉴权能力，能够对访问用户的权限进行识别。该平台支持多种不同的连接方式构建起数据通道，能够充分保证数据传输的便利性与效率性。此外，该技术平台还表现出良好的管理能力，能够满足低层次的权限管理、数据路由管理等管理需求。

业务系统是物联网应用层的具体构成和表现形式，能够为不同用户提供所需的物联网服务，以智能家居、一卡通等为典型代表。完整的物联网体系往往包含丰富的数据交互接口，需要满足不同应用的数据要求。但是在数据通信方面尚未提出标准化的传输协议，而法律法规也亟待健全完善，只有解决以上问题才能确保物联网的科学发展。

（三）技术应用

1. 物流生产和运输领域

电子标签是物联网的重要信息载体，在物联网功能作用得到充分体现的情况下，其所承载的信息将具备实时采集和传输的能力，为产品位置信息的掌握提供可靠数据，也为自动跟踪的实现奠定良好基础（苑丰彪等，2018）。从生产商的角度来看，原料采购与产品销售是其核心的管理内容，而物联网的优势作用将显著提升生产商的信息跟踪与管理水平，有利于及时发现产品风险并进行处理，以此提高产品质量和服务质量，获得消费者的认可，为自身发展奠定良好的客户基础。此外，生产商与消费者之间的良好信息交互有利于其把握市场需求，并为产品生产计划的制订和调整提供科学准确的依据，提高其经营管理的灵活性和适应性，从而更加积极有效地应对复杂的市场环境实现自身良性发展；从运输商的角度来看，电子标签将提供准确可靠的产品信息，为货物分类及其他管理创造了便利条件，极大提升相关作业效率，实现了更好的综合效益。而电子标签唯一性的编码原则也成为防伪技术应用的重要保障之一，能够有效降低伪造风险。自动信息读取识别功能能够实现物流信息的自动跟踪，便于运输业主、消费者了解运输情况，提高其对运输过程的监督管理水平从而实现更好的运输服务（张玲飞，2017）。

2. 物流仓储领域

在物联网技术的支持下，产品在出入库环节将获得一种更加高效、更加准确的数据信息采集工具，从而极大提升了出入库管理效率，同时也为产品的库存管理提供了更全面准确的依据，极大地提升了库存管理水平（张海瑞、姜云莉，2019）。自动扫描技术与电子标签技术的综合运用将构建起良好的防盗机制，能够有效地降低货物失窃的风险，从而降低了物品损失，提高了库存综合效益。

3. 销售管理领域

物联网在信息传递方面也表现出巨大的效率优势，能够在较短的时间内完成缺货信息的采集、传递工作，从而为仓库发货、补货提供了科学依据，进一步提升库存管理水平。这种信息传递的效率优势有利于提升供应商供应计划的灵活性与有效性，既充分满足销售商的产品需求，又能显著降低销售商的库存压力，提高商品的整体周转效率，从而实现更好的供应链绩效结果。在货物调配工作中，RFID 技术的应用还能够实现货物信息的动态追踪，为物流监控提供了科学有效的工具，显著提升物流效率并降低了物流风险（王彦梅，2017）。从零售商的角度来看，电子标签的使用将创造一种更加科学的库存管理工具，既保证了库存充足也有效降低库存压力，在加快库存周转的同时提升了销售效益，从而有效地保证了零售商的科学发展能力。基于 EPC 的信息化管理机制能够为管理人员提供充分可靠的数据信息依据，提高了其管理工作的目的性和有效性，从而显著提升了库存管理的综合水平。

4. 商品消费领域

具体到消费领域，物联网的应用也将更好地满足消费者的差异性、个性化消费需求，有效降低了消费者的消费成本，节约了大量的时间、金钱和精力。在简化购买过程的同时，消费者还能够更好地对产品流通过程进行了解和把握，以此提升了其责任追溯的能力，对其消费权益提供了更加积极有效的保障。这种伴随于产品流通全过程的信息跟踪，本身就能够及时识别产品风险并尽可能降低风险的不利影响，从而有效提升了产品质量为消费者提供满意的产品和服务（蒋进超、李正明，2019）。即使出现了质量问题，也能够准确界定问题原因，为理赔等后续处理工作提供了科学依据。

第三节 物流信息系统的开发

一 概述

物流信息系统以现代计算机系统和用户为基础，以物流信息为对象开展具体的收集、传输、处理、存储、使用等工作。其构成要素为各类功能性的子系统，并以物理性的媒介为连接基础构建起完整的数据流通体系，实现了物流信息在不同子系统之间的传递。对于物流信息系统而言，最基本的构成基础为硬件、软件、数据库、用户等。基于其功能作用，用户可通过系统完成历史数据的记录和分析，从而科学预测未来发展，为各项决策的制定提供科学依据，对企业物流活动进行信息化的管理和规划，更好地实现物流目标满足企业发展需要。物流信息系统实现了物流与信息流的科学统一，是物流各个环节信息活动的集中体现，在物流发展过程中同步完成了相关信息的处理工作。物流信息系统表现出完善的数据处理功能，能够为物流业务管理提供科学依据，能够显著提升物流管理决策的科学水平。在现代物流领域，物流信息系统已经成为极为关键的构成要素之一，表现出显著的应用价值，在提升物流管理水平和综合效益方面发挥了积极有效的作用。物流信息系统实现了对物流管理相关软件工具的科学整合，以完整的系统化工具开展管理，充分保证了物流活动的科学水平，为广大用户创造提供了更加高质量的物流服务，为社会经济的良性发展提供了积极保障。

物流信息系统能够显著提升物流管理效率，提高货物流通效率从而降低库存压力，既能提升物流作业效率也能有效降低相关成本，从而提高了物流活动的科学性与效率性，最终提升了物流业的综合效率。物流信息系统将为物流各个环节的信息流通与协调管理提供重要的管理工具，显著提升了物流系统的整体运转水平，构建起物流体系良好的信息交互与共享机制，充分保证了物流系统的运营质量，为物流管理控制提供了科学指导，能够发挥不同子系统的功能作用，从不同层面提升物流服务质量。

二　物流信息系统开发

（一）系统开发方法

物流信息系统属于一种特殊的计算机应用软件，能够以计算机仿真模型的形式开展管理工作。基于驱动对象的理论观点，可对物流信息系统的开发方法进行科学划分，形成了结构化、数据建模、面向对象、原型法等不同的设计开发理念和模式。不同的开发模式表现出各自不同的适用性优势，需要根据具体需求合理选择从而保证系统设计开发的质量水平、效率水平和效益水平。各方法的具体内容如下：

1. 结构化方法

结构化方法是传统的信息系统的设计开发方法，表现出显著的面向过程理念，主要内容包含了结构化设计、结构化分析和结构化程序设计三部分。该方法诞生于20世纪70年代中期，是最早出现的、比较主流的一种信息系统设计开发理念和方法体系。该开发方法能够根据用户需求对信息系统的功能进行确定，并通过不同功能模块之间的逻辑关联具体实现完整的系统功能，采取模块化的设计开发方法分别完成系统各子系统的设计开发工作，并在合理组合的基础上获得一个完整的系统。模块化的开发理念将降低系统开发的复杂度，分别完成不同功能的设计工作并构建起不同模块的科学关联，在彼此协调的基础上共同实现完整系统所需具备的功能。

2. 数据建模方法

数据建模方法的核心理念为面向数据，典型代表为数据建模、信息工程等技术方法，一般通过 E—R 图、信息模型、业务域分析等方法实现。

（1）数据建模技术。具体以数据为出发点，完成信息系统的设计开发工作。该技术模式将现实世界抽象理解为基于数据、数据属性、数据关系的一种逻辑体系。

（2）信息工程。该方法同样坚持数据驱动的开发理念，实现了数据建模、过程建模等方法的科学结合，提高了系统设计开发的科学水平，从而显著提升了信息系统设计开发的效率水平和质量水平，综合运用了现有系统开发技术的功能作用，因此能够保证信息系统设计开发的效率和质量。

3. 面向对象的方法

以对象为核心的信息系统设计开发理念就是面向对象系统开发模式的具体表现。该理念本质区别于结构化方法这一传统的设计开发理念，具体以对象、属性、关系等为设计开发基础。

面向对象开发理念体现了面向过程、面向数据等开发理念的内涵，以类、对象等概念为设计基础，将现实世界抽象理解为不同对象构成的复杂系统，不同对象各自表现出特殊的内部特征、运行机制与变化规律，从而基于特征分拆细分为不同的类，并通过对象实例和对象类，明确不同对象的内在关联。

4. 原型法

将现代工业生产的设计理念与样品理念引入软件设计开发领域就形成了原型法这一开发模式。该模式通常适用于缺乏明确规则、需求相对模糊的情形。该方法基于用户的基本需求完成"样品"系统的设计开发工作，然后由用户进行试验性使用，在使用过程中明确问题所在并进一步明确功能需求，然后针对性地对系统进行优化和改进，从而不断完善系统并最终实现一种与客户需求相契合的系统。

该方法主要存在以下问题和不足：

（1）仅适用于小型系统的设计开发。由于缺乏整体规划和科学依据，该方法在大型系统设计开发方面缺乏一种科学的理念，使系统设计开发目标不明确、过程不清晰、结果评价也缺乏明确依据，严重影响系统设计开发效率和质量。

（2）"样品"系统将成为系统最终质量水平的决定性因素。因此，一旦在样品系统设计环节出现了问题，则会导致后续优化和改进工作的巨大难度与成本费用，甚至出现无法调和的矛盾，使系统设计开发呈现出巨大风险。

（3）对组织的管理基础提出了较高要求。若是用户缺乏科学的管理模式，则会加大原型设计开发的难度和风险，从而影响了系统设计开发的整体质量。

（4）缺乏科学的评价机制，无法对系统优化改进的效果进行准确评估。而用户不断变化的需求也将提高系统开发的不确定性风险，难以真正满足用户需求。

（5）设计开发过程存在较大的随意性问题，因此会因主观问题的影响缺乏风险防控理念和机制，导致系统出现比较突出的质量风险与安全风险。

（二）系统开发流程

物流信息系统的开发通常包括五个阶段。

1. 系统规划

系统规划将明确信息系统设计运行的具体环境及目标，能够对现有系统的运行状况进行分析评估，明确问题所在和发展目标，并在此基础上确定系统设计方案和流程。

2. 需求分析

需求分析将明确系统的功能用途，通过全面准确地把握用户需要，对系统所需具备的功能进行确定，同时明确系统的逻辑结构及各功能的实现方式。

3. 系统设计

系统设计是信息系统设计开发的关键环节，是设计理念、方案向具体成果转化的过程，是开发者创造性思维和能力的具体体现。系统设计由总体设计、详细设计等不同阶段的工作内容构成。总体设计将以系统需求为出发点，完成系统总体框架的设计开发，明确系统的功能模块以及模块之间的逻辑关系；而详细设计则具体完成各功能模块及关联机制的设计工作，包括数据库、网络、人机界面、逻辑功能等方面。

（1）数据库设计。数据库设计具体从逻辑结构、物流结构等不同层面出发完成数据库的设计开发工作。其中，逻辑结构将体现系统所面对数据的内部关系、分类标准以及结构特征，是以用户需求为出发点的数据库设计工作，是数据库扩展能力、冗余情况的决定性因素；而物理结构则反映了数据在硬件环境中的具体分布情况，是根据系统功能需求对存储硬件系统的设计与开发工作，以数据管理的安全性、效率性、可恢复性为基本目标。

对于现代数据库开发工作而言，应用水平最高的方法就是关系型数据库。此类数据库在降低数据冗余、提高数据管理效率方面采取以数据关联关系为基础构建数据库体系，以此提升数据管理效率和准确性，基于数据关系实现了物流数据信息的科学整合。

（2）网络及通信设计。该设计工作将直接决定信息系统的数据交互效率和质量，也将直接决定数据交互网络的开发成本与整体性能水平。

（3）人机界面设计。具体完成用户操作模块的设计开发工作，以可视化的界面实现数据信息在用户和系统之间的交互，具体表现为数据信息的输入、输出等管理工作。人机界面的设计水平取决于数据库基础和功能设计水平，以直观、简洁、美观等为设计目标，为用户提供简单便捷的使用环境。

（4）运算过程及逻辑功能设计。该功能模块以计算机逻辑功能取代人工运算避免主观因素对数据结果的干扰，从而提升数据分析处理结果的准确性。

4. 系统实施

系统实施的目标是完成具体的信息管理系统，是系统设计理念、方案的实体成果，具体表现为软件程序的设计开发、系统功能性能测试、系统使用方法等内容。

（1）程序编写。基于功能模块的结构特征与功能特征，用计算机语言进行描述便于计算机理解，从而确保功能模块的顺利运行并实现预期目标。

（2）系统测试。为了及时发现系统缺陷和不足并进行调整，系统测试是必不可少的重要工作之一。主要包括模块测试、组装测试、系统测试等具体的测试检验工作。

（3）用户培训。为用户使用信息系统提供必要的说明，便于用户了解和掌握系统的使用方法，为系统良好运行提供有效保障。

（4）新旧系统切换。具体表现为新系统采取何种方法替代旧系统，如何开展相应的替换工作。可根据实际情况选择合理的方法，比如，直接取代、平行运行、试运行、逐步转换等，在尽可能降低负面影响的前提下实现新旧系统之间的替换。

5. 系统运行与维护

在完成设计开发工作并正式交付以后，系统首先需要完成一定时间的运行监测任务，及时发现其中的潜在问题，并根据使用需求、运行环境进行合理调整，进一步提升系统运行的稳定性与可靠性，确保信息系统各项功能顺利实现。系统运行测试结果将以正式文档资料进行保存，便于日后查询。

第四节　现代物流信息系统的研发实例

一　现代物流园区的信息系统

物流园区具体以特定区域为发展基础，将物流相关作业及环节进行集中部署和统筹安排，构建起不同运输方式之间的科学衔接，实现不同物流设施、设备资源的科学整合与综合利用，构建起空间层面具备规模效应的产业集群，成为不同物流企业协同经营的集结区域（贾欣欣，2018）。物流园区是现代物流体系的核心之一，是物流产业链的关键枢纽，也是物流系统高效、稳定运转的重要保证。

（一）系统结构

如图9-10所示，对于物流园区而言，其信息系统主要由以下要素构成：

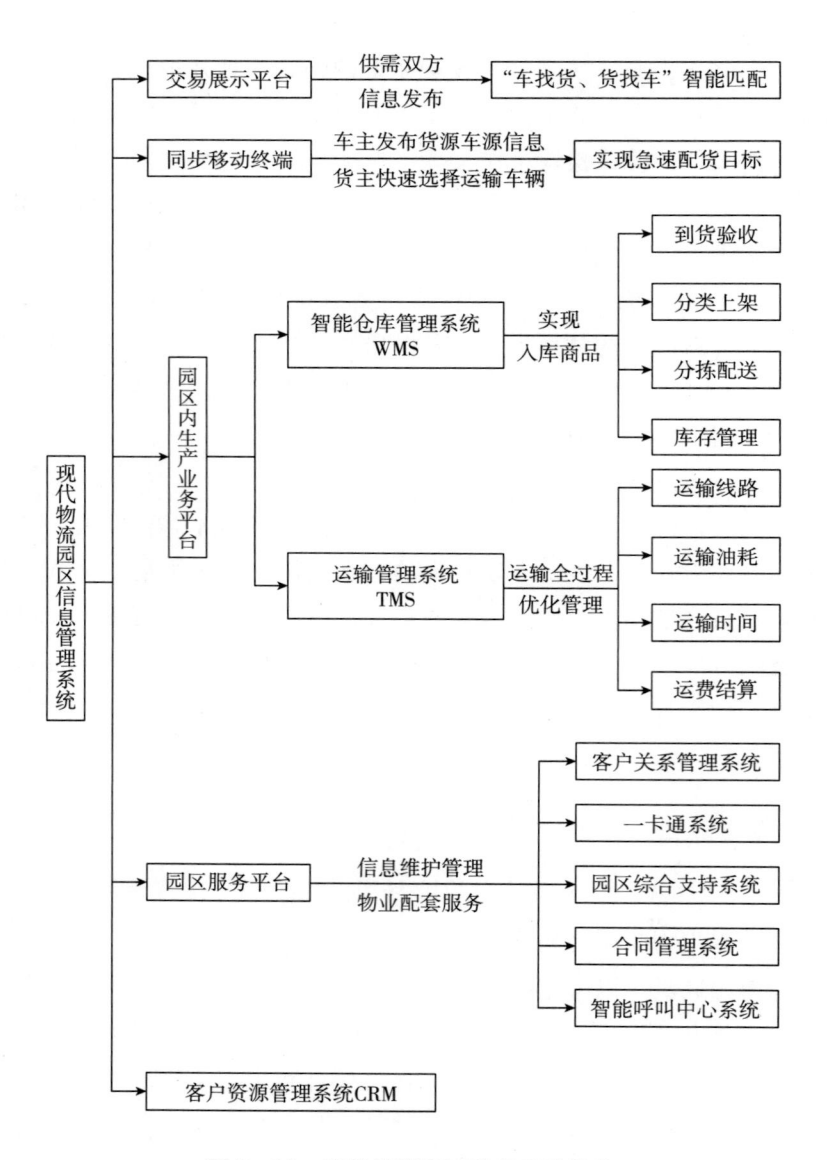

图 9-10　现代物流园区信息系统结构

(二) 系统功能

上述系统构成要素表明，对于现代物流园区而言，其信息管理系统须具备以下主要功能模块：

1. 交易展示平台

以互联网平台为工具和载体，对物流相关信息进行集中展示，为物流活动提供全面、可靠的信息交互工具，便于物流供需双方之间的交流与沟通，通过平台形成"车找货、货找车"的智能匹配，为双方合作创造良好条件。网络信息平台的运转将实现高效、准确的供需匹配，实现相关文件、资料的电子化处理，能通过信息平台实现发货人、收货人、发运地、到达目的地、货物品名、件数、所需车型等相关信息的录入、查询和确认，积极有效提升物流运营管理效率，为客户提供更加全面、及时、可靠的物流服务。此外，网络信息平台还能够作为信息传递的重要工具，便于企业展示自身形象，为物流信息的流通提供良好的共享平台，及时有效地满足供需双方对相关信息的需求，为双方合作提供可靠依据并降低合作成本，充分保证物流园区电子网络的科学发展水平。

2. 同步移动终端 APP

移动互联网技术的发展使智能手机等移动设备成为一种重要的交流沟通工具。而各类 APP 工具的出现和应用则为物流供需双方提供了一种更加便捷、更加高效的信息交互工具和业务办理工具，便于用户通过智能手机随时随地地发布、查询物流相关信息，达到急速配货的目标。APP 工具的应用能够为货主提供一种货源信息的有效发布平台，提高相关信息的传播效率并扩大其传播范围，能够寻求更大范围的合作机会。通过该 APP 工具，货主、车主之间将获得一种方便快捷的交流沟通工具，能够随时随地查询货物、车辆等物流相关信息，并且实现了相关信息的在线管理。而 APP 自带的交易评价系统也能对合作双方的表现进行评价，有利于塑造物流企业的良好市场形象，也有利于及时发现信用风险实现行业优胜劣汰，不断提升物流业整体服务质量。而等级积分制度则能够换取相应的增值服务。交易评价系统和等级积分制度可作为确定物流园区优秀企业的依据。

3. 园区内生产业务平台

以智能仓库管理系统（WMS）、运输管理系统（TMS）等为代表的业务信息管理平台将充分展示物流园区的先进性，充分保证物流园区运营管理的规范性，有效提升物流效率与服务质量。

（1）智能仓库管理系统（WMS）。基于条形码、RFID技术等现代信息技术的WMS系统能够实现物流货物的到货验收、分类上架、分拣配送、库存管理等任务，能够极大提升仓储管理的效率水平和质量水平。相关技术的科学运用能够极大提升物流作业效率，有效减少货物在途时间，为客户提供更加高效、可靠的物流服务（Ketikidis et al.，2008）。

（2）运输管理系统（TMS）。该信息化管理系统将实现运输过程的动态监督和管理，为运输车辆的运输线路、运输油耗、运输时间和运费结算提供了科学准确的依据，在及时满足客户物流信息需求的同时也为物流成本管理控制提供了可靠凭证，充分保证了物流运输效率和服务质量。

4. 园区服务平台

以客户关系管理系统、一卡通系统、园区综合支持系统、合同管理系统、智能呼叫中心系统为代表的物流园区服务体系将充当物流企业与客户之前重要的交流沟通工具，及时响应并反馈客户诉求，及时解决客户问题进而提升客户满意度，这也是高水平、高质量物流服务的重要保证。

5. 客户资源管理系统（CRM）

该系统工具能够对客户信息进行全面、有效的管理，在充分挖掘客户价值的同时也能够搭建起客户与企业之间的良好合作关系，通过制定定期拜访名单等方式为物流企业维护客户关系，为企业的持续稳定发展奠定扎实的客户基础。

二 运输管理信息系统

该系统主要协调控制对象包括：人、车、货、客户、费用核算。系统的核心功能是计划调度管理，全方位控制客户运输委托下单、车辆计划安排、成本控制等，可有效衔接物流环节其他子系统，如仓储、配送、货代等（李勇，2019；米子秋，2018；Sprague，1980）。

（一）系统结构

对于完整的运输管理信息系统而言，其基本构成要素如图 9-11 所示。

（二）系统功能

（1）接单。通过人工录入、自动录入等不同方法将订单信息录入到关联信息系统中，然后由系统自动完成订单代码的生成作业并对其合法性进行检验分析，同时完成相关信息的记录和跟踪处理。

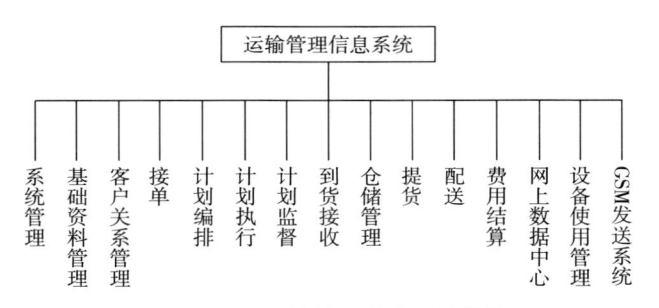

图 9-11　运输管理信息系统结构

（2）计划。根据订单内容和客户需求完成运输计划的制订工作，具体包括运输方式、运输起终点、承运商等内容的确定。

（3）计划编排。基于特定原则制定货物的装配方案，确保运输资源的充分利用与货物的安全管理，为货物运输创造有利环境。

（4）计划执行。在物流、信息流、资金流实现科学整合与集中管理的基础上，开展具体的物流活动，确保物流活动的效率性与合理性，充分保证物流活动的科学水平。

（5）计划监督。基于物流实时信息对货物开展动态跟踪，及时发现运输风险并进行处理。

（6）到货接收。在货物完成运输作业之后需完成相应的确认工作。在确认之前需要比对分析货物实际情况与订单信息，在账实一致的基础上进行收货确认，并将到货信息发送给客户进行取货或转货。

（7）仓储管理。若在货物运输过程中涉及仓储业务，则需要仓储管理模块进行具体的信息化管理工作，实现最佳仓储管理效率，确保库存合理性。

（8）提货。由客户领取相应的货物并完成具体的交接与结算工作。

（9）派送。针对部分送货上门的订单，需要在双方协商一致的基础上确认派送委托单，然后由配送方完成具体的派送工作并由客户进行确认。

（10）费用计算。基于特定的计费标准，系统能够自动完成物流运输费用的计算处理，并以电子文档的形式在物流信息系统中进行流通和管理，实现费用计算模块与财务结算模块的关联。

（11）客户化服务。以专门数据库的形式对客户进行管理，记录客户的服务需求和具体服务过程与结果，以此作为客户管理维护的重要依据，充当物流与客户的交流沟通渠道，在良好交流的基础上不断提升客户满意度，为企业长远发展奠定良好的客户关系基础。

（三）业务流程

图9-12为运输业务流程。由图9-12可知，在物流运输过程中，运输企业通常会在运输区域建设若干运输服务网点，开展货物运输相关的管理工作。在具体实践中，不同网点将构建起一种彼此关联的网络结构，在发挥各自功能作用的基础上共同实现运输目标。其中，具备独立的部分功能作用的网点就是运输计划点（Transportation Planing Point，TPP），是网点服务内容的直接影响因素。

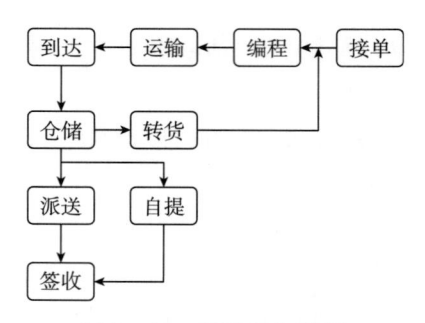

图9-12 运输业务流程

三 配送中心的物流信息系统

配送中心实现了货物的具体配送业务,是产品流通体系的关键环节之一。配送中心信息系统从自身业务内容、服务对象出发,基于科学有效的信息收集、分析、处理、传输等职能作用实现数据信息资源的科学整合与有效利用,从而满足配送中心管理和决策的信息需求(魏兰等,2015;张桂芝,2019;Ketikidis et al.,2008)。

(一)系统结构

配送中心信息系统的基本构成要素如图9-13所示。

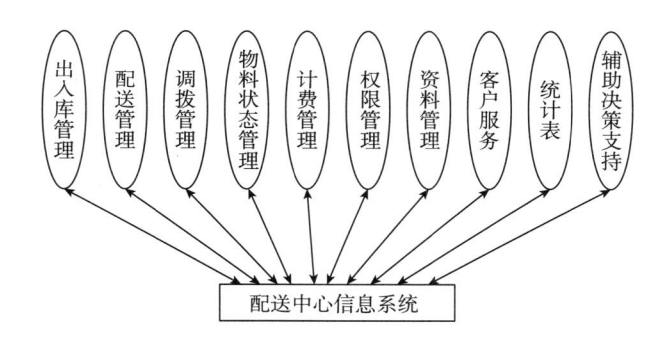

图9-13 配送中心物流信息系统结构

(二)系统功能

由图9-13可知,配送中心信息管理系统的基本功能模块如下:

(1)出入库管理,具体以仓储人员为使用主体,满足其对库存物料的管理需求,主要包括物料出入口信息管理、在库盘点管理等内容,提高管理者对库存情况的了解和掌握程度,提升其库存管理水平。

(2)配送管理,主要针对客户申配受理、配送作业生成、实际配送出库等环节,可实现功能主要有:配送单出库单生成、录入、修改、审核、作废;配送单、出库单、配送物料查询;配送收货确认。

(3)调拨管理,具体根据仓储环节的物料开展信息管理,根据需要对物料的存储位置进行调整,实现最佳库存效果。可实现功能有仓库调拨单/调拨出库单录入、修改、审核、作废;调拨单、出库单、入库单、出库物料、调拨物料查询。

（4）物料状态管理，具体根据库存物料的日常维护需求，提供信息化管理工具对物料库存状态进行管理，进一步提升库存管理的科学水平。

（5）计费管理，设置各类费用项目，连接出入库、配送、调拨等环节，由此制定计费方式，对往来费用进行记录。查询功能包括费用项目、仓储费用、汇率、客户收费项目、客户仓期设置与处理、单据、仓储收费打折、仓储收费计费等。

（6）资料管理，具体以部门、物资、客户、员工等为对象对其信息开展管理工作，提高企业内部管理、人力资源管理、客户关系管理等工作的质量水平。

（7）权限管理，基于用户的权限情况为其提供不同的系统管理和使用功能，以此保证系统运行的稳定性与安全性，避免用户的越权使用系统问题发生。

（8）统计报表，实现的查询功能包括：仓位库存、费用汇总、库存汇总、月进出仓、库存流水表等。在对物流配送业务有关的数据信息进行汇总整理的基础上形成库存汇总报表、仓库周报表等一系列统计报表，便于不同部门查询相关信息。

（9）客户服务，主要内容有基于B/S模式在线申配单录入、库存状况查询等，可实现功能有申配作业、物料明细、库存汇总、存储周期排行、部门信息、员工管理等。

（10）基本资料管理，具体以系统相关基本资料为对象开展配置和管理工作，实现对组织机构、仓库、仓位、财务、客户、物料等要素的信息化管理，为相关管理工作的顺利开展提供必要的支持。

（11）辅助决策支持，为决策工作提供所需的统计报告与数据信息，满足管理者的决策需求并有效提升决策水平。

参考文献

包振山、朱永浩：《日本流通政策的演变及对我国的启示》，《中国流通经济》2019年第2期。

才旦贡布：《GIS技术在水文地质领域的应用研究》，《南方农机》2020年第2期。

曹江宁：《基于B2C电子商务商流与物流超网络研究》，《商业时代》2014年第35期。

陈国进：《广州市交通拥堵政府治理研究》，硕士学位论文，华南理工大学，2016年。

陈虎：《物流配送中心运作管理》，北京大学出版社2011年版。

陈建等：《盈亏平衡分析与赢得值法在成本管理中的应用》，《江苏建筑职业技术学院学报》2015年第1期。

陈建源等：《"互联网+"下企业生产物流问题研究》，《农村经济与科技》2019年第10期。

陈明非等：《考虑服务效率的无人系统多式联运自适应优化策略》，《工业工程与管理》2020年第5期。

陈蓉琳：《铜仁市物流配送管理存在的问题及对策研究——以中通公司为例》，《福建电脑》2015年第1期。

程艳、王性猛：《GPS与北斗导航技术在现代物流中的应用》，《电子元器件与信息技术》2020年第1期。

仇新红：《基于面向云计算与物联网技术的B2C电子商务模式思考》，《电子商务》2020年第7期。

崔介何：《物流学概论》，北京大学出版社2015年版。

戴卓：《区域物流供给和需求评估及协调性研究——以江西省为

例》，《九江学院学报》（社会科学版）2016 年第 3 期。

邓俊：《条码技术在制造业 ERP 系统中的应用》，《现代信息科技》2019 年第 2 期。

丁海军：《RFID 技术在集装箱多式联运中的应用》，《电子世界》2020 年第 11 期。

丁肖萌：《露天煤业煤炭物流发展问题研究》，《劳动保障世界》2018 年第 6 期。

董雷、刘凯：《物流枢纽的内涵与特性分析》，《综合运输》2008 年第 3 期。

杜志平、贡祥林：《国内外跨境物流联盟运作机制研究现状》，《中国流通经济》2018 年第 2 期。

冯朝军：《我国物流需求影响因素与发展对策研究》，《重庆三峡学院学报》2018 年第 1 期。

冯耕中等：《物流配送中心规划与设计》（第 2 版），西安交通大学出版社 2011 年版。

冯正强、刘婉君：《物流绩效对中国机械运输设备出口三元边际的影响——基于"一带一路"沿线国家面板数据分析》，《工业技术经济》2019 年第 1 期。

傅莉萍：《运输管理》，清华大学出版社 2015 年版。

高康、王茂春：《区域经济与物流协调发展的系统动力学研究》，《统计与决策》2019 年第 8 期。

高铭泽：《我国物流成本管理策略研究》，《商场现代化》2015 年第 2 期。

高翊宸、杨睿娟：《RFID 技术在物流与供应链管理中的应用研究》，《当代经济》2018 年第 22 期。

公彦德：《"互联网+回收模式"激励机制创新——以百度回收站为例》，《中国流通经济》2019 年第 4 期。

龚雪：《供给侧结构性改革下物流成本降低的路径》，《甘肃社会科学》2019 年第 5 期。

古桂琴：《作业成本法下企业物流成本核算体系构建》，《财会通讯》2016 年第 14 期。

郭宝林：《新时期企业发展的第三利润源：销售物流体系的构建》，《中国市场》2008 年第 2 期。

黄金霞：《基于 F2B 农产品电商模式的仓储管理分析》，《中国市场》2020 年第 2 期。

黄帅、张一岚：《手机在流通环节中所使用到的物流包装技术》，《中国市场》2020 年第 10 期。

黄毅等：《物流节点体系布局和建设规划实证研究——以四川省巴中市为例》，《物流技术》2017 年第 12 期。

黄正睿等：《集成 LoRa 与北斗卫星导航系统的应急环境监测数据获取与传输技术》，《武汉大学学报》（信息科学版）2020 年第 7 期。

季百成：《西安仓库租赁市场调研及分析》，《当代经济》2018 年第 7 期。

贾帆帆：《东莞城市生活废弃物物流问题与对策》，《绿色科技》2020 年第 6 期。

贾欣欣：《铁路现代综合物流园信息系统的构建研究》，《铁路采购与物流》2018 年第 3 期。

检验检疫局：《物流术语》（GB/T 18354—2006），中国标准出版社 2007 年版。

姜大立等：《车辆路径问题的遗传算法研究》，《系统工程理论与实践》1999 年第 6 期。

蒋进超、李正明：《物联网技术对我国居民消费的影响初探》，《电子商务》2019 年第 4 期。

蒋兴宇：《国际工程项目供应链下的物资采购管理研究》，《新经济》2016 年第 24 期。

蒋秀梅、林秀敏：《装卸搬运及其合理化》，《中国物流与采购》2003 年第 17 期。

矫健等：《基于条码扫描技术的配送签收系统设计与实现》，《物流科技》2019 年第 3 期。

乐辉：《GIS 技术及其在公路交通信息化中的运用》，《数字通信世界》2019年第10期。

李崇欣：《生鲜冷链物流配送管理问题探讨》，《现代营销》2019年第1期。

李春香：《绿色流通加工的内涵及其发展路径探讨》，《物流科技》2012年第11期。

李洪海、程文明：《GPS、GIS技术与数字物流》，《物流技术》2002年第8期。

李佳、靳向宇：《智慧物流在我国对外贸易中的应用模式构建与展望》，《中国流通经济》2019年第8期。

李金鸣：《国际工程物资采购风险与控制策略研究》，《时代金融》2018年第6期。

李静等：《吉林省农村电商物流服务质量提升的路径研究》，《吉林农业科技学院学报》2019年第4期。

李俊亭等：《EIQ－ABC分析法在物流中心仓储管理中的应用》，《物流科技》2020年第5期。

李利晓：《RFID技术在我国生鲜食品冷链物流管理中的应用分析》，《智库时代》2019年第13期。

李琳娜：《浅析零售行业装卸搬运活动的优化》，《才智》2013年第24期。

李美霞、李卫东：《企业物流自动化立体仓库设计》，《物流技术》2010年第12期。

李宁、刘铮：《基于物流视角下的装卸搬运研究——以振华货运公司为例》，《商场现代化》2017年第5期。

李倩、张嫚：《RFID技术在物流配送中的应用》，《现代营销》（下旬刊）2018年第11期。

李琼：《电子产品运输包装方案案例设计与优化》，《上海包装》2016年第8期。

李秋正等：《我国跨境电商通关监管生态系统演化创新的动力机制》，《中国流通经济》2020年第5期。

李石松：《综合运输体系多向关联视角下产业空间格局的重塑与

优化》,《学术探索》2015 年第 11 期。

李松庆:《物流学概论》,清华大学出版社 2012 年版。

李骁腾、赵媛媛:《公司销售物流的内涵及运作模式探索》,《中国商贸》2015 年第 8 期。

李新龙等:《国际工程物资运输包装管理浅析》,《纳税》2017 年第 31 期。

李勇:《企业铁路运输综合管理信息系统研究与设计》,《物流技术与应用》2019 年第 1 期。

林俊:《"一带一路"战略下国际物流与国际贸易的协同发展研究》,《改革与战略》2017 年第 7 期。

林庆:《物流 3.0:"互联网+"开启智能物流新时代》,人民邮电出版社 2017 年版。

刘常宝:《现代物流概论》,科学出版社 2010 年版。

刘国巍、邵云飞:《物流仓储装备创新网络演化与物流业发展协调度——基于 PP - GCOTN - CDOCS 模型》,《中国流通经济》2019 年第 7 期。

刘丽军:《电子商务商流和物流技术超网络有效结合方法初探》,《物流工程与管理》2018 年第 6 期。

刘玲:《国际货物多式联运经营人责任规则分析》,《中国海商法研究》2020 年第 2 期。

刘玲、宋伟:《RFID 在河北省生鲜农产品物流配送中的应用研究》,《山西农经》2019 年第 19 期。

刘明、杨路明:《区域物流的产业效率、空间互动与协调发展——基于全国 277 个地市级城市的数据实证》,《中国流通经济》2019 年第 8 期。

刘平平:《化工企业危险化学品的仓储管理分析》,《化工管理》2019 年第 9 期。

刘松等:《转运限制下的冷藏集装箱多式联运路径优化》,《计算机应用与软件》2020 年第 7 期。

刘竹轩:《现代绿色物流管理及其优化途径》,《中外企业家》

2019 年第 29 期。

刘子毅：《京东物流战略研究》，《全国流通经济》2019 年第 6 期。

卢江等：《仓库装卸搬运系统的分析及优化对策》，《物流工程与管理》2011 年第 10 期。

罗丽丽、赵予新：《物流需求影响因素的实证分析——以河南省为例》，《粮食科技与经济》2013 年第 1 期。

罗顺财等：《GIS 技术在城市轨道交通线站位规划中的应用》，《中国物流与采购》2019 年第 24 期。

罗松涛：《物流中心运营管理》，清华大学出版社 2013 年版。

马明金：《加强道路危险货物的运输管理及对策研究》，《中国市场》2013 年第 34 期。

毛黎霞：《条码技术在物流管理中的应用分析》，《现代经济信息》2018 年第 9 期。

孟一君：《创新理念下物流企业服务管理一体化探析》，《物流工程与管理》2020 年第 1 期。

孟一君：《新时代背景下 RFID 技术的仓储物流自动化技术应用探究》，《全国流通经济》2019 年第 35 期。

米子秋：《物流运输管理信息系统研究》，《中国新通信》2018 年第 7 期。

苗延旭：《探究智慧城市中物联网及云计算技术的应用》，《科技创新与应用》2020 年第 18 期。

聂艳玲、冯永芳：《基于互联网技术的物流信息系统的构建对策》，《河南科技学院学报》2016 年第 9 期。

宁方华、胡春婷：《考虑自建仓库时的集团企业多级物流网络规划研究》，《经营与管理》2018 年第 12 期。

潘福全等：《轨道交通施工点对周边道路交通影响分析及交通组织优化研究》，《青岛理工大学学报》2018 年第 4 期。

裴英梅：《基于 RFID 技术的仓储管理系统构建研究》，《科技视界》2019 年第 35 期。

平海：《流通加工作业安排的建模及计算机模拟方法》，《数学的实践与认识》2007年第14期。

齐俊鹏等：《面向物联网的无限射频识别技术的应用及发展》，《科学技术与工程》2019年第29期。

钱慧敏等：《"智慧＋共享"物流耦合效应评价》，《中国流通经济》2019年第11期。

钱蓝、宋华明：《基于第三方物流的供应物流协同有效性实证研究》，《商业经济研究》2015年第5期。

曲爱玲等：《RFID技术在食品追溯中的应用》，《农产品加工》2020年第8期。

任红红、赵宁：《国内物流与供应链管理的发展现状》，《中国城市经济》2011年第27期。

任亮等：《考虑客户时间偏好的第四方物流路径优化问题》，《系统工程理论与实践》2018年第12期。

沈进波：《利用RFID技术实现零售仓储物流领域应用》，《电脑知识与技术》2019年第14期。

沈颂东等：《东北振兴的产业重构与空间布局——基于振兴目标、资源优势和物流成本的综合分析》，《经济纵横》2020年第6期。

宋玉丽：《基于大数据的物流信息平台建设研究》，《现代营销》（经营版）2020年第2期。

孙承芳：《二维条码技术在仓储管理中应用方法探究》，《知识经济》2020年第10期。

孙伟伟、韩杰尧：《GPS、GIS技术在道路交通运输系统中的应用》，《汽车实用技术》2018年第23期。

汤余南：《GIS在物流分析活动中的功能及模型探讨》，《物流技术》2010年第16期。

陶君成：《中国物流经济发展研究》，中国财政经济出版社2006年版。

汪鸣：《物流产业发展规划理论与实践》，人民交通出版社2014年版。

汪鸣：《新经济发展空间战略与综合运输体系建设》，《综合运输》2015 年第 1 期。

汪再文：《世界包装机械发展趋势》，《中国包装工业》2005 年第 10 期。

王锋、张艳军：《公路路线设计中 GIS 技术应用》，《黑龙江交通科技》2019 年第 12 期。

王海东：《浅析危险货物运输安全管理》，《科技信息》2012 年第 33 期。

王慧等：《物流配送管理学》，中山大学出版社 2004 年版。

王佳琪：《RFID 技术在仓储管理中的应用》，《物流科技》2020 年第 4 期。

王湔璋：《固定资产投资决策及可行性研究》，《中国商论》2015 年第 23 期。

王锦：《探讨大数据时代下对弹性预算法的改进》，《现代商业》2015 年第 6 期。

王梦缘等：《湖南省物流需求与居民消费及经济发展的相关性分析》，《物流工程与管理》2018 年第 3 期。

王庆瑞：《关于物流包装对物流效率的影响分析》，《物流工程与管理》2020 年第 5 期。

王顺林、陈一芳：《"互联网＋"物流信息安全管理的用户行为路径优化研究》，《科技管理研究》2018 年第 16 期。

王彦梅：《基于物联网技术的整车销售物流管理系统研究》，《物流技术》2017 年第 1 期。

王玉：《浅析电子商务商流和物流技术超网络有效结合的路径》，《商场现代化》2017 年第 14 期。

王之泰：《从"黑大陆"到"灰大陆"——我看中国物流 30 年》，《中国流通经济》2008 年第 11 期。

王之泰：《新编现代物流学》（第四版），首都经济贸易大学出版社 2018 年版。

魏兰等：《基于管控与追溯服务的配送中心管理系统的开发及应

用》,《起重运输机械》2015 年第 7 期。

吴承建、彭建良:《运输与仓储技术》,中国物资出版社 2009 年版。

吴承健等:《物流学概论》,浙江大学出版社 2009 年版。

吴金:《基于 RFID 技术的福建省汽车配件追溯体系的研究》,《电脑与电信》2016 年第 12 期。

吴鹏飞等:《连锁超市配送中心逆向物流量及其库存成本模型研究》,《中国管理科学》2016 年第 10 期。

吴群、程浩:《平台型电商企业物流生态系统协同演化研究》,《江西社会科学》2019 年第 12 期。

夏德建等:《自建 vs. 并购:物流一体化竞争下的电商平台演化博弈》,《中国管理科学》2020 年第 4 期。

肖艳:《零担物流市场变革下智能物流与供应链一体化平台创新研究》,《商业经济研究》2019 年第 8 期。

徐宪平:《我国综合交通运输体系构建的理论与实践》,中国人民大学出版社 2012 年版。

许丹丹:《物流企业 EDI 技术应用策略研究》,《现代经济信息》2012 年第 16 期。

许智科:《智慧物流视角下医药仓储管理优化研究》,《中国物流与采购》2020 年第 10 期。

闫柏睿:《第三方物流企业竞争力评价研究综述》,《物流科技》2016 年第 7 期。

闫国礼:《铁路装卸搬运适应现代物流发展的探讨》,《铁道货运》2014 年第 10 期。

严慧敏:《连锁企业物流配送的研究》,《纳税》2018 年第 35 期。

颜丽玲等:《信息流、商流、资金流与物流视角下的中国信息地理空间特征》,《中国科技论坛》2018 年第 9 期。

杨公羽:《工程测量中 GPS 测量技术的应用研究》,《工程技术研究》2019 年第 15 期。

杨华玲、王力锋:《货位载重约束下自动化仓库货位实时分配技术》,《科学技术与工程》2018年第30期。

杨清:《国际物流业发展面临的问题及对策研究》,《现代营销(下旬刊)》2019年第4期。

杨思怡:《花卉物流运输过程的问题与对策研究——以云南锦苑花卉企业为例》,《物流科技》2020年第1期。

杨雪琴:《大数据视角下农产品商流与物流的区域整合研究》,《农业经济》2019年第8期。

杨洋、李丽娟:《投资项目净现值法与内含报酬率法比较研究》,《商业会计》2018年第8期。

姚迪等:《公交服务水平、交通需求管理与公交吸引力——基于客观选择与主观意愿的双重检验》,《系统管理学报》2020年第1期。

叶怀珍、李国旗:《现代物流学》(第四版),高等教育出版社2019年版。

叶凯峰:《GIS技术在交通运输规划管理中的应用》,《科技风》2020年第6期。

殷云:《中国物流行业存在的主要问题分析》,《中国流通经济》2012年第1期。

余群英:《运输组织与管理》,机械工业出版社2004年版。

喻雪春等:《基于RFID技术的货物追溯系统构建》,《科技创新与应用》2019年第18期。

袁雪妃、孙悦:《浅析吉林市国泰农副产品流通加工的实践与对策》,《农村经济与科技》2018年第8期。

袁雪妃、尹爱光:《浅议现代物流产业中流通加工职能的延伸》,《环渤海经济瞭望》2017年第3期。

原朝阳、杨维霞:《供应链环境下农产品物流运输优化策略探析》,《商业经济研究》2016年第7期。

苑丰彪等:《基于物联网技术的货运动车组货物运输管理应用研究》,《铁道机车与动车》2018年第5期。

曾琢:《企业物流一体化的配送方案构建策略》,《现代商业》2014年第36期。

翟晓松：《大学校园快递包装袋回收物流发展研究》，《价值工程》2020年第2期。

翟玉梅、曹亚君：《基于数据仓库的电子订货系统设计及仿真》，《计算机仿真》2012年第5期。

张聪果：《供给侧改革背景下制造业物流成本管理研究》，《物流工程与管理》2019年第11期。

张贵祥：《边际分析法在管理经济学中的运用研究》，《现代经济信息》2016年第8期。

张桂芝：《配送中心管理系统总体分析与设计》，《内燃机与配件》2019年第12期。

张海瑞、姜云莉：《基于物联网的物流仓储管理研究》，《中国管理信息化》2019年第13期。

张锦：《物流规划原理与方法》，清华大学出版社2018年版。

张丽丽等：《零售供应链中RFID技术的应用创新与经济效益》，《商业经济研究》2019年第19期。

张亮、李彩凤：《物流学》（第2版），电子工业出版社2018年版。

张玲飞：《物联网技术在道路运输领域中的应用研究》，《电子测试》2017年第4期。

张攀攀等：《集装箱多式联运换装技术应用现状及发展分析》，《港口装卸》2020年第3期。

张如云等：《物流包装与实务》，西南交通大学出版社2009年版。

张亚飞：《基于耦合模型的区域物流供给和需求协调关系研究——以河南省为例》，《中原工学院学报》2017年第6期。

张宗福、赵嘉英：《B2C电子商务模式下逆向物流分析》，《电子商务》2020年第7期。

赵家俊、于宝琴：《现代物流配送管理》，北京大学出版社2004年版。

赵娟娟：《基于精益物流的制造企业生产物流系统优化》，《物流工程与管理》2020年第4期。

赵训铭、刘建华：《射频识别（RFID）技术在食品溯源中的应用研究进展》，《食品与机械》2019年第2期。

赵延新：《目标成本法在制造业应用中存在的问题与对策》，《企业改革与管理》2020年第8期。

赵艳：《连锁经营企业物流配送的研究》，《全国流通经济》2018年第3期。

赵胤斐等：《物流业与制造业的物流供需协同机制及模型构建》，《商业经济研究》2018年第19期。

中国物流学会：《中国物流发展报告》，中国财富出版社2013年版。

中国物流学会：《中国物流发展报告》，中国财富出版社2019年版。

中国物流学会：《中国物流年鉴》，中国财富出版社2019年版。

周广亮：《电商时代下物流包装发展的应对措施》，《今日印刷》2019年第12期。

周润书：《差量分析法与净现值法的使用范围——兼与荆新、王化成、刘俊彦教授商榷》，《财会通讯》2019年第17期。

周万才：《食品业从存储论角度应用EDI技术降低物流成本分析》，《现代食品》2020年第10期。

周旸等：《电力自动化仓库多功能托盘设计与应用》，《制造业自动化》2012年第23期。

朱立新、李华北：《钢铁物流的精益智能化探索》，《中国物流与采购》2020年第11期。

朱琴：《基于低碳经济背景分析农产品冷链物流发展策略》，《农村经济与科技》2020年第10期。

朱书研等：《"互联网+"下苏州物流企业绿色物流发展现状及对策》，《轻工科技》2020年第6期。

庄严等：《应用GIS技术研究车流量与交通噪声相关性》，《中国环境监测》2020年第3期。

邹龙：《物流运输管理》，重庆大学出版社2008年版。

参考文献

［美］尤西·谢菲：《物流集群》，岑雪品、王微译，机械工业出版社2015年版。

Alumur, S. A., Yaman, H., Kara, B. Y., "Hierarchical Multimodal Hub Location Problem with Time – definite Deliveries", *Transportation Research Part E: Logistics and Transportation Review*, Vol. 48, No. 6, 2012.

Atieh, A. M., Kaylani, H., Al – abdallat Yousef, Qaderi, A., Ghoul, L., Jaradat, L., Hdairis, I., "Performance Improvement of Inventory Management System Processes by an Automated Warehouse Management System", *Procedia CIRP*, Vol. 41, 2016.

Bauer, J., Bektaş, T., Crainic, T. G., "Minimizing Greenhouse Gas Emissions in Intermodal Freight Transport: An Application to Rail Service Design", *Journal of the Operational Research Society*, Vol. 61, No. 3, 2010.

Brădescu Georgiana, "Green Logistics—A Different and Sustainable Business Growth Model", *Studies in Business & Economics*, Vol. 9, No. 1, 2014.

Caris, A., Macharis, C., Janssens, G. K., "Planning Problems in Intermodal Freight Transport: Accomplishments and Prospects", *Transportation Planning and Technology*, Vol. 31, No. 3, 2008.

Chang, T. S., "Best Routes Selection in International Intermodal Networks", *Computers & Operations Research*, Vol. 35, No. 9, 2008.

Disney, S. M., Towill, D. R., "The Effect of Vendor Managed Inventory (VMI) Dynamics on the Bullwhip Effect in Supply Chains", *International Journal of Production Economics*, Vol. 85, No. 2, 2003.

Drew Stapleton, Sanghamitra Pati, Erik Beach, Poomipak Julmanichoti, "Activity – based Costing for Logistics and Marketing", *Business Process Management Journal*, Vol. 10, No. 5, 2004.

Dye, C. Y, Ouyang, L. Y., "An EOQ Model for Perishable Items under Stock – dependent Sellingrate and Time – dependent Partial Backlogging", *European Journal of Operational Research*, Vol. 163, No. 3, 2005.

Ewa, P., "New Challenges for Logistics Providers in the E – Business Era", *Log Forum*, No. 6, 2010.

Holweg, Matthias, "The Genealogy of Lean Production", *Journal of Operations Management*, Vol. 25, No. 2, 2007.

Hsu, C. – I., Hung, S. – F., Li, H. – C., "Vehicle Routing Problem with Time – windows for Perishable Food Delivery", *Journal of Food Engineering*, Vol. 80, No. 2, 2007.

Huertas, J. I., Díaz Ramírez, J., Trigos Salazar, F., "Layout Evaluation of Large Capacity Warehouses", *Facilities*, Vol. 28, No. 7/8, 2007.

Irizarry, J., Karan, E. P., Jalaei, F., "Integrating BIM and GIS to Improve the Visual Monitoring of Construction Supply Chain Management", *Automation in Construction*, Vol. 31, 2013.

Jahr, K., Borrmann, A., "Semi – automated Site Equipment Selection and Configuration through Formal Knowledge Representation and Inference", *Advanced Engineering Informatics*, Vol. 38, 2018.

Jansen, D. R., Weert, A. van, Beulens, A. J. M., Huirne, R. B. M., "Simulation Model of Multi – compartment Distribution in the Catering Supply Chain", *European Journal of Operational Research*, Vol. 133, No. 1, 2001.

Javad Majrouhi Sardroud, "Influence of RFID Technology on Automated Management of Construction Materials and Components", *Scientia Iranica*, Vol. 19, No. 3, 2012.

Joseph D. Blackburn, Gary D. Scudder, "Supply Chain Strategies for Perishable Products: The Case of Fresh Produce", *Production and Operations Management*, Vol. 18, No. 2, 2009.

Ketikidis, P. H., Koh, S. C. L., Dimitriadis, N., Gunasekaran, A., Kehajova, M., "The Use of Information Systems for Logistics and

Supply Chainmanagement in South East Europe: Currentstatus and Future Direction", *Management Science*, No. 36, 2008.

Khadidja Yachba, Shahin Gelareh, "Storage Management of Hazardous Containers Using the Genetic Algorithm", *Transport and Telecommunication*, Vol. 17, No. 4, 2016.

Ko, H. S., Azambuja, M., Felix Lee, H., "Cloud – based Materials Tracking System Prototype Integrated with Radio Frequency Identification Tagging Technology", *Automation in Construction*, Vol. 63, 2016.

Lu, F., Ishikawa, Y., Kitazawa, H., Satake, T., "Effect of Vehicle Speed on Shock and Vibration Levels in Truck Transport", *Packaging Technology and Science*, Vol. 23, No. 2, 2010.

Mark D. Abkowitz, Mark Lepofsky, Paul Derming Cheng, "Selecting Criteria for Designating Hazardous Materials Highway Routes", *Transportation Research*, No. 1333, 1992.

Micheli, G. J. L., Cagno, E., Zorzini, M., "Supply Risk Management vs Supplier Selection to Manage the Supply Risk in the EPC Supply Chain", *Management Research News*, Vol. 31, No. 11, 2008.

Mindlin, R. D., "Dynamics of Package Cushioning", *Bell System Technical Journal*, Vol. 24, No. 3, 1945.

Mohsen, "A Framework for Selection of Material Handling Equipment in Manufacturing and Logistics Facilities", *Journal of Manufacturing Technology Management*, Vol. 21, No. 2, 2010.

Osvald, A., Strim, L. Z., "A Vehicle Routing Algorithm for Distribution of Fresh Vegetables and Similar Perishable Food", *Food Engineering*, Vol. 85, No. 2, 2008.

Padmanabhan, G., Vrat, P., "EOQ Models for Perishable Items under Stock Dependent Selling Rate", *European Journal of Operational Research*, Vol. 86, No. 2, 1995.

Pavel Burian, "Multi – agent Systems and Cloud Computing for Controlling and Managing Chemical and Food Processes", *J. Chem. Chem.*

Eng, No. 6, 2012.

Planas, E., Pastor, E., Presutto, F., Tixier, J., "Results of the MITRA Project: Monitoring and Intervention for the Transportation of Dangerous Goods", *Journal of Hazardous Materials*, Vol. 52, No. 2, 2008.

Saccomanno, F., Haastrup, P., "Influence of Safety Measures on the Risks of Transporting Dangerous Goods through Road Tunnel", *Risk Analysis*, Vol. 22, No. 6, 2002.

Sebastian Greinacher, Leonard Overbeck, Andreas Kuhnle, Carmen Krahe, Gisela Lanza, "Multi-objective Optimization of Lean and Resource Efficient Manufacturing Systems", *Production Engineering: Research and Development*, 2020.

Sek, M. A., "A Modem Technique of Transportation Simulation for Package Performance Testing", *Packaging Technology and Science*, Vol. 9, No. 6, 1996.

Sprague, Jr. R. H., "A Framework for the Development of Decision Support Systems", *Management Information Systems Quarterly*, Vol. 4, No. 4, 1980.

Sungur Ilgaz, Ren Yingtao, Ordooez Fernando, Dessouky Maged, Zhong Hongsheng, "A Model and Algorithm for the Courier Delivery Problem with Uncertainty", *Transportation Science*, Vol. 44, No. 2, 2010.

Teng, J. T, Chang, C. T., "Economic Production Quantity Models for Deteriorating Items with Price-and Stock-dependent Demand", *Computer and Operations Research*, Vol. 32, No. 2, 2005.

Ting, Ping-Ho., "An Efficient and Guaranteed Cold-chain Logistics for Temperature-sensitive Foods: Applications of RFID and Sensor Networks", *International Journal of Information Engineering & Electronic Business*, Vol. 5, No. 6, 2013.

Tortorella Guilherme Luz, Miorando Rogério Feroldi, Marodin Giuliano Almeida, "Lean Supply Chain Management: Empirical Research on Practices, Contexts and Performance", *International Journal of Produc-*

tion Economics, Vol. 193, 2017.

Vlachopoulou, M., Silleos, G., Manthou, V., "Geographic Information Systems in Warehouse Site Selection Decisions", *International Journal of Production Economics*, Vol. 71, No. 1, 2001.

Wang, Li Shu, "The Research of Pallet Package on Automobile Parts Logistics", *Applied Mechanics & Materials*, Vol. 200, 2012.

Weng Xingang, An Jiuyi, "Research on Fresh Agricultural Products Cold Chain Logistics Certification System", *iBusiness*, Vol. 7, No. 4, 2015.

Xi, J., Sha, P. B., "Research on Optimization of Inventory Management Based on Demand Forecasting", *Applied Mechanics and Materials*, 2014.

Yan Xintong, Gong Jian, He Jie, Zhang Hao, Zhang Changjian, Liu Ziyang, Li Yang, "Integrated Data Mining and TOPSIS Entropy Weight Method to Evaluate Logistics Supply and Demand Efficiency of a 3PL Company", *Mathematical Problems in Engineering*, 2020.